Début d'une série de documents en couleur

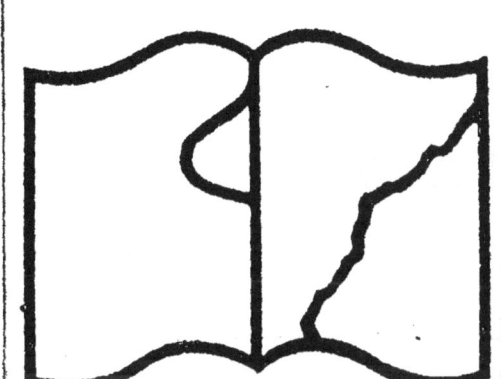

Texte détérioré
Marge(s) coupée(s)

HISTOIRE ÉLÉME[NTAIRE]

DU

DROIT FRA[NÇAIS]

DEPUIS SES ORIGINES

JUSQU'A LA RÉDACTION DE NOS [CODES]

PAR

J.-Edouard GUÉ[TAT]

PROFESSEUR A LA FACULTÉ DE [...]
AVOCAT PRÈS LA COUR D'APPEL DE [...]

PARIS

L. LAROSE ET F[ORCEL]

LIBRAIRES-ÉDITEURS

22, RUE SOUFFLOT

1884

Fin d'une série de documents en couleur

ESSAI

SUR LES

DÉLAIS DE LA JUSTICE DIVINE

TOURS, IMP. ROUILLÉ-LADEVÈZE.

ESSAI

SUR LES

DÉLAIS DE LA JUSTICE DIVINE

DANS LA PUNITION DES COUPABLES

PAR LE Cte JOSEPH DE MAISTRE

SUIVI DU

TRAITÉ DE PLUTARQUE

TRADUIT PAR AMYOT

TOURS
ALFRED CATTIER
ÉDITEUR

PRÉFACE

J'avais conçu d'abord le projet de faire sur le Traité de Plutarque, *des Délais de la Justice divine*, un travail à peu près semblable à celui que le célèbre Mendelson a exécuté sur le Phédon de Platon; c'est-à-dire de me servir seulement de l'ouvrage ancien comme d'un cadre où les idées de Plutarque viendraient se placer d'une manière très-subordonnée et fondues pour ainsi dire avec celles qu'une métaphysique plus savante nous a fournies depuis sur le sujet intéressant de ce Traité.

Mais en le relisant attentivement je ne tardai pas à m'apercevoir que je n'avais pas le droit de prendre à l'égard de Plutarque la même liberté que le philosophe juif a prise avec Platon, dont l'ouvrage un peu faible avait besoin d'être refondu entièrement. Dans les endroits même du Phédon, où le disciple de Socrate prête des raisonnements solides à son maître, il ne produira guère d'effet sur la masse des lecteurs, à moins que sa pensée ne soit développée et mise en rapport avec les idées modernes : Plutarque, au contraire, a traité son sujet avec une rigueur et une sagesse remarquables; ses idées n'ont pas la plus légère couleur de secte ou de localité; elles appartiennent à tous les temps et à tous les hommes.

Jamais il ne se livre à son imagination; jamais il n'est poëte; ou, s'il invente, ce n'est pas seulement pour embellir, c'est pour fortifier la vérité. Enfin je ne vois pas trop ce qu'on pourrait opposer à cet ouvrage, parmi ceux des anciens philosophes.

On trouvera sans doute çà et là, et dans Platon surtout, des traits admirables, de superbes éclairs de vérité; mais nulle part, je crois, rien d'aussi suivi, d'aussi sagement raisonné, d'aussi fini dans l'ensemble.

Plutarque ayant vécu dans le second siècle *de la lumière*, il est assez naturel de croire qu'il en a été notablement éclairé, et c'est en effet une opinion assez générale parmi les gens instruits. Je suis fâché et même affligé qu'elle ait été contredite par M. Wittenbach, qui s'est rendu si recommandable par son excellente édition des Œuvres morales de Plutarque (*), et qui m'a été si utile par celle qu'il a publiée en particulier de ce beau Traité *des Délais de la Justice divine* (**).

Théodoret, dit-il dans sa préface générale, *a mis ce philosophe* (Plutarque) *au nombre de ceux qui avaient entendu la prédication de l'Évangile, et qui en avaient transporté plusieurs choses dans leurs livres : c'est un lieu commun dont les Pères ont fait grand bruit, mais qui, à l'égard de Plutarque du moins, est* CERTAINEMENT *faux* (***).

Avec la permission de ce très-habile homme, il me semble qu'il y a beaucoup de hardiesse à s'exprimer sur ce point d'une manière si tranchante : en effet, il ne peut y avoir qu'un moyen de prouver

---

(*) Oxon. 1795, in-4° et in-8°. On peut se flatter, je crois, qu'au moment où j'écris, les Vies ont été publiées.

(**) Lugd. Batav. 1772, in-8°.

(***) *Plutarchum in iis memorat* (Theodoretus) *qui sacrum Evangelium audivissent, ex eoque multa in libros suos transtulissent* : locus communis *à Patribus jactatus, in Plutarcho* certè falsus. (Wittem, Præf. in Opp. Mor. Plut. cit. edit. tom. I, in-8°, cap. III, p. LV.)

que l'affirmative contraire est impossible. Or non-seulement il est *impossible* de démontrer *impossible* la proposition affirmative que *Plutarque a eu une certaine connaissance des vérités du Christianisme;* mais toutes les probabilités se réunissent en faveur de cette supposition. Personne au fond ne le sent mieux que les hommes pleins de talents à qui ces probabilités déplaisent; de manière que, pour les écarter, du moins en apparence, ils ont recours à une manœuvre habile qui mérite d'être remarquée. Ils posent eux-mêmes la question au nom de leurs adversaires, d'une façon vague ou qui prête même directement à l'objection. Ils triomphent alors, et l'innombrable nation des inattentifs a la bonté de croire qu'ils ont réfuté les autres tandis que réellement ils n'ont réfuté qu'eux-mêmes. C'est une tactique fort à la mode, mais dont une critique clairvoyante n'est pas la dupe.

Il ne s'agit pas précisément de savoir si *Plutarque avait entendu la prédication de l'Évangile;* car je ne prétends point soutenir, par exemple, que le philosophe de Chéronée allait au sermon, qu'il fréquentait les déserts et les retraites cachées où l'on célébrait alors les divins mystères; qu'il lisait saint Matthieu, saint Marc, saint Luc et saint Jean, comme nous les lisons aujourd'hui, et qu'il en a transporté des passages entiers dans ses écrits (*).

On demande plus généralement « si la prédication
« de la *bonne nouvelle*, éclairant alors le second
« siècle de notre ère, et s'étant déjà créé des
« prosélytes dans toutes les parties du monde
« connu, il pouvait se faire qu'un homme aussi
« savant et aussi curieux que Plutarque, et qui
« avait déjà une connaissance parfaite du judaïsme
« hellénique (**), fût demeuré totalement étranger
« à cette publication, qui retentissait du Tibre à
« l'Euphrate; qui foudroyait en grec toutes les opi-
« nions, toutes les prétentions, toutes les passions
« des Grecs. On demande s'il est permis au bon
« sens de supposer que Plutarque, ayant fait un
« voyage en Égypte, uniquement pour s'instruire,
« en fût revenu sans avoir seulement abordé cette
« fameuse école d'Alexandrie, alors sur le point
« d'enfanter Origène; si l'on peut concevoir qu'un

(*) Je ne vois pas cependant pourquoi les livres des chrétiens n'auraient pas été recherchés et lus par ce philosophe, comme ceux de *Bohme*, de *Saint-Martin*, de *Dutoit*, d'*Eckartshausen*, etc., etc., le sont de nos jours par ceux mêmes qui s'en moquent. Mais, encore une fois, ce n'est pas là *précisément* l'état de la question.

(*) Voyez son traité de la Superstition.

« tel homme, préparé et comme averti par Josèphe,
« par Philon, et très-probablement par la Bible, ne
« se fût donné aucun mouvement pour connaître la
« nouvelle doctrine, lui qui avait pris la peine de
« s'informer des moindres cérémonies judaïques; si,
« dans le cas où il en aurait eu une connaissance
« quelconque, on peut regarder comme possible
« qu'elle n'eût laissé aucune trace dans les écrits de
« ce grand moraliste; si cette doctrine enfin n'a
« pas droit de revendiquer, comme une propriété
« légitime, tous les endroits des écrits de ce philo-
« sophe qui présentent une analogie plus ou moins
« sensible avec l'enseignement évangélique, et tous
« ceux même où, sur des matières que la raison
« humaine n'avait abordées jusqu'alors que pour
« faire preuve d'une étonnante faiblesse, Plutarque
« se montre tout-à-coup supérieur aux philosophes
« qui avaient écrit avant la publication de cette
« doctrine. »

La question ainsi posée (et c'est ainsi qu'elle doit l'être) change un peu de face. L'homme sage qui l'examinera sous ce point de vue, ne trouvera pas tout-à-fait *certain* que Plutarque ne doive *certainement* rien à la prédication évangélique; et il se sentira très-disposé à pardonner un *lieu commun* à ces malheureux ..... de l'Église, qui ont très-peu le bonheur de plaire au docte éditeur (*).

Quoi qu'il en soit de cette question, qui ne doit point être approfondie ici, il est certain que le Traité de Plutarque, *des Délais de la Justice divine*, est une des plus excellentes productions de l'antiquité. Animé par l'espoir d'être utile, j'ai entrepris de le faire connaître davantage; et pour y parvenir j'ai pris quelques libertés dont j'espère que Plutarque n'aura point à se plaindre. J'ai fait disparaître la

(*) Il a dit en parlant d'Eusèbe : « C'est le seul auteur appartenant « à l'Église, qui ait bien mérité de la bonne littérature dans son livre « de la *Préparation évangélique*, à cause de la sagesse qu'il a eue « de nous donner dans ce livre les pensées des autres et non les « siennes : *Eusebius in Præp. evang. unus omnium Ecclesiasti-« corum de bonis litteris meruit, quod aliena quàm sua prodere « maluit.* » (Præf. p. LVI.) L'arrêt est dur et général, mais sans appel. Le seul écrivain ecclésiastique qui ait quelque droit à notre estime est l'arien Eusèbe, et même encore dans un seul livre; et pourquoi ? *Parce qu'il a eu la sagesse, dans ce livre, de copier des auteurs profanes, au lieu de s'aviser de parler en son nom*, comme Chrysostôme, Basile, Augustin, etc., etc., et tout cela à propos de Plutarque et de ses Œuvres morales. Le marquis de Mirabeau, vers le milieu du siècle dernier, disait, dans l'*Ami des Hommes*, en parlant de la France : *Il n'est aujourd'hui bouquet à Iris ou dissertation sur des eaux chaudes, où l'auteur ne veuille insérer sa petite profession de foi d'esprit-fort.* Aujourd'hui cette fièvre a passé en d'autres contrées avec une sorte de redoublement. Un savant, en commentant Anacréon ou Catulle, trouvera l'occasion *naturelle* d'attaquer Moïse. A cela point de remède dans notre faible logique humaine : il faut attendre, et désirer d'autres temps et d'autres moyens.

forme du dialogue, qui marque peu dans ce Traité et qui me gênerait en pure perte, car je ne vois pas que cette forme, quelquefois très-avantageuse, produise ici aucune espèce de beauté ou de mérite réel. Si d'ailleurs le préambule de l'ouvrage n'a pas disparu, comme tout le monde le croyait, jusqu'à M. Wittenbach, qui a jeté sur ce point quelques doutes fondés, Plutarque au moins commence d'une manière *abrupte* qui ne saurait avoir de grâce pour nous, supposé qu'elle en ait eu pour ses contemporains. J'ai donc tâché de donner un portail à ce bel édifice et d'entrer en matière d'une manière naturelle, en me tenant toujours aussi près de l'auteur qu'il m'a été possible. Lorsque, dans le courant de l'ouvrage, sa pensée m'a paru incomplète, j'ai cru pouvoir la terminer, et quelquefois aussi la fortifier par de nouveaux aperçus que je dois à mes propres réflexions ou à la lecture de Platon, auteur que *j'aime et pratique volontiers*, comme disait Montaigne en parlant de tout autre écrivain (*). S'il m'arrive de rencontrer sur ma route de ces pensées qui ne sont pour ainsi dire *qu'en puissance*, je les développe soigneusement. Ce sont des boutons que je fais éclore; je n'ajoute aucune feuille; mais je les

(*) Sénèque.

montre toutes. J'honore beaucoup les traducteurs qui m'ont précédé. Amyot, surtout, a bien mérité de la langue française, *et son vieux style encore a des grâces nouvelles*. Cependant il faut convenir que sa *jeunesse surannée* n'est guère aimée que des gens de lettres extrêmement familiarisés avec son langage. Hors de ce cercle, il est plus estimé que lu. Son orthographe égare l'œil; l'oreille ne supporte pas ses vers; les dames surtout et les étrangers le goûtent peu. A mesure d'ailleurs qu'on s'élève dans l'antiquité, on trouve plus d'énigmes dans les langues. Le grec, sans remonter plus haut, prouve seul la vérité de cette observation. Cette langue est pleine d'ellipses et d'idiotismes singuliers qui ne se laissent pas aisément saisir. Dans les matières philosophiques, la phrase admet souvent je ne sais quel vague qui ne cède qu'à l'étude obstinée et à la comparaison de différents passages qui s'expliquent les uns par les autres : d'ailleurs chaque peuple a sa langue philosophique, qu'il n'est pas du tout aisé de traduire dans une autre. Celui qui a lu Aristote et Platon, en latin, dans une version littéraire de la meilleure main, n'a pas lu réellement ces philosophes (*). La

---

(*) *Nemo fidem habeat Ficino et Serrano Platonis interpretibus, nemo Bessarioni, Pacio et aliis qui Aristotelem latinâ veste induc-*

traduction lui présente souvent les mêmes difficultés que le texte. Celui même qui a bien saisi le sens dans l'original cherche encore longtemps dans sa langue des expressions et des tournures qui rendent bien à son gré ce qu'il a compris, et lorsqu'il les a trouvées, c'est une découverte pour lui-même. Il m'a donc paru qu'il était possible à un effort d'attention et d'étude, de faire mieux comprendre, c'est-à-dire mieux goûter Plutarque : mais comme il était essentiel de ne point m'exposer à lui faire tort en mêlant mes pensées aux siennes, voici la méthode que je me suis prescrite. D'abord j'ai suivi exactement l'ordre des chapitres tels qu'on les trouve dans la traduction d'Amyot; en sorte que la comparaison ne présentera jamais aucune difficulté. Pour éviter même au lecteur qui veut savoir ce qui appartient à chacun, la peine d'une vérification continuelle, j'ai eu soin d'enfermer entre deux astérisques tout ce qui n'est point de Plutarque; et lorsque j'ai trouvé l'occasion (que j'ai toujours cherchée) d'insé-

---

runt, credat. Errârunt hi egregii viri, magnisque hominibus illis aut sententias attribuerunt à quibus alieni fuere; aut verbis nimis obsequentes solâ eorum caligine nescio quâ obduxerunt et deformârunt. (Laur. Moshemius, in Præfat. ad Rad. Cudworthi Systema intellectuale universum; Jenæ, anno 1733, 2 vol. in-f°, tom. I, pages 4, 5.)

rer dans ces morceaux étrangers quelques phrases de l'auteur principal, je les ai écrites en lettres italiques ; ainsi tout lecteur est mis à même de se reconnaître à chaque ligne, et il peut être sûr d'ailleurs que je n'ai pas été moins soigneux de ne lui dérober rien de ce qui appartient à l'auteur principal. Excepté deux ou trois chapitres extrêmement courts, nullement essentiels et dont la substance même a été conservée, et quelques passages encore absolument étrangers à nos idées, je ne me suis pas permis de supprimer une ligne de Plutarque. Enfin j'ai accompagné mon ouvrage de quelques notes que j'ai crues utiles sous différents rapports et que j'ai rejetées en grande partie à la fin de l'ouvrage, pour ne point trop embarrasser les pages. L'œuvre originale aura-t-elle gagné quelque chose à la forme et aux additions qu'elle tient de moi ? Je l'espère, ou plutôt je le désire, car je ne suis sûr que de mes intentions ; et, dans ce genre surtout, les meilleures sont très-souvent trompées par le jugement du public, dont je ne crois pas au reste qu'il soit permis d'appeler.

ESSAI

SUR LES

DÉLAIS DE LA JUSTICE DIVINE

I.* C'est une manière assez commune à la secte d'Épicure d'éviter les combats réguliers avec les défenseurs de la Providence. Toujours prêts à faire une objection, les philosophes de cette école n'aiment pas trop attendre la réponse : ils combattent en fuyant, comme les Parthes. Ils manquent d'ailleurs de ce calme et de cette gravité qui sont l'apanage et le signe de la vérité. Il y a dans leurs discours quelque chose d'aigre et de colérique qui ne les abandonne jamais. En raisonnant, et même au lieu de raisonner, ils insultent; et toujours ils ont l'air d'accuser la Providence plus que de la nier. *Souvent on serait tenté en leur répondant, d'imiter Brasidas, qui, ayant* *été blessé d'une javeline au travers du corps, l'arracha de la plaie et en porta lui-même un coup si violent à celui qui l'avait lancée, qu'il l'étendit mort sur la place :* mais ces sortes de représailles ne nous conviennent point. *Lorsque l'impiété a décoché sur nous quelque discours empoisonné* (Voyez la note I), *il doit suffire de l'ôter sans délai de notre cœur, afin qu'il n'y prenne pas racine.* Du reste nous n'avons nul intérêt d'attaquer pour nous défendre ; car dans le vrai cette philosophie, purement négative, ne fait que du bruit : elle assemble des objections de tout côté et les présente confusément, sans pouvoir jamais établir un corps de doctrine, ni même une suite de raisonnements proprement dits ; car l'ordre, l'ensemble et surtout l'affirmation ne sauraient appartenir qu'à la vérité. L'erreur au contraire nie toujours : c'est le trait le plus saillant de son caractère. Dès qu'elle cesse de nier, elle plaisante ou elle insulte. Pour elle la Providence est un ennemi qu'elle hait, et dont elle voudrait se débarrasser. Voyons cependant ce qu'il peut y avoir de spécieux dans ces objections, pour effacer, comme je le disais tout à l'heure, jusqu'aux moindres impressions qu'elles pourraient laisser dans nos cœurs."

II. Les retards que la justice divine apporte à la punition des méchants, paraissent à plusieurs personnes une des plus fortes objections qu'on puisse élever contre la Providence. Elles ne pardonnent point aux écrivains qui ont fait de cette lenteur une espèce d'attribut de la Divinité. « Il n'y a rien, disent-elles,
« de si indécent que de nous représenter Dieu comme
« un être paresseux en quoi que ce puisse être,
« mais surtout dans la punition des méchants ; car
« ceux-ci ne sont nullement paresseux lorsqu'il s'agit
« de nuire, la passion qui les domine les portant au
« contraire à des déterminations soudaines. Or,
« comme l'a très-bien observé Thucydide (1), la puni-
« tion qui suit de près le crime est ce qu'il y a de
« plus efficace pour arrêter ceux qui se laissent aller
« trop facilement à mal faire. Le châtiment des crimes
« est une dette de la justice envers l'offensé ; et de
« toutes les dettes c'est celle dont il importe le plus
« que le paiement soit fait à point nommé ; car le
« retard dans ce genre a le double inconvénient de
« décourager l'offensé et d'enhardir l'offenseur sans
« mesure : au lieu que la célérité des châtiments est

(1) Discours de Cléon, III, 38.

tout à la fois la terreur des coupables et la meilleure
« des consolations pour ceux qu'ils ont fait souffrir.
« On cite ce discours de Bias à un méchant homme :
« *Je ne crains pas que tu échappes à la peine ;*
« *je crains seulement de ne pas vivre assez pour en*
« *être le témoin.* Mais plus on réfléchit sur ce dis-
« cours, et moins l'esprit en est satisfait ; car que
« signifie la justice qui n'est pas faite à temps? Les
« Messéniens furent défaits près de l'endroit appelé
« *la Grande-Fosse,* par les Lacédémoniens, qui
« avaient corrompu Aristocrate. Celui-ci fut paisible-
« ment roi d'Arcadie pendant vingt ans. Au bout de
« ce temps il fut convaincu de son crime et puni :
« mais cette punition était bien étrangère aux Messé-
« niens qu'il avait trahis, et qui n'existaient plus,
« et les Orchoméniens qui avaient perdu leurs enfants,
« leurs parents et leurs amis par la trahison de
« Lycisque (2), quelle consolation trouvèrent-ils dans
« cette maladie qui vint assaillir le coupable longtemps
« après, et qui lui dévora le corps au point que lui-
» même, plongeant et replongeant les pieds dans
« l'eau, jurait, avec d'horribles imprécations, qu'il

(2) Ce fait est demeuré d'ailleurs absolument inconnu.

« les voyait tomber en pourriture à cause du crime
« qu'il avait commis ? Et les Cyloniens ayant été
« massacrés à Athènes dans un lieu saint, les scélé-
« rats qui s'étaient rendus coupables de ce sacrilège
« furent bannis depuis de la République, et les
« ossements même furent aussi bannis et jetés hors
« des confins de l'État ; mais lorsque la vengeance
« arriva, la seconde génération des Cyloniens n'exis-
« tait plus (3). Il n'y a donc, ce semble, rien de
« plus déplacé que ces sortes de discours assez
« familiers aux poëtes : *Que la justice divine n'est
« pas toujours prête à percer le cœur des cou-
« pables ; qu'elle est silencieuse et lente, mais qu'à
« la fin elle arrive ;* car cette considération est pré-
« cisément celle dont les méchants se servent pour
« s'encourager eux-mêmes à se livrer au crime. Qu'y
« a-t-il, en effet, de plus séduisant que de voir le
« fruit de l'iniquité toujours mûr et prêt à se laisser
« cueillir, tandis que le châtiment qui doit la suivre
« n'est aperçu que dans le lointain et longtemps
« après la jouissance que procure le crime?

(3) Voyez sur ce fait et sur la correction qu'exige le texte, la note de Vauvilliers. (Trad. d'Amyot, Paris, Cussac, 1785, Œuvres mor. p. 4 p. 537, 538.)

III. « Il y a plus : le résultat fatal de ces délais
« est que, lorsqu'enfin la justice arrive, on ne veut
« plus y reconnaître la main de la Providence : de
« manière que le mal qui survient aux méchants,
« non pas au moment où ils se sont rendus cou-
« pables, mais longtemps après, ils l'appellent *for-*
« *tune* ou *malheur*, et point du tout *châtiment* :
« d'où il arrive qu'ils n'en retirent aucun profit pour
« leur amendement; car ils sentent bien la pointe de
« la douleur, mais cette douleur ne produit plus de
« repentir. Le cheval est corrigé par la punition qui
« suit immédiatement sa faute ; mais si cette puni-
« tion est retardée, les cris, les saccades et les
« coups d'éperon dont il ne sent plus la cause l'ir-
« ritent sans lui rien apprendre (4). C'est l'image
« naturelle du méchant par rapport à Dieu. Si la
« main divine se fait sentir à lui, et le frappe au
« moment même où il se rend coupable, il faut bien
« que rentrant en lui-même il apprenne à s'humilier

---

(4) Ce passage était absolument inexplicable, comme on peut le voir dans la traduction d'Amyot (qui s'en est cependant tiré avec beaucoup d'esprit). *Reiske* a tout éclairci en changeant ἢ ποινὴ, en ἵππον. C'est une correction des plus heureuses, et qui ne souffre pas la moindre objection. La critique, comme les autres sciences, a ses inspirations.

« et à trembler sous l'empire d'un Dieu dont la
« vengeance n'est jamais retardée. Mais quant à cette
« justice tardive et équivoque dont nous bercent les
« poëtes, elle ressemble à une chance beaucoup plus
« qu'à un acte délibéré de la justice divine ; de ma-
« nière qu'on ne voit pas trop à quoi sert *cette
« meule des dieux qui moud si lentement*, comme
« dit notre proverbe. Cette lenteur ne semble propre
« qu'à rendre la justice douteuse, et à débarrasser
« les méchants de la crainte. »

IV. On pourrait pousser ces difficultés plus loin ; mais je crois que j'ai rapporté les principales, et qu'il est bon de les repousser d'abord, s'il est possible, avant de s'engager dans un nouveau combat ; je crois néanmoins encore devoir protester, avant tout, que je ne m'écarterai point, dans cette discussion, de la réserve sage dont l'Académie a toujours fait profession lorsqu'il s'agit de la Divinité : de manière que j'éviterai soigneusement de parler de ces choses comme si j'en avais une connaissance parfaite (Note II). Il serait, en effet, moins hardi de parler de la musique sans l'avoir apprise, ou de la guerre sans l'avoir jamais faite, qu'il ne le serait à nous qui ne sommes que des hommes, d'entreprendre de décider sur ce qui concerne les dieux et les génies, et de vouloir deviner les plans de l'artiste sans avoir aucune connaissance de son art, et fondés uniquement sur des opinions et sur des conjectures. Il serait téméraire à un homme qui n'aurait aucunes connaissances en médecine, de demander pourquoi le médecin n'a pas ordonné l'amputation plus tôt, et pourquoi il a prescrit le bain hier et non aujourd'hui. Il faut croire, à plus forte raison, qu'il n'est ni sûr ni facile à des êtres mortels d'affirmer autre chose sur les jugements de Dieu, sinon qu'il connaît parfaitement les temps les plus propres pour appliquer les châtiments aux crimes, comme le médecin éclairé distribue les remèdes dont il varie, suivant les circonstances, et les doses et les époques. Que la médecine de l'âme, qui se nomme *jugement et justice*, soit en effet la plus sublime des sciences, c'est ce que Pindare atteste après mille autres, lorsqu'il donne à l'Être, principe et maître de tout ce qui existe, le nom d'*Aristotechnite*, c'est-à-dire *excellent ouvrier*, auquel il appartient, comme à l'auteur même de la justice, de décider et quand, et comment, et jusqu'à quel point chaque coupable doit être puni : et lorsque Platon nous dit que Minos, fils de

Jupiter, était disciple de son père sur cette science, il nous fait assez comprendre qu'il est impossible de bien exercer la justice correctionnelle, ni même de bien juger ceux qui l'exercent, sans avoir étudié et appris cette science.

V. Les lois faites par les hommes,* et qui devraient par conséquent se rapporter à notre manière d'apercevoir les choses,* ne paraissent cependant pas toujours raisonnables au premier coup d'œil : il leur arrive même assez souvent de présenter des dispositions qui prêtent fort au ridicule : à Sparte, par exemple, les éphores, en entrant en charge, ordonnent, par cri public, *que personne ne laisse croître sa moustache, et que chacun obéisse aux lois; à défaut de quoi ils sévirent contre les infracteurs.* A Rome, lorsqu'on veut élever un esclave à la liberté, on lui jette une petite verge sur les épaules (Note III); et lorsque les Romains font leur testament, ils instituent une certaine personne pour leur héritière, et ils vendent leurs biens à un autre, ce qui semble tout à fait extravagant (Note IV). Mais rien dans ce genre n'égale la loi de Solon, laquelle déclare infâme celui qui, dans une sédition, ne s'attache pas à l'une ou l'autre faction. Enfin l'on pourrait montrer dans les lois civiles une foule de dispositions qui paraîtraient absurdes, si l'on ne connaissait pas l'intention du législateur ou l'esprit de la loi. Or, si les choses humaines nous présentent tant de difficultés, faut-il donc nous étonner si fort de n'être pas en état de comprendre, lorsqu'il s'agit des dieux, pourquoi ils punissent certains coupables plus tôt, et les autres plus tard? Tout ceci, au reste, n'est point dit pour éviter une lutte que je ne redoute nullement; je veux seulement, par cette réponse tranchante, mériter l'indulgence dans tout ce que je dirai sur cette question : je veux que la raison voyant, pour ainsi dire, derrière elle un refuge assuré, en devienne plus hardie pour affronter les objections, et range plus aisément ses auditeurs au parti de la vraisemblance.

VI. Considérons d'abord que, suivant la doctrine de Platon, Dieu s'étant mis, si l'on peut s'exprimer ainsi, *au milieu des choses* pour servir de modèle à tout ce qui existe de bon, a fait présent de la vertu aux êtres qu'il a rendus capables de lui obéir: par où il nous a mis en état de nous rendre en quelque manière semblables à lui; car l'univers, qui n'était dans l'origine qu'un chaos, n'est devenu *monde*, *c'est-à-dire ordre et beauté* (Note V) qu'au moment où Dieu se mêlant à lui d'une certaine manière, ce monde devint une image affaiblie de l'intelligence et des vertus divines. Ce même Platon ajoute que la nature n'*alluma* (5) la vue dans nous qu'afin que nos âmes, en contemplant les corps qui se meuvent dans le ciel, apprissent à admirer, à respecter, à chérir l'ordre et la beauté : à détester au contraire tout ce qui leur est opposé, à fuir toute passion déréglée, et surtout cette légèreté qui agit au hasard et qui est la source de toutes sortes de crimes et d'erreurs; car l'homme ne peut jouir de Dieu d'une manière plus délicieuse qu'en se rendant, autant qu'il le peut, semblable à lui par l'imitation des perfections divines.

VII. Voilà pourquoi Dieu ne se hâte point dans la punition des coupables. Ce n'est pas qu'il craigne de se tromper en agissant trop vite, ou de frapper des coups dont il ait ensuite à se repentir; mais c'est qu'étant notre modèle, comme je viens de le dire, il veut nous apprendre par son exemple à nous garder, lorsque nous devons punir les fautes de nos

---

(5) ᾽Ενάψαι.

semblables, de toute cruauté et d'une certaine impétuosité brutale tout à fait indigne de l'homme. Il nous enseigne à ne pas nous précipiter sur celui qui nous a offensés, dans le moment même de la colère et lorsque la passion étouffe absolument la raison; comme s'il s'agissait d'assouvir une faim ou une soif excessive. Il veut au contraire que lorsque nous levons le bras pour châtier, nous agissions avec calme et mesure, imitant sa bonté et ses clémentes lenteurs, et prenant toujours conseil du temps, qui amène rarement le repentir lorsqu'on a reçu ses avis. *Il y a,* comme disait Socrate, *beaucoup moins de danger pour un homme altéré qui, par défaut d'empire sur lui-même, s'abreuve de la première eau trouble qui se présente à lui, qu'il n'y en a pour l'homme emporté par la colère, d'assouvir sa vengeance sur son semblable et son frère, pendant que la passion le transporte au point de le priver de la raison, et avant que son esprit ait été, pour ainsi dire,* clarifié *par la réflexion.*

VIII. Car il n'est pas vrai du tout *que la vengeance la plus convenable,* comme l'a dit Thucydide, *soit celle qui suit l'offense de plus près :* c'est au contraire celle qui en est le plus éloignée; car *la colère* comme dit

Mélanthe, *produit d'étranges malheurs lorsqu'elle a délogé la raison;* au lieu que la raison, lorsqu'elle a chassé la colère, ne produit rien que de sage et de modéré. On remarque que certains caractères peuvent être adoucis et apaisés par l'exemple seul des vertus humaines, tel que celui de Platon, par exemple, qui demeura longtemps le bâton levé sur un esclave, ce *qu'il faisait,* dit-il, *pour châtier sa colère;* ou tel que celui d'Archytas, qui, se sentant un peu trop ému pour je ne sais quel désordre arrivé dans sa campagne par la faute de ses gens, se contenta de leur dire en se retirant : *Vous êtes bien heureux que je sois en colère.*

IX. S'il est donc vrai, comme on n'en peut douter, que les sages discours des anciens, et leurs belles actions que l'histoire nous a transmises, contribuent puissamment à réprimer l'ardeur et l'impétuosité de la colère; lorsque nous viendrons à considérer de plus que Dieu même, qui ne craint rien, et ne se repent de rien, suspend néanmoins ses vengeances et les renvoie dans un avenir éloigné, nous en deviendrons à plus forte raison plus retenus. Nous comprendrons que nous ne saurions appartenir à Dieu de plus près que par la clémence et la longanimité : nous l'entendrons lorsqu'il nous enseigne lui-même qu'un châtiment précipité corrige bien peu de coupables, mais que s'il est retardé, il en rassainit plusieurs et en avertit d'autres.

X. La justice humaine ne sait que punir : son pouvoir ne s'étend pas plus loin. Les hommes se mettent sur la trace des coupables et les poursuivent sans relâche, *aboyant* (6), pour ainsi dire, après eux jusqu'à ce qu'ils soient parvenus à les saisir et à leur rendre mal pour mal. Là, ils s'arrêtent sans pouvoir passer outre. Il en est tout autrement de Dieu, et il y a tout lieu de croire que lorsqu'il se décide à guérir une âme malade de vices, il examine premièrement les passions qui la souillent, pour voir s'il y a quelque moyen de la plier à la repentance. et qu'il accorde des délais pour leur amendement à tous les coupables dont la malice n'est pas tout à fait confirmée et privée absolument de tout mélange de bien. Il sait quelle étendue de perfection l'âme humaine a tirée de lui lorsqu'elle a reçu l'être, et quelle en est l'excellence innée et ineffaçable ; il sait que, cette âme étant de sa nature étrangère au

---

(6) * Ἐγυλαυτοδσι.

mal, tous les vices qui viennent à *fleurir* (7) en elle ne peuvent être que le fruit d'une éducation vicieuse ou du contact des hommes corrompus, et qu'elle revient aisément à son état primitif si elle est traitée suivant les règles (8). Dieu ne se hâte donc point d'appliquer à tous un châtiment égal; mais il retranche sur-le-champ et prive de la vie tout ce qu'il trouve d'absolument incurable; car tout être qui a fait une alliance absolue avec le mal ne saurait plus exister que pour nuire aux autres et encore plus à lui-même (9) : mais quant à ceux qui se sont livrés au vice, moins par un choix délibéré de la volonté que par ignorance du bien, il leur accorde le délai nécessaire pour se corriger; et s'ils persistent dans le mal, alors il les punit à leur tour; et la suspension n'a produit aucun inconvénient, car Dieu ne craint pas que le coupable lui échappe.

XI. Considérons d'ailleurs quels prodigieux changements s'opèrent dans les mœurs et les habitudes des hommes. On dit que le roi Cécrops fut appelé

---

(7) Ἐξανθῇ.

(8) Εἶτα θεραπευθὲν καλῶς.

(9) *Quo uno modo possunt desinant mali esse*: Puisque d'aucune autre manière ils ne peuvent cesser de nuire, qu'ils cessent de vivre. (Sen. *de irâ* I, 15.)

jadis *double* ou *biforme*, pour faire entendre que de roi bon et clément il était devenu tyran cruel et impitoyable : pour moi, je crois tout le contraire; mais quand il y aurait du doute à son sujet, il n'y en aurait du moins aucun sur celui de Gélon et de Hiéron, en Sicile, et de Pisistrate, à Athènes, qui parvinrent à la souveraineté par les moyens les plus criminels, et qui en jouirent ensuite de la manière la plus équitable, donnant de très-bonnes lois à leurs peuples, leur inspirant le goût de l'agriculture, et les dégoûtant des plaisirs insensés pour en faire des citoyens sages et industrieux; et Gélon, en particulier, lorsque les Carthaginois, vaincus dans une grande bataille, lui demandèrent la paix, refusa de la leur accorder, à moins qu'ils ne s'obligeassent par le traité à ne plus sacrifier leurs enfants à Saturne (Note VI) : et Lydiadas, ayant usurpé la souveraineté dans la ville libre de Mégalopolis, se repentit ensuite de son injustice pendant qu'il était en pleine possession de la puissance royale, de manière qu'il rendit les lois à ses concitoyens (Note VII), et mourut depuis couvert de gloire, en combattant les ennemis de sa patrie. D'autres grands hommes fournissent des exemples du même genre. Si l'on avait fait mourir Miltiade, pendant qu'il était tyran de la Chersonèse ; si quelqu'un avait mis Cimon en justice, lorsqu'il vivait publiquement avec sa propre sœur, et l'eût accusé d'inceste (Note VIII) ; ou si l'on avait traité de même Thémistocle pour son insolent libertinage (Note IX), et qu'on l'eût banni de la République, comme les Athéniens en usèrent depuis envers Alcibiade pour de semblables excès de jeunesse, nous eussions perdu avec eux la bataille de Marathon, celle de l'Eurymédon, et celle qui a rendu à jamais fameuse cette côte d'Artémisium, sur laquelle, comme l'a dit Pindare :

Le bras de l'immortelle Athènes,
Du Perse repoussant les chaînes,
Fonda l'auguste liberté (10).

XII. Les grands caractères ne sauraient produire rien de médiocre ; et comme l'énergie qui est en eux ne peut demeurer oiseuse, toujours ils sont en

---

(10) Voyez sur ces vers de Pindare, et sur la manière de les lire, les fragments de ce poète, dans l'édition de Heyne ; Gottingue, 1798, in-8°, tom. III, p, 101 n° XL. On adoptera, si l'on veut, le mètre proposé par M. Hermann.

branle comme les vaisseaux battus par les flots et par la tempête, jusqu'à ce qu'enfin ils soient parvenus à des habitudes fixes. C', comme il peut arriver qu'un homme sans expérience dans l'agriculture méprise une terre qu'il verra couverte de broussailles, de plantes sauvages, d'eaux extravasées, de fange et de reptiles, tandis que le connaisseur tirera de ces signes même, et d'autres semblables, des preuves de l'excellence de cette terre; de même les grands caractères sont sujets, dans leurs commencements, à *pousser* (11) des fruits mauvais et désordonnés; et nous qui ne pouvons supporter ce que ces fruits ont d'épineux et d'offensant, nous imaginons qu'il n'y a rien de plus pressé que de réprimer par le fer cette fausse végétation : mais celui qui en sait plus que nous, voyant déjà ce qu'il y a dans ces esprits de bon et de généreux, attend l'époque de la raison et de la vertu, où ces tempéraments robustes seront en état de produire des fruits dignes d'eux.

XIII. Mais en voilà assez sur ce sujet; considérons maintenant si quelques nations grecques n'ont pas adopté avec beaucoup de raison la loi égyptienne qui

---

(11) Προεξανθουσ

ordonne *que si une femme enceinte est condamnée à mort, on suspende le supplice jusqu'après sa délivrance* (12). Maintenant, au lieu d'une femme qui a conçu matériellement, imaginons un coupable qui *porte* dans le fond de son âme une bonne action ; une grande pensée, un conseil salutaire, une invention utile : ne préférera-t-on pas d'une commune voix la clémence qui laisse mûrir et naître ces fruits de l'intelligence, à la justice précipitée qui les aurait fait avorter ? " Jusqu'ici la comparaison est exacte ; elle devient fausse ensuite, mais c'est au profit de la vérité : car cet enfant que la mère condamnée doit mettre au monde, ne peut lui-même sauver sa mère, dont le sort est décidé, au lieu que cette bonne action que Dieu voit dans l'avenir, sera pour le coupable un mérite qui aura la force d'adoucir le supplice, peut-être même de le prévenir. Comment donc la suprême bonté pourrait-elle annuler ce mérite en le prévenant par une punition soudaine ? "

(12) L'expression de Plutarque, *quelques-uns d'entre les Grecs*, suppose manifestement que tous les peuples de sa patrie, à beaucoup près, n'avaient pas adopté une loi aussi sage, et que dans la plus grande partie de la Grèce on exécutait les femmes enceintes ; ce qui montre combien il y avait encore de barbarie parmi ces nations *tant* et peut-être *trop* vantées.

XIV. Si Denys-le-Tyran eût été puni au premier moment de l'usurpation dont il se rendit coupable, il ne serait pas demeuré un seul Grec dans toute la Sicile ; car les Carthaginois, qui s'emparèrent de ce pays, les en auraient tous chassés. Il en serait arrivé de même à la ville d'Apollonie, à celle d'Anactorium et à toute la presqu'île de Leucadie (13), si Périandre n'avait pas été puni longtemps après qu'il eût usurpé la domination sur ces contrées ; et pour moi je ne doute pas que le châtiment de Cassandre n'ait été différé, jusqu'à ce que, par le moyen de ce meurtrier, la ville de Thèbes fut complètement rebâtie et repeuplée (14).

XV. Plusieurs des étrangers qui pillèrent le temple de Delphes, pendant la guerre sacrée, passèrent en Sicile à la suite de Timoléon, et après avoir détruit les Carthaginois et plusieurs gouvernements tyranniques, ils périrent enfin misérablement, comme ils l'avaient mérité ; car les méchants sont quelquefois,

---

(13) Colonies illyriennes fondées par les Corinthiens, aujourd'hui Sainte-Maure, Pollina, etc.

(14) Il s'agit ici de la mort d'Alexandre-le-Grand, qui fut l'ouvrage de Cassandre, et qui précéda le rétablissement de Thèbes. L'antiquité croyait que toute la famille de Cassandre avait péri à cause de ce crime. (Justin, XVI, 2.)

dans les mains de Dieu, comme des espèces de bourreaux dont il se sert pour châtier d'autres hommes encore plus coupables; puis il détruit à leur tour les bourreaux; et c'est ainsi, à mon avis, qu'il traite la plupart des tyrans. * Car lorsque les nations sont devenues criminelles à ce point qui amène nécessairement les châtiments généraux, lorsque Dieu a résolu de les ramener à l'ordre par la punition; de les humilier, de les exterminer; de renverser les trônes ou de transporter les sceptres; pour exercer ces terribles vengeances presque toujours il emploie de grands coupables, des tyrans, des usurpateurs, des conquérants féroces qui se jouent de toutes les lois : rien ne leur résiste, parce qu'ils sont les exécuteurs d'un jugement divin ; mais pendant que l'ignorance humaine s'extasie sur leurs succès, on les voit disparaître subitement comme l'exécuteur, quand il a fini. * Tout ainsi donc qu'il y a dans quelques animaux venimeux certaines parties ou certains sucs utiles à la guérison des maladies; de même, lorsque Dieu voit que certains peuples ont besoin d'être châtiés et, pour ainsi dire, *mordus* (15), il leur envoie

---

(15) Δηγμέου δεομένοις.

un tyran implacable ou des maîtres âpres et rigoureux ; et ils ne les délivre de ce supplice continué que lorsqu'il a parfaitement purgé et rassaini tout ce qui était malade et corrompu dans eux. Ainsi Phalaris fut donné aux Agrigentins, et Marius aux Romains, comme deux remèdes de ce genre (16). On connaît aussi la réponse donnée par l'Oracle aux Sicyoniens, à propos d'un jeune garçon nommé Télétias qui avait été couronné aux jeux Pythiques, et qu'ils voulaient, sous prétexte qu'il était de leur pays, enlever de force aux Cléoniens qui prétendaient le retenir. Dans ce conflit de deux partis qui ne voulaient céder ni l'un ni l'autre, le jeune homme fut mis en pièces ; sur quoi le Dieu déclara expressément aux Sicyoniens *qu'ils avaient besoin de maîtres toujours armés de fouets ;* et en effet ils passèrent successivement sous la main de trois tyrans, Orthagore, Myron et Clisthènes, qui surent bien les retenir dans le devoir, tandis que les Cléoniens, qui ne furent pas soumis

---

(16) La justesse ordinaire de Plutarque semble l'abandonner ici. Pour que la comparaison des animaux venimeux fût exacte, il faudrait, par exemple, qu'au lieu de prendre les bouillons de vipère pour se guérir de certains maux, on fût obligé de se faire mordre par ces animaux.

au même remède, tombèrent en décadence et finirent par disparaître entièrement.

XVI. Homère parle quelque part de ce héros fils de Coprée, *d'un misérable père illustre rejeton* (17). Celui-là, à la vérité, ne paraît pas s'être illustré par d'éclatantes actions, mais les descendants d'un Sisyphe, d'un Autolyque, d'un Phlégyas, ont brillé en gloire et en vertu parmi les plus grands rois. Périclès, à Athènes, était né d'une famille maudite et dévouée. A Rome, Pompée surnommé *le Grand*, était fils de ce Strabon pour qui le peuple romain avait conçu une telle haine, que lorsqu'après sa mort on portait son corps vers le bûcher, il fut arraché du lit funéraire, jeté à terre et foulé aux pieds. Où est donc le scandale, si, comme le jardinier ne coupe point l'épine avant d'en avoir détaché l'asperge (18), ou comme les habitants de la Libye ne brûlent jamais les branches du ciste avant

---

(17) Τοῦ γένετ' ἐκ πατρὸς πολὺ χείρονος υἱὸς ἀμείνων (Iliad. XV, 613.)

(18) Il ne s'agit point ici des asperges proprement dites, dont aucune ne se prête à la description que fait ici Plutarque; les anciens ont donné le même nom à une plante épineuse qui porte un fruit doux. Théophraste en a parlé dans son Histoire des Plantes, liv. I, chap. 16 ; et liv. VI, chap. 1, 3 ; et Henri-Etienne l'a cité au mot *asparagos*.

d'avoir retiré la gomme aromatique qui en découle, Dieu de même ne veut point couper par la racine certaines nobles et royales familles (quoique mauvaises d'ailleurs et malheureuses), avant qu'elles aient produit quelques rejetons dignes d'elles. Il eût beaucoup mieux valu pour les Phocéens que dix mille bœufs et autant de chevaux d'Iphitus (19) eussent été tués, ou que Delphes eut perdu beaucoup plus d'or et d'argent, que si des personnages tels qu'Ulysse ou Esculape (20) ne fussent point nés, et tant d'autres encore qui, nés de parents vicieux et méchants, ont été cependant d'excellents hommes, grandement utiles à leurs semblables.

XVII. N'y a-t-il pas d'ailleurs des raisons de croire que la justice faite à propos vaut mieux que la justice faite sur-le-champ? Callippe d'Athènes, feignant d'être l'ami de Dion, le tua d'un coup de poignard : or il arriva que lui-même fut tué ensuite avec le même poignard, et par la main de ses propres amis. Mitius

---

(19) Plutarque est accusé ici par les commentateurs d'une petite distraction, l'enlèvement des chevaux d'*Iphitus* étant totalement étranger à Ulysse. Heureusement *la vérité d'une fable* importe peu.

(20) Ulysse et Esculape descendaient d'Autolycus et de Phlégyas, qui sont nommés plus haut.

d'Argos ayant été tué dans une sédition, et le peuple étant depuis assemblé sur la place pour assister à des jeux, une statue de bronze tomba d'elle-même sur le meurtrier et l'écrasa. L'histoire de Bessus le Péonien, et celle d'Ariston l'Etéien, l'un et l'autre chefs de milices étrangères, ne sont pas moins connues. Ce dernier, favorisé par les tyrans qui dominaient, de son temps, à Delphes, enleva l'or et les diamants de la reine Eriphyle, déposés depuis longtemps dans le temple de cette ville, et il en fit présent à sa femme ; mais le fils d'Ariston ayant depuis pris querelle avec sa mère, mit le feu à la maison, qui fut consumée avec tout ce qu'elle contenait (Note X). Bessus avait tué son père, et pendant longtemps ce crime fut ignoré ; mais enfin, étant venu dîner un jour chez des amis, il s'avisa d'abattre un nid d'hirondelles, en le perçant de sa lance, et de tuer les petits. L'un des témoins de cette action s'étant écrié, comme il était bien naturel : *Comment donc mon cher, vous permettez-vous quelque chose d'aussi peu raisonnable* (21) ? *Eh! n'entendez-vous donc pas,*

---

(21) Les anciens croyaient, et cette idée n'est pas encore absolument effacée de nos jours (*Génie du Christianisme*), tom. VI, ch. 6.), qu'il y avait quelque espèce de mal à détruire le nid de notre concitoyenne

répondit Bessus, *que ces oiseaux ne cessent de crier contre moi et de m'accuser d'avoir tué mon père?* Cet aveu surprenant fut bientôt porté au roi, qui ordonna les recherches convenables. Le coupable fut convaincu et puni comme parricide. * Ces diverses punitions sont plus frappantes, et par conséquent plus utiles que si elles avaient suivi de près les crimes. *

XVIII. Tout ce discours, au reste, suppose, comme une proposition accordée, *que la punition des coupables est retardée;* mais je ne sais si, au lieu de suivre Platon, qui nomme la peine *une suivante du crime,* il ne vaudrait pas mieux écouter Hésiode lorsqu'il nous dit: *Le crime est avant tout nuisible à son auteur;* et ailleurs encore: *Qui cherche à perdre autrui cherche à périr lui-même* (Note XI). On dit que la mouche cantharide porte en elle le contre-poison du venin qu'elle communique. Par un effet tout contraire le crime, avec le faux plaisir qui nous séduit, verse dans l'âme la douleur et le remords, et non point dans un avenir reculé, mais dans l'instant même où l'homme se rend coupable.

l'hirondelle, oiseau remarquable par le bon sens qui lui a fait découvrir qu'il est bon de se faire protéger par les êtres plus forts que nous, mais sans se laisser toucher.

Comme le criminel marchant au supplice est condamné à porter lui-même la croix sur laquelle il doit expirer (22) ; de même le méchant, livré à sa conscience, porte avec lui le supplice qu'il a mérité ; le crime, après qu'il a déshonoré une vie entière, étant encore le bourreau le plus cruellement inventif pour la remplir de troubles, d'inquiétude, de cuisants remords et d'interminables frayeurs.

XIX. Certains hommes, dans les jugements qu'ils portent sur le bonheur des méchants, ne ressemblent pas mal à des enfants admis pour la première fois à contempler, sur la scène, des misérables jouant les rôles les plus nobles. Vêtus de pourpre et de brocart, le front ceint de couronnes, ces rois de théâtre en imposent à l'œil de l'enfance, qui les prend pour de grands personnages et s'extasie sur leur bonheur, jusqu'à ce que tout à coup on les voit frappés de verges, percés de coups, ou même brûlés vifs dans leur royale parure (Note XII). C'est ainsi en effet que lorsqu'on voit des coupables illustres, environnés de serviteurs, distingués par une haute naissance et

---

(22) Juste-Lipse, dans son traité *de Cruce*, lib. XI, cap. 5, n a rien laissé à désirer sur cet usage de l'antiquité, que le christianisme a fait connaître dans tout le monde.

revêtus de grands emplois, ou ne peut se déterminer à croire qu'ils soient punis, jusqu'à ce qu'on les voie poignardés ou précipités, ce qui est cependant moins une punition que la fin et le complément de la punition (Note XIII). Que sont donc ces prétendus *retards* dont on fait tant de bruit? En premier lieu nous appelons de ce nom, dans notre ignorance, *le temps que la Justice divine emploie à soulever l'homme qu'elle veut précipiter;* mais si nous voulons d'ailleurs nous exprimer rigoureusement, il n'y a point de retard, car c'est une loi divine que le supplice commence toujours avec le crime. L'ingénieuse antiquité a dit que la peine est *boiteuse :* sans doute qu'elle n'atteint pas tout de suite le coupable : mais jamais elle ne cesse de le poursuivre; et le bruit de sa marche, que nous appelons *remords,* tourmente sans relâche le coupable, de manière que lorsqu'elle le saisit enfin, ce n'est plus que la fin du supplice. Hérodique de Sélibrée (*) parvint, en mêlant la gymnastique aux remèdes intérieurs, à trouver un palliatif, dont il fit le premier usage sur lui-même, contre la phthisie, maladie qui jusqu'à lui avait résisté en-

---

(*) Ancien médecin qui fut le maître d'Hippocrate.

tièrement à tous les remèdes ; sur quoi Platon disait *que ce médecin, et pour lui et pour les autres, avait inventé l'art de faire durer la mort.* Ce mot heureux est applicable à la punition des méchants : * on la croit lente, parce qu'elle est longue ; et, parce que les coupables vieillissent sous la peine, on dit que la peine n'atteint que leur vieillesse.

XX. Ajoutons encore que ce mot de *longtemps* n'a de sens que par rapport à nous ; car la plus longue vie humaine, pour Dieu, est un instant. Qu'un méchant soit puni divinement au moment même où il a commis son crime, ou qu'il le soit trente ans après, c'est comme si la justice humaine, au lieu de le faire pendre ou torturer le matin, ne l'envoyait au supplice que l'après-midi. En attendant, la vie est pour le coupable une véritable prison, qui ne lui laisse aucun espoir de fuite. Que si, dans cette position, il donne de grands festins ; s'il répand des grâces et des largesses ; s'il entreprend des affaires importantes, il ressemble au prisonnier qui s'amuse jouer aux dés et aux échecs pendant que la corde qui doit l'étrangler pend déjà sur sa tête. Si cette comparaison ne paraît pas juste, qu'est-ce qui pourra nous empêcher de soutenir de plus, en parlant d'un criminel détenu et condamné à mort, *qu'il a échappé à la iustice,* parce qu'on ne lui a pas encore coupé la tête ? Et pourquoi n'en dirions-nous pas autant de celui qui a bu la ciguë, et qui se promène dans sa prison en attendant la pesanteur des jambes, l'extinction du sentiment, et les glaces de la mort ? Si nous voulons ne compter pour rien les souffrances, les angoisses et les remords qui déchirent la conscience du méchant, il vaudrait autant dire que le poisson qui a mordu s'hameçon n'est point encore pris, jusqu'à ce qu'il soit grillé ou dépecé dans nos cuisines. Le crime est pour nous un véritable hameçon dont la volupté est l'amorce : à l'instant même où le méchant la saisit, *il est pris.* Il devient prisonnier de la Justice divine : sa conscience le traîne et l'agite douloureusement comme le poisson qui, ne vivant plus que pour souffrir, se débat vainement sous la main qui l'entraîne à la mort. * Il en coûte à l'homme de bien pour faire de grands sacrifices à la vertu, pour surmonter ses inclinations les plus chères et les plus entraînantes : mais lorsqu'enfin il s'est rendu maître de lui-même, il en est recompensé par les torrents d'une volupté divine qui coulent dans son cœur. Il arrive précisément le contraire au méchant ; le crime se présente à ses yeux sous les couleurs les plus séduisantes : mais à peine est-il consommé, que ce charme trompeur disparaît et ne laisse après lui que d'affreux tourments. *

XXI. L'audace qui est naturelle aux grands coupables ne leur sert en effet que pour commettre les crimes ; car l'impétuosité de la passion qui les pousse est une espèce de vent qui leur manque après, de manière qu'ils demeurent sans mouvement, livrés au supplice des terreurs religieuses. * Mille fantômes sinistres se présentent à l'imagination du coupable ; il se fuit sans cesse, et se retrouve toujours. La nuit surtout est terrible pour lui, car le sommeil tranquille n'est donné qu'à la vertu : c'est pendant la nuit que le crime, forcé d'habiter avec lui-même, se voit tel qu'il est, se touche, pour ainsi dire, et se fait horreur * (23). Il me semble donc que Stésichore a peint le songe de Clytemnestre avec une grande vérité de coloris, et d'une manière d'ailleurs très-conforme à l'histoire, lorsqu'il nous représente Oreste qui apparaît la nuit à sa mère :

(23) *Perfugium videbitur omnium laborum et sollicitudinum esse somnus ; at ex eo ipso plurimæ curæ metusque nascuntur* : c'est-à-dire le sommeil, qui devrait être le baume de la vie, en devient le poison. (*Cic. de divin.* II, 72.)

*Il semblait s'élancer de la gueule sanglante
D'un dragon qui planait sur la reine tremblante.*

Car les visions qui nous viennent dans les songes, les apparitions de fantômes en plein jour, les réponses des oracles, les prodiges célestes, tous les signes enfin de l'intervention divine, causent de grands troubles et des frayeurs mortelles à tous les hommes qui se sentent accusés par leur conscience. Apollodore, tyran cruel de Cassandra, dans la Thrace, songea, une nuit, que les Scythes le faisaient bouillir après l'avoir écorché vif, et que son cœur en cuisant murmurait du fond de la chaudière : *C'est moi qui suis l'auteur des tourments que tu souffres* (24). Une autre fois il crut voir ses propres filles qui tournaient autour de lui, enflammées comme des tisons ardents. Hipparque, fils de Pisistrate, songea peu de temps avant sa mort que Vénus, tenant du sang dans une coupe, lui en jetait au visage. Les amis de Ptolémée, surnommé *la Foudre*, crurent voir

---

(24) Ce cœur disait la vérité; car nous avons été assurés depuis que tout crime part du cœur, (Matth. X, 19.) Et ce n'est pas sans raison que les hommes sont convenus de se frapper la poitrine pour exprimer le repentir.

en songe Séleucus appelant ce prince en justice, par-devant les loups et les vautours, qui étaient les juges. Le roi Pausanias, se trouvant à Bysance, s'était fait amener par force une jeune fille de condition, libre et de bonne maison, nommée Cléonice, dans le dessein de passer la nuit avec elle ; mais comme il était endormi quand elle entra, il s'éveilla en sursaut, et la prenant pour un ennemi qui venait le surprendre, il la tua sur la place. Dès-lors, pendant son sommeil, il voyait souvent apparaître cette fille, qui lui disait :

Malheur à l'homme entraîné par ce vice !
Marche au supplice. (Note XIV.)

Tant qu'à la fin, fatigué de cette apparition qui ne cessait de l'obséder, il se vit forcé de s'en aller jusqu'à la ville d'Héraclée, qui possédait un temple où l'on évoquait les âmes des morts ; et là, ayant fait les sacrifices ordinaires d'expiation, et les libations qui se font sur les tombeaux, il fit tant, que Cléonice lui apparut, et lui dit *que lorsqu'il serait de retour à Lacédémone il y trouverait la fin de ses peines;* et, en effet, à peine fut-il arrivé dans sa patrie qu'il y perdit la vie. Il paraît donc qu'en partant de la supposition que l'âme n'a plus de sentiment après la mort, et que le terme de la vie est celui de toute peine et de toute récompense, on pourrait soutenir à bon droit, a l'égard des méchants qui seraient frappés et mourraient d'abord après leurs crimes, que les Dieux les traitent avec une douceur excessive.* En effet, les plus inconséquents des hommes seraient ceux qui, se refusant à la croyance de l'immortalité, reprocheraient cependant à la Divinité de laisser vivre les méchants; car demander, dans cette supposition, que le méchant meure, c'est demander expressément qu'il échappe à la vengeance : il faudrait, au contraire, dans ce cas, demander pour lui la vie, c'est-à-dire le prolongement de son supplice. Il n'y a pas de propos plus léger ni malheureusement plus commun que celui-ci : *Comment, sous l'œil d'une Providence juste, un tel homme peut-il vivre tranquille ? — Tranquille !* Comment donc sait-on qu'il est tranquille ? Il est condamné au contraire à vivre sous le fouet des Furies; il faut que le châtiment s'accomplisse. S'il mourait, on ne manquerait pas de dire : *Est-il possible qu'un tel homme soit mort* tranquillement *dans* *son lit?* Il faudrait donc, pour contenter nos petites conceptions, que le coupable fut frappé miraculeusement au moment même où il le devient, c'est-à-dire qu'il faudrait exclure le repentir. En vérité, nous serions bien malheureux si Dieu était impitoyable comme l'homme ! Qui ne voit d'ailleurs que si le châtiment suivait infailliblement et immédiatement le crime, il n'y aurait plus ni vice ni vertu, puisque l'on ne s'abstiendrait du crime que comme l'on s'abstient de se jeter au feu ? La loi des esprits est bien différente : la peine est retardée, parce que Dieu est bon ; mais elle est certaine, parce que Dieu est juste. *Ne croyez pas,* dit Platon, *pouvoir jamais échapper à la vengeance des Dieux, vous ne sauriez être assez petit pour vous cacher sous la terre ni assez grand pour vous élancer dans le ciel* (Note XV); *mais vous subirez la peine qui vous est due, ou dans ce monde ou dans l'autre, dans l'enfer ou dans un lieu encore plus terrible* (Note XVI), *où vous serez transporté après votre mort.*

XXII. Quand une longue vie n'amènerait pour le méchant aucune punition matérielle et exemplaire, elle servirait au moins à le convaincre par l'expérience la plus douloureuse qu'il n'y a ni paix ni bonheur pour le crime, et qu'après nous avoir exposés à toutes sortes de peines et de dangers, il ne nous laisse enfin que d'affreux remords. Lysimaque, forcé par la soif de livrer aux Gètes et sa personne et son armée, s'écria après qu'il eût bu, étant déjà prisonnier : O Dieux ! que je suis lâche de m'être privé d'un si grand royaume pour un plaisir si court (25) ! Cet homme cependant était excusable d'avoir cédé à un besoin physique contre lequel la volonté ne peut rien ; mais lorsque, entraîné par le désir effréné des richesses, par l'ambition ou par l'attrait d'un plaisir infâme, un malheureux a commis quelque action détestable, bientôt, la soif du désir se trouvant éteinte, et la rage de la passion ne l'agitant plus, il voit qu'au lieu de ce triste fantôme de plaisir qu'il poursuivait avec tant d'ardeur, il n'a trouvé que le trouble, l'amertume et les regrets. Alors, mais trop tard, il se reproche d'avoir empoisonné sa vie entière;

---

(25) Plutarque lui-même (ou quelque autre) raconte ailleurs la même anecdote, avec quelque variation. Il fait dire à Lysimaque : *O Dieux ! pour quel misérable plaisir je viens de me faire esclave, de roi que j'étais !* (Apophth. Reg. et Impr. edit. Steph. Tom. II, pag. 160.) Peut-être que Lysimaque ne dit ni d'une manière ni de l'autre. En lisant les anciens historiens il ne faut jamais oublier qu'ils sont tous plus ou moins poètes.

de l'avoir livrée aux frayeurs, aux tristes souvenirs, aux repentirs cuisants, à la défiance du présent, à la crainte de l'avenir, pour se procurer de misérables jouissances qui ont passé comme l'éclair (26). C'est ainsi qu'Ino s'écrie sur nos théâtres, en se rappelant son crime :

Femme, dont la tendresse assoupit ma douleur!
O que ne puis-je encore, au sein de l'innocence,
Vivre en paix sous le toit qui couvrit mon enfance;
Je n'éprouverais pas l'épouvante et l'horreur,
Que verse dans mon âme un souvenir rongeur.

XXIII. Mais je crois que ce retour amer est commun à tous les coupables. Il n'en est pas un qui ne se dise à lui-même : *O que ne puis-je chasser le souvenir de tant de crimes! Que ne puis-je me délivrer du remords et recommencer une autre vie!* Si l'on pouvait voir dans ces cœurs livrés aux passions criminelles, on y verrait les tourments du Tartare: *car pour moi je suis persuadé que les grands criminels et les impies surtout n'ont besoin*

---

(26) *Dat pœnas quisquis exspectat; quisquis autem meruit exspectat* : c'est-à-dire, attendre la peine c'est la souffrir, et la mériter c'est l'attendre. (Sen. Ep. CV.)

d'aucun Dieu ni d'aucun homme pour les tourmenter, puisque leurs vices sont autant de serpents qui les déchirent, et qu'il leur suffit de vivre pour souffrir. Où sont pour eux les douceurs de l'amitié et de la confiance? Le méchant ne peut voir dans les hommes que des ennemis. *Continuellement en garde contre ceux qui le connaissent et qui le blâment, il ne se défie pas moins de ceux qui le louent sans le connaître; car sa conscience lui dit assez que ceux qui rendent hommage à des vertus imaginaires, se déclarent par là même ennemis de ceux qui ne les possèdent pas. Ainsi il ne croit personne, il ne se fie à personne, il n'aime personne; il finit par se déplaire à lui-même, par se haïr enfin, et toute sa vie il n'est à ses yeux qu'un objet d'abomination.*

XXIV. Mais pour examiner plus à fond cette question du retard des punitions divines, il faut considérer que Dieu, ayant assujetti l'homme au temps (27), a dû nécessairement s'y assujettir lui-même. Ceux qui demandent *comment il a fallu tant de temps à Dieu pour faire ceci ou cela*, font preuve d'une grande

(27) *Tempora patimur*, a fort bien dit Juste-Lipse, *Physiol. Stoic. dissert.* XVII.

faiblesse de jugement : ils demandent un autre monde, un autre ordre de choses ; ils ignorent également Dieu et l'homme : aussi les sages qui ont examiné à fond ce sujet, non-seulement n'ont point été scandalisés de ces délais dans les vengeances divines ; mais en généralisant la question, ils ont cru que cette lenteur dans les opérations de la toute-puissante sagesse était comme le sceau et le caractère distinctif de la Divinité. Euripide avait fait une étude particulière de l'ancienne théologie, et il tenait à grand honneur d'être versé dans ces sortes de connaissances, car c'est de lui-même qu'il parle, quoique à mots couverts, dans ce chœur de la tragédie d'Alceste, où il dit :

Les muses dans le sein des nues,
Soutiennent de mon vol l'essor audacieux,
Et des sciences inconnues
Les secrets ont été dévoilés à mes yeux (28).

Or ce poète, en parlant de la Divinité, a écrit ce vers remarquable dans sa tragédie d'Oreste :

(28) Ἐγὼ καὶ διὰ Μούσας
Καὶ μετάρσιος ᾖξα, καὶ
Πλείστων ἀψάμενος λόγων. κ. τ. λ.
Euripid. Alc. Act. V. v. 965.

Elle agit lentement, car telle est sa nature.

(Note XVII.)

En quoi il me paraît justifier parfaitement la réputation qu'il ambitionnait d'homme profondément versé dans les sciences divines; car il n'y a rien de si vrai ni de si important que cette maxime. En effet l'homme, tel qu'il est, ne peut être gouverné par la Providence, à moins que l'action divine, à son égard ne devienne pour ainsi dire *humaine ;* autrement ell'. anéantirait l'homme au lieu de le diriger. *

XXV. * Ce caractère de la Divinité, senti par tous les hommes, a produit une croyance qui choque la raison humaine, et qui cependant est devenue un dogme universel parmi les hommes de tous les temps et de tous les lieux : « Tout le monde a cru, sans « exception, qu'un méchant n'ayant point été puni « pendant sa vie, il peut l'être dans sa descendance, « qui n'a point participé au crime, de manière que l'innocent est puni pour le coupable. » Ce qui révolte tout à fait la raison ; car puisque nous blâmons tous les jours des tyrans qui ont vengé sur des particuliers, sur des familles, et même sur les habitants d'une ville entière, des crimes commis par les ancêtres de ces malheureux, comment pouvons-nous attribuer à la Divinité des vengeances que nous jugeons criminelles ? Y a-t-il moyen de comprendre que le courroux céleste s'étant comme perdu sous terre, à la manière de certains fleuves, au moment où le crime se présentait à la vengeance, en ressorte tout à coup et longtemps après pour engloutir l'innocence ? »

XXVI. « Ces doutes se présentent d'abord à tous les esprits cependant, lorsqu'on y regarde de plus près, il arrive une chose fort extraordinaire, c'est que l'absurdité même de la chose, telle qu'elle se présente au premier abord, commence à la rendre vraisemblable : on ne peut s'empêcher de se demander « Comment une opinion aussi révoltante, du moins « pour le premier coup d'œil, a pu devenir la « croyance de tous les hommes ; et si elle ne serait « point appuyée peut-être sur quelque raison profonde « que nous ignorons ? » Et ce premier doute amène bientôt des réflexions qui tournent l'esprit dans un sens tout opposé. »

XXVII. Rappelons-nous la fête que les Grecs ont célébrée naguères en l'honneur des familles dont les ancêtres avaient eu l'honneur de voir leur demeure honorée par la présence des Dieux (29) ; rappelons-nous les honneurs extraordinaires décernés aux descendants de Pindare ; ces témoignages de la reconnaissance publique, ces distinctions personnelles, si justement accordées par la loyauté de nos pères, nous pénètrent de joie et d'admiration ; il faudrait, pour n'y pas applaudir, avoir, comme l'a dit ce même Pindare, *un cœur de métal forgé dans un feu glacé*. Sparte ne célèbre-t-elle pas encore la mémoire de son fameux Terpandre ? Dans ses festins publics le héraut, après qu'on a chanté l'hymne d'usage, ne crie-t-il pas : *Mettez à part la portion due aux descendants de Terpandre ?* Les Héraclites ne jouissent-ils pas du droit de porter des couronnes ? Et la loi de Sparte n'a-t-elle pas statué que cette prérogative serait inviolablement conservée aux descendants d'Hercule, en reconnaissance des services signalés qu'il avait jadis rendus aux Grecs, sans en avoir jamais reçu aucune récompense ? Je ne finirais pas si je voulais raconter les honneurs publics rendus à certaines familles en mémoire d'un ancêtre illustre. Cette dette de la reconnaissance, payée aux descendants d'un

---

(29) La Théoxénie.

grand personnage, est un sentiment universel. Il est intimement naturel à l'homme, au point que les gens envieux sont moins choqués de cette distinction que de toutes les autres, quoiqu'elle ne puisse supporter l'épreuve du simple raisonnement. » Or, il me semble qu'un sentiment aussi universel peut fournir à la philosophie un merveilleux sujet de méditation, et que nous y apprenons d'abord à ne pas tant nous hâter de crier à l'injustice, lorsque nous verrons un fils puni pour les crimes de son père ; car il faudrait, par la même raison, nous élever contre les honneurs rendus à la noblesse : en effet, si nous avouons que la récompense des vertus ne doit point se borner à celui qui les possède, mais qu'elle doit se continuer à ses descendants, il doit nous paraître tout aussi juste que la punition ne cesse point avec les crimes, mais qu'elle atteigne encore la postérité du malfaiteur. Si nous applaudissons aux honneurs qu'Athènes a décernés aux descendants de Cimon, approuvons donc aussi, et par la même raison, cette république lorsqu'elle déclare à jamais maudite et bannie de son territoire la postérité de ce Lacharès* qui tyrannisa sa patrie pendant quatre ans, et la quitta ensuite après avoir pillé les temples et le trésor public. Mais ce n'est point ainsi que nous raisonnons : nous admettons un principe dont nous rejetons en même temps la conséquence nécessaire, et les contradictions ne nous coûtent rien, pourvu qu'elles nous fournissent la matière d'un reproche contre les Dieux. * Si la famille d'un méchant est détruite, ils sont injustes ; et si elle prospère, ils sont injustes encore : voilà comment la Providence est jugée ; on la méconnaît ou on la chicane. Ne commettons point la même faute, et servons-nous au contraire des raisonnements qui viennent d'être exposés, comme d'une espèce de barrière pour écarter de nous ces discours aigres et accusateurs.

XXVIII. Mais reprenons le fil qui doit nous guider dans le labyrinthe obscur des jugements de Dieu, et marchons prudemment, retenant pour ainsi dire notre esprit dans le cercle d'une humble et timide retenue, et nous attachant toujours à ce qu'il y a de plus vraisemblable, * sans jamais permettre à nos pensées de s'égarer et de devenir téméraires, * et songeant surtout que les choses matérielles qui nous environnent présentent des mystères tout aussi inconcevables, et que nous sommes cependant forcés de recevoir. Je ne sais pourquoi, par exemple, l'action à dis-

tance de temps nous paraît moins explicable que l'action à distance de lieu. On demande pourquoi les Phocéens et les Sybarites sont punis pour les crimes commis par leurs pères? et moi je demande pourquoi Périclès mourut, et pourquoi Thucydide fut mis en danger par une maladie née en Ethiopie (30) ? *
Il est aisé de répondre que la peste fut apportée dans Athènes par un Ethiopien ; mais c'est ce qu'il faudrait prouver, et expliquer de plus comment cet homme ne mourut pas en chemin, ou comment les pays intermédiaires ne furent pas infectés ; au reste, ce n'est qu'un exemple, *et il y a entre les choses d'un ordre supérieur, comme entre les choses naturelles, des liaisons et des correspondances secrètes,* dont il est impossible de juger autrement que par l'expérience, les traditions et le consentement de tous les hommes. *

(30) Il s'agit ici de la grande peste d'Athènes, décrite par Thucydide (II, 47) et par Lucrèce, d'après ce grand historien. (de N. R. VI, 1136.)

Nam penitùs veniens Ægypti è finibus ortus,
Aera permensus multum, camposque natanteis,
Incubuit tandem populo Pandionis.

Lucr. ibid. 1141, 1142.

XXIX. * Tout ceci se rapporte à l'homme considéré individuellement ; mais si nous venons à le considérer dans son état d'association, il semble qu'il n'y a plus de difficulté, et que la vengeance divine tombant sur un État ou sur une ville longtemps après la mort des coupables, ne présente plus rien qui choque notre raison. * Un État, en effet, est une même chose continuée, un tout, semblable à un animal qui est toujours le même et dont l'âge ne saurait altérer l'identité. L'État étant donc toujours *un*, tandis que l'association maintient l'unité, le mérite et le blâme, la récompense et le châtiment, pour tout ce qui est fait en commun, lui sont distribués justement comme ils le sont à l'homme individuel. Si l'on prétend diviser l'État par sa durée pour en faire plusieurs, en sorte, par exemple, que celui du siècle précédent ne soit pas celui d'aujourd'hui, autant vaut diviser aussi l'homme de la même manière, sous prétexte que celui d'aujourd'hui, qui est vieux, n'est pas le même que celui qui était jeune il y a soixante ans. C'est le sophisme plaisant d'Epicharme, disciple de Pythagore, qui s'amusait à soutenir que l'homme qui a emprunté de l'argent n'est pas tenu de le restituer, vu qu'au moment de l'échéance il n'est plus *lui*, le débiteur primitif étant devenu un autre homme ; et que celui qu'on a prié hier à souper vient aujourd'hui se mettre à table sans invitation, parce qu'il a changé dans l'intervalle. Cependant le temps amène encore plus de différence dans l'homme individuel que dans les villes ou États : car celui qui aurait vu Athènes il y a trente ans, y retrouverait aujourd'hui les mêmes mœurs, les mêmes plaisirs, les mêmes goûts, rien enfin n'aurait changé ; tandis que si vous passez quelques années sans voir un homme, quelque familier que vous soyez avec lui, vous aurez peine à le reconnaître au visage, et qu'à l'égard de son être moral, il aura si fort changé d'habitudes, de système et d'inclinations, que vous ne le reconnaîtrez plus du tout ; et cependant personne ne révoque en doute l'identité de l'homme depuis sa naissance jusqu'à sa mort : croyons donc pareillement à celle des cités et des États, à moins que nous ne voulions abuser de l'idée d'Héraclite, qui soutenait avec beaucoup de raison, dans un certain sens, *qu'il est impossible de se baigner deux fois dans la même rivière* (31) (Note XVIII.).

(31) Δὶς ἐς τὸν αὐτὸν ποταμὸν οὐκ ἂν ἐμβαίης. (*Heracl. apud Plat. in Cratylo.* Opp. tom. III. edit. Bip. p. 268, 269. Mais ce Cratyle, le même, à ce qu'il paraît, qui a donné son nom au dialogue de Platon,

XXX. Mais si l'État doit être considéré sous ce point de vue, il en doit être de même d'une famille provenant d'une souche commune, dont elle tient je ne sais quelle force cachée, je ne sais quelle communication d'essence et de qualités, qui s'étend à tous les individus de la lignée. Les produits par voie de génération ne ressemblent point aux productions de l'art. A l'égard de celles-ci, dès que l'ouvrage est terminé, il est sur-le-champ séparé de la main de l'ouvrier et ne lui appartient plus : il est bien fait *par lui*, mais non *de lui*. Au contraire, ce qui est engendré provient de la substance même de l'être générateur ; tellement qu'il tient de *lui* quelque chose qui est très-justement puni ou récompensé pour *lui*, car ce quelque chose est *lui*. Que si, dans une matière de cette importance, il était permis de laisser seulement soupçonner qu'on ne parle pas sérieusement, je dirais que les Athéniens firent plus de tort à la statue de Cassandre lorsqu'ils la firent fondre, et que les Syracusains en firent plus au corps du tyran Denys, qu'ils n'en auraient fait à la descendance de ces deux

---

trouvait encore cette proposition inexacte : « Car, disait-il, il n'est pas
« possible de se baigner dans le courant *même une fois.* » Ce qui
est vrai suivant à la rigueur l'idée d'Héraclite. (*Arist. Métaph.* III, 5.

tyrans, si l'un et l'autre peuple avaient sévi contre elle; car enfin la statue de Cassandre ne tenait rien de lui, et le cadavre de Denys n'était pas Denys; au lieu que les enfants des hommes vicieux et méchants sont une dérivation de l'essence même de leurs pères. Ce qu'il y avait dans ceux-ci de principal, ce qui vivait, ce qui se nourrissait, ce qui pensait et parlait, est précisément ce qu'ils ont donné à leurs fils : il ne doit donc point sembler étrange ni difficile à croire qu'il y ait entre l'être générateur et l'être engendré une sorte d'identité occulte, capable de soumettre justement le second à toutes les suites d'une action commise par le premier.

XXXI. Que doit-on appeler *bon* dans la médecine ? c'est ce qui guérit; et l'on rirait à bon droit de celui qui reprocherait au médecin de commettre une injustice envers la jambe en la cautérisant pour débarrasser la tête ou la poitrine, ou qui blâmerait les opérations de la chirurgie comme cruelles ou immorales. Or, il me semble qu'on ne doit pas trouver moins ridicule celui qui croirait que, dans la médecine spirituelle, c'est-à-dire dans les châtiments divins, il peut y avoir autre chose de *bon* que ce qui guérit les vices, qui sont les maladies de l'âme. Celui-là sans doute aurait oublié que souvent un maître d'école, en châtiant un écolier, retient tous les autres dans le devoir, et qu'un grand capitaine en faisant décimer ses soldats peut ramener le reste à l'obéissance et sauver l'État; comme le chirurgien peut sauver les yeux en ouvrant la veine du bras ou de la jambe. Il y a entre les corps une véritable communication de mouvement, * de manière qu'un coup frappé sur une âme par la main divine peut se propager sur d'autres, par des chocs successifs, jusqu'à des bornes que nous ignorons. *

XXXII. Tout ce raisonnement, au reste, suppose l'immortalité de l'âme, car il suppose que Dieu nous distribue les biens et les maux suivant nos mérites. Or, c'est la même chose de soutenir que Dieu se mêle de la conduite des hommes, ou de soutenir que nos âmes sont immortelles ♦ car s'il n'y avait en nous rien de divin, rien qui lui ressemblât, c'est-à-dire rien d'immortel, et si les âmes humaines devaient se succéder comme les feuilles dont la chute a fourni une si belle comparaison au divin Homère (Note XIX), Dieu ne daignerait pas s'occuper de nous : mais puisqu'au contraire il s'en occupe sans relâche, * puisqu'il ne cesse de nous instruire, de nous menacer, de nous écarter mal, de nous rappeler au bien, de châtier nos vices, de récompenser nos vertus, c'est une marque infaillible * qu'il ne nous a pas créés comme des plantes éphémères, et qu'il ne se borne pas à conserver un instant nos âmes *fraîches et verdoyantes*, s'il est permis de s'exprimer ainsi, dans une vile chair, comme les femmes attachées aux jardins d'Adonis conservent, à ce qu'on dit, les fleurs dans de fragiles vases de terre (32), mais qu'il a mis dans nous une véritable racine de vie, qui doit un jour germer dans l'immortalité. *

« Il faut, disait Platon, croire en tout les législa-
« teurs, mais particulièrement sur l'âme, lorsqu'ils
« nous disent qu'elle est totalement distincte du corps
« et que c'est elle qui est le *moi;* que notre corps
« n'est qu'une espèce de fantôme qui nous suit;... que
« le *moi* de l'homme est véritablement immortel; que
« c'est ce que nous appelons *âme,* et qu'elle rendra
« compte aux Dieux, comme l'enseigne la loi du
« pays; ce qui est également consolant pour le juste

---

(32) Un passage curieux de Platon permettrait de croire que les hommes préposés à ces jardins possédaient le secret de produire une végétation artificielle véritablement merveilleuse, puisqu'ils auraient pu, en huit jours, porter à l'état de maturité parfaite *les fruits les plus chers à l'agriculture.* (Plat. in Phed. Opp., t. X. p. 385.)

« et terrible pour le méchant. Nous ne croirons donc
« point que cette masse de chair que nous enterrons
« soit *l'homme*, sachant que ce fils, ce frère, etc.,
« que nous croyons inhumer, est réellement *parti*
« pour un autre pays, après avoir terminé ce qu'il
« avait à faire dans celui-ci * (33). »

XXXIII. Et voyez comment toutes les cérémonies de
la Religion supposent l'immortalité. Elle nous avertit
de courir aux autels dès qu'un homme a quitté cette
vie, et d'y offrir pour lui des oblations et des sacrifices expiatoires. Les honneurs de toute espèce rendus
à la mémoire des morts attestent la même vérité.
(Note XX). Croira qui voudra que ces autorités nous
trompent : quant à moi, avant qu'on me fasse convenir
que l'âme ne survit point au corps, il faudra qu'on
renverse le trépied prophétique de Delphes, d'où la
Pythie rendit autrefois cet oracle à un certain Callondas
de Naxos :

Croire l'esprit mortel, c'est outrager les Dieux.

XXXIV. Ce Callondas avait tué un personnage consa-

---

(33) *Plato*, de leg. XII. Opp. tom. IX, edit. Bipont. pag. 212, 213.
Quem putamus periisse præmissus est (Sen. Ep. mor. CH.)

cré aux Muses, nommé Archiloque. Pour excuser son crime, et pour en obtenir le pardon, il se présenta d'abord à la Pythie, qui d'abord rejeta sa demande; mais étant revenu à la charge, la prophétesse lui ordonna de s'en aller dans un lieu situé près de la ville de Ténare, où l'on avait coutume de conjurer et d'évoquer les âmes des morts, et là d'apaiser celle d'Archiloque par des oblations et des sacrifices. Et de même, Pausanias ayant péri à Sparte, par décret des Ephores, de la manière que tout le monde connaît, les Spartiates, troublés par certaines apparitions, recoururent à l'oracle, qui leur conseilla de chercher les moyens d'apaiser l'âme de leur roi; et en effet, ayant fait chercher jusques en Italie des sacrificateurs et des exorcistes habiles dans l'art d'évoquer les morts, ceux-ci parvinrent par leurs sacrifices à chasser l'esprit de Pausanias de ce temple, * dont les Ephores avaient détruit le toit et muré la porte pour l'y faire mourir de faim et de souffrance. *

XXXV. C'est donc absolument la même chose qu'il y ait une Providence et que l'âme humaine ne meure point; car il n'est pas possible que l'une de ces vérités subsiste sans l'autre. Si donc l'âme continue d'exister après la mort, on conçoit aisément qu'elle soit punie ou récompensée, et toute la question ne roule que sur la manière. Or, cette vie n'étant qu'un combat perpétuel (34), c'est seulement après la mort que l'âme peut recevoir le prix qu'elle aura mérité : mais personne ne sait ce qui se passe dans l'autre monde, et plusieurs même n'y croient pas; de manière que tout cela est nul pour l'exemple et pour le bon ordre du monde : au contraire la vengeance, exercée d'une manière visible sur la postérité des coupables, frappe tous les yeux et peut retenir une foule d'hommes prêts à se livrer au crime.

XXXVI. Il est certain, de plus, qu'il n'y a pas de punition plus cruelle et plus ignominieuse que celle de voir nos descendants malheureux par notre faute (35). Représentons-nous l'âme d'un méchant homme, ennemi

---

(34) *Car nous avons à combattre, non contre des hommes de chair et de sang, mais contre les puissances de ce siècle ténébreux,* etc. Ephes. VI. 12.

(35) *Les âmes des morts ont une certaine force, en vertu de laquelle elles prennent toujours intérêt à ce qui se passe dans ce monde : cela est certain, quoique la preuve exige de longs discours; mais il faut croire ces choses sur la foi des législateurs et des traditions antiques, à moins qu'on n'ait perdu l'esprit.* (Plat. de Leg. XI, tom. IX, pag. 150.) Il ajoute : *Que les tuteurs craignent donc les dieux avant tout, et ensuite les âmes des pères ! L'orphelin n'aura rien à craindre de celui qui croira ces vérités.* Ib. p. 151. Législateurs, écoutez bien.

des Dieux et des lois, voyant après sa mort, non sa mémoire outragée, non ses images et ses statues abattues ; mais ses propres enfants, ses amis, ses parents ruinés et affligés pour lui, accablés par sa faute de misères et de tribulations. On ne saurait imaginer un plus grand supplice ; et si cet homme pouvait revenir à la vie, il renoncerait aux honneurs divins, si on les lui offrait, plutôt que de s'abandonner encore à l'injustice ou à la luxure qui l'ont perdu (36).

XXXVII. Le philosophe Bion dit que si Dieu punissait les enfants des coupables pour les crimes de leurs pères, il ne serait pas moins ridicule qu'un médecin qui administrerait un remède au petit-fils pour guérir le grand-père : mais cette comparaison qui a quelque chose d'éblouissant au premier coup d'œil, n'est cependant qu'un sophisme évident. En premier lieu il ne s'agit point de *guérir* le grand-père, qui est censé

---

(36) On lirait ici dans le texte : Οὐδεὶς ἂν ΑΓΠΑΕΙΣΕΙΕΝ κ. τ. λ., ce qui ne saurait s'expliquer grammaticalement. Je dois à l'obligeante politesse de M. *Koëhler*, conseiller d'État, bibliothécaire de S. M. I., et directeur du cabinet impérial d'antiquités à Saint-Pétersbourg, la connaissance d'une très-heureuse correction fournie par M. *Coraë*, qui nous avertit dans ses notes sur Héliodore (p. 48), qu'il faut lire : Οὐδεὶς ἂν ΑΝΑΠΕΙΣΕΙΕΝ, ce qui ne souffre pas de difficulté. Le sens, au reste, étant aisé à deviner, ma traduction l'avait rendu d'avance.

même ne plus exister ; il s'agit de punir, et nous avons vu que le spectacle de sa postérité, souffrante à cause de lui, remplissait parfaitement ce but. En second lieu, le remède administré à un malade est inutile à tous les spectateurs ; mais lorsqu'on voit au contraire la postérité du méchant obligée d'avaler jusqu'à la lie le calice amer de la douleur pour les crimes d'un père coupable, les témoins de ces terribles jugements prennent garde à eux ; ils s'abstiennent du vice, ou tâchent de s'en retirer. Enfin, et c'est ici la raison principale, une infinité de maladies nullement incurables de leur nature le deviennent cependant par l'intempérance du malade, qui périt à la fin victime de ses propres excès. Or, si le fils de ce malheureux manifeste quelques dispositions. même très-éloignées, à la même maladie qui a tué son père, le tuteur ou le maître qui s'en aperçoit l'assujettira sagement à une diète austère ; il le forcera même à prendre des remèdes préservatifs : il le soumettra à des travaux pénibles à de rudes exercices, pour essayer, par cette réunion de moyens, d'extirper de son corps le germe de la maladie qui s'est montrée de loin. Et ne conseillons-nous pas tous les jours à ceux qui sont nés de parents cacochymes, de prendre bien garde à eux, de veiller de bonne heure sur les moindres symptômes alarmants, pour détruire la racine du mal avant qu'il ait pris des forces ?

XXXVIII. Il s'en faut donc que nous agissions contre la raison en prescrivant un régime extraordinaire et même des remèdes pénibles aux enfants des personnes attaquées de la goutte, de l'épilepsie ou autres maladies semblables. Nous ne les traitons point ainsi parce qu'ils sont malades, mais de peur qu'ils ne le deviennent. C'est par un très-grand abus de termes qu'on appellerait ces sortes de traitements du nom de *punitions*. Un corps né d'un autre corps vicié doit *être pansé* et *guéri* mais non *châtié*. Que si un homme est assez lâche pour donner à ces remèdes le nom de *châtiments,* parce qu'ils sont douloureux ou qu'ils le privent de quelques plaisirs grossiers, il faut le laisser dire. il ne mérite pas qu'on s'occupe de lui. Or, s'il est utile et raisonnable de médicamenter un corps, uniquement parce qu'il provient d'un autre qui fut jadis gâté et maléficié, pourquoi le serait-il moins d'extirper dans l'âme d'un jeune homme le germe d'un vice héréditaire, lorsque ce vice commence seulement à poindre ? Vaut-il donc mieux permettre à ce vice de se développer sans obstacle, jusqu'à ce que la fièvre des passions se rende plus forte que tous les remedes, et que le malade, devenu tout à fait incurable, découvre enfin à tous les yeux *le fruit honteux mûri dans son cœur insensé*, comme dit encore Pindare ? Croyez-vous que Dieu n'en sache pas autant qu'Hésiode, qui nous a laissé ce précepte ?

> *Prudent époux, crains de devenir père,*
> *Quand tu reviens du bucher funeraire ;*
> *Attends la fin de nos banquets joyeux.*
> *Faits en l'honneur des habitants des cieux.*

* Ainsi les anciens sages croyaient que de simples idées lugubres, trop fraîchement excitées dans l'esprit d'un père au moment où il donnait la vie, pouvaient influer en mal sur le caractère et la santé de son fils. On peut donc aisément juger de ce qu'ils pensaient des vices et des excès honteux, qui ne troublent pas seulement l'âme d'une manière passagère, mais qui la changent et la dégradent jusque dans son essence. Platon était pénétré de ces vérités, lorsqu'il disait : « Tâchons de rendre les mariages saints, autant qu'il « est au pouvoir humain ; car les plus saints sont les « plus utiles à l'État (37). » Tout occupé de ce sujet,

---

(37) Plat. de Rep. Opp. tom. VII, pag. 22.

Platon remonte jusqu'au banquet nuptial, qui ne lui paraît pas, à beaucoup près, une chose indifférente. « Qu'il soit présidé, dit-il, par la décence, et que « l'ivresse en soit bannie. Les époux surtout doivent « jouir d'une parfaite tranquillité d'esprit dans ce mo- « ment solennel où il se fait un si grand changement « dans leur état. Que la sagesse veille toujours de « part et d'autre, car personne ne connaît la nuit ni « le jour où la reproduction de l'homme s'opèrera *avec* « *l'assistance divine* (38). Un homme ivre n'est point « du tout propre à se reproduire; il est dans un véri- « table état de démence qui affecte l'esprit autant que « le corps.... Si dans un tel état il a le malheur de « devenir père, il y a tout à parier qu'il aura des « enfants faibles, mal constitués, et qui, dans l'un et « l'autre sens, *ne marcheront jamais droit* (39). Il « est donc de la plus haute importance que les époux, « durant leur vie entière, mais surtout dans le temps « où ils peuvent se donner des enfants, ne se per- « mettent rien de criminel, ni rien qui de sa nature « soit capable de produire dans le corps des désordres

---

(38) Σὺν Θεῷ. Plat. de Leg. VI. Opp. t. VIII, p. 298, 299.
(39) Οὐδὲν εὐθύπορον ἦθος οὐδὲ σῶμα. Id. ibid. de Leg. VI. Opp. tom. VIII, pag. 299.

« physiques ; car ces vices, transmis par la génération,
« s'impriment dans l'âme comme dans le corps es
« descendants, qui naissent dégradés. Il n'y a donc
« rien de plus essentiel pour les époux que d'être purs,
« le jour surtout et la nuit des noces : *car nous*
« *portons tous dans notre essence la plus intime un*
« *principe et un Dieu qui mène tout à bien, s'il*
« *est respecté et honoré comme il doit l'être par*
« *ceux qui jouissent de son influence* * (Note XXI). »

XXXIX. * Mais quoique l'hérédité des maladies et des vices soit une vérité incontestable, reconnue par les plus grands personnages, et même par la tradition universelle, * on se tromperait cependant beaucoup si l'on retardait cette hérédité comme quelque chose de régulier et d'instantané, de manière que le fils succédât immédiatement aux maux et aux vices, comme au patrimoine de son père. Les petits de l'ours et du tigre présentent en naissant toutes les qualités et toutes les inclinations de leur espèce, d'autant qu'ils obéissent à un instinct aveugle, et que rien ne déguise ces qualités naturelles. Il n'en est pas ainsi de l'homme, à raison même de sa perfection : car il manifeste sa supériorité jusque dans ce qu'il a et dans ce qu'il ait de mauvais. Le mal chez lui est toujours accidentel et contre nature : quoique perverti, il obéit toujours plus ou moins à la raison et à la loi : l'opinion lui en impose, la coutume le mène ; lorsqu'il est tenté par des inclinations corrompues, sa conscience les combat ; et lors même qu'il a succombé, le sentiment du beau moral survivant à l'innocence, il se jette souvent dans l'hypocrisie, se donnant ainsi un nouveau vice pour jouir encore des honneurs de la vertu après qu'il a cessé de les mériter. Mais nous qui ne voyons point ces combats intérieurs ou ces ruses criminelles, nous ne croyons point aux coupables avant d'avoir vu les crimes ; ou plutôt nous croyons, par exemple, qu'il n'y a d'homme injuste que celui dont la main s'est portée sur le bien d'autrui ; d'homme emporté, que celui qui vient d'outrager quelqu'un ; d'homme lâche, que celui que nous avons vu s'enfuir du champ de bataille. C'est là, cependant, une *simplesse* égale à celle de croire que l'aiguillon du scorpion ne s'engendre dans le corps de cet animal qu'au moment où il pique, ou que le venin de la vipère naît de même tout à coup au moment où elle mord. Un méchant ne le devient point au moment où il se montre tel ; mais il porte en lui-même une malice originelle, qui se manifeste ensuite lorsqu'il en a le moyen, le vouvoir et l'occasion (40). Mais Dieu, qui n'ignore point le naturel et l'inclination de chaque homme (les esprits lui étant connus plus que les corps), n'attend pas toujours, pour châtier, que la violence lève le bras, que l'impudence prenne la parole, ou que l'incontinence abuse des organes naturels ; car cette manière de punir ne serait pas au-dessus d'un tribunal humain. Dieu, lorsqu'il punit, n'a point à se venger comme nous : l'homme le plus inique ne lui fait aucun tort ; le ravisseur ne lui ôte rien, l'adultère ne l'outrage point. » ne punit donc l'avare, l'adultère, le violateur des lois, que par manière de remède ; et souvent il arrache le vice, comme il guérirait le hautmal avant le paroxisme. Tantôt on se plaint de ce que les méchants sont trop lentement punis, et tantôt on trouve mauvais que Dieu réprime les inclinations perverses de certains hommes, avant qu'elles aient produit leurs funestes effets ; c'est une singulière contradiction ! Nous ne voulons pas considérer que l'avenir est souvent pire et plus dangereux que le présent ; qu'il peut être plus utile à un certain homme

---

(40) *Occasiones hominem fragilem non faciunt, sed qualis sit ostendunt.* L'occasion ne rend point l'homme fragile ; elle montre qu'il l'est. (*De Imit.* c. I. 16, 4.)

que la justice divine l'épargne après qu'il a péché, tandis qu'il vaut mieux pour un autre qu'il soit prévenu et châtié avant qu'il ait pu exécuter ses pernicieux desseins. La même loi se retrouve encore dans la médecine matérielle : car souvent le remède tue le malade, et souvent aussi il sauverait un homme qui a toutes les apparences de la santé, et qui est cependant plus en danger que l'autre.

XL. Et l'on voit encore ici la raison pourquoi les Dieux ne rendent pas toujours les enfants responsables des fautes de leurs pères; car s'il arrive qu'un enfant bon naisse d'un père mauvais, comme il peut arriver qu'un fils sain et robuste naisse d'un père maladif, ce fils pourra se voir exempté des peines de la race : car il est bien de la famille, mais il est étranger au vice et à la dette de la famille, ٠ comme un fils qui se serait prudemment abstenu de l'hoirie d'un père dissipateur, tandis que le jeune homme qui s'est volontairement *mêlé* à la malice héréditaire, sera tenu au châtiment des crimes comme aux dettes de la succession * (41). Nous ne devons donc point nous étonner

---

(41) *Que l'iniquité de ses pères revive aux yeux du Seigneur, et que le péché de sa mère ne soit point effacé!* (Ps. CVIII, 14.)

de voir figurer dans l'histoire de fameux coupables dont les fils n'ont point été punis, parce que ceux-ci étaient eux-mêmes de fort honnêtes gens; mais quant à ceux qui avaient reçu, aimé et reproduit les vices de leurs pères, la Justice divine les a très-justement punis de cette ressemblance.

XLI. Il arrive assez souvent que des verrues, des taches, et même des accidents plus essentiels de conformation, de goût ou de tempérament, ne sont point transmis du père au fils, et que nous les voyons ensuite reparaître dans la personne d'un descendant plus éloigné : nous avons vu une femme grecque, qui avait accouché d'un négrillon, mise en justice comme coupable d'adultère; puis il se trouva, vérification faite, qu'elle descendait d'un Éthiopien à la quatrième génération. Python de Nisibie passait pour être de la race de ces Thébains primitifs, fondateurs et premiers maîtres de Thèbes, que nous appelions *les Semés,* parce qu'ils étaient nés des dents du dragon que Cadmus avait semées après l'avoir tué : or le dernier fils de ce Python, que nous avons vu mourir de nos jours, portait naturellement sur son corps la figure d'une lance, qui distinguait tous les membres de cette famille, et qui reparut ainsi après un très-long intervalle de temps. * Comme un corps retenu au fond de l'eau contre la loi de sa masse, remonte tout à coup, et se montre à la surface dès que l'obstacle est écarté, * de même certaines passions, certaines qualités morales, particulières à une famille, demeurent souvent comme enfoncées par la pression du temps ou de quelque autre agent inconnu : mais si, par l'action de quelque autre cause non moins inconnue, elles viennent à se dégager, on les voit tout de suite reprendre leurs places (42), et la famille montre de nouveau le signe bon ou mauvais qui la distingue.

XLII. L'histoire suivante se place naturellement à la fin de ce discours. J'aurai l'air peut-être de raconter une fable imaginée à plaisir; mais, après avoir épuisé tout ce que le raisonnement me présentait de plus vraisemblable sur le sujet que je traite, je puis bien réciter ce conte (si cependant c'est un conte), tel qu'il me fut fait il y a très-peu de temps (43).

Histoire de Thespésius (Note XXII).

Il y avait naguères à Soli en Cilicie un homme appelé Thespésius, grand ami de ce Protogène qui a

---

(42) ʼΑναδύση (τῆς λύγχης) ὥσπερ ἐκ βυτοῦ.
(43) Voyez la fin du chap. xxxvi, dans le texte.

vécu longtemps à Delphes avec moi et quelques amis communs. Cet homme ayant mené dans sa première jeunesse une vie extrêmement dissolue, perdit tout son bien en très-peu de temps ; de manière qu'après avoir langui quelque temps dans la misère, il se corrompit entièrement et tâcha de recouvrer par tous les moyens possibles la fortune qui lui avait échappé, semblable en cela à ces libertins qui dédaignent et rejettent même une femme estimable pendant qu'ils la possèdent légitimement, et qui tâchent ensuite, lorsqu'elle a épousé un autre homme, de la séduire pour en jouir criminellement. Thespésius employant donc sans distinction tous les moyens capables de le conduire à ses fins, il amassa en peu de temps, non pas beaucoup de biens, mais beaucoup de honte, et sa mauvaise réputation augmenta encore par une réponse qu'il reçut de l'oracle d'Amphiloque, auquel il avait fait demander si lui, Thespésius, mènerait à l'avenir une meilleure vie. La réponse fut *que les choses iraient mieux après sa mort* (44). Ce qui parut généralement signifier qu'il ne devait cesser d'empirer jusqu'à la fin de sa vie.

(44) Οὐδὲ πράξει βέλτιον ὅταν ἀποθάνῃ.

XLIII. Mais bientôt l'événement expliqua l'oracle : car étant tombé peu après d'un lieu élevé, et s'étant fait à la tête une forte contusion sans fracture, il perdit connaissance et demeura trois jours dans un état d'insensibilité absolue, au point qu'on le crut mort ; mais lorsqu'on faisait déjà les apprêts des funérailles, il revint à lui, et ayant bientôt repris toute sa connaissance, il se fit un changement extraordinaire dans toute sa conduite : car la Cilicie entière atteste que jamais on ne connut une conscience plus délicate que la sienne dans toutes les affaires de négoce et d'intérêt, ni de piété plus tendre envers les dieux; que jamais on ne vit d'ami plus sûr, ni d'ennemi plus redoutable (Note XXIII); de manière que ceux qui l'avaient connu particulièrement dans les temps passés désiraient fort apprendre de lui-même la cause d'un changement si grand et si soudain : car ils se tenaient pour sûrs qu'un tel amendement, après une vie aussi licencieuse, ne pouvait s'être opéré par hasard ; ce qui était vrai en effet, comme il le raconta lui-même, de la manière suivante, à ce Protogène, dont je viens de parler, et à quelques autres de ses amis (45).

(45) Plutarque parle-t-il ici comme un homme persuadé, ou veut-il

XLIV. Au moment même où l'esprit quitta le corps, le changement qu'éprouva Thespésius le mit précisément dans la situation où se trouverait un pilote qui serait jeté de son bord au fond de la mer. S'étant ensuite un peu remis, il lui sembla qu'il commençait à respirer parfaitement et à regarder autour de lui, son âme s'étant ouverte comme un œil. Mais le spectacle qui se présenta à ses regards était entièrement nouveau pour lui : il ne vit que des astres d'une grandeur immense et placés les uns à l'égard des autres à des distances infinies ; des rayons d'une lumière resplendissante et admirablement colorée partaient de ces astres, et avaient la force de transporter l'âme en un instant partout où elle voulait aller, comme un vaisseau cinglant à pleines voiles sur une mer tranquille. Laissant à part une infinité de choses qu'il avait observées alors, il disait que les âmes de ceux qui mouraient ressemblaient à des bulles de feu montant au travers de l'air

seulement donner a son récit un plus grand air de vraisemblance ? c'est ce qu'il n'est pas aisé de décider. J'observe seulement que ce n'est point du tout la même question de savoir si le conte est vrai ou si Plutarque y croyait. Platon, à la fin du *Gorgias*, s'explique, dans une occasion semblable, à peu près comme Plutarque : *Vous croirez peut-être que c'est un conte, mais pour moi c'est une histoire, et je vous donne ces choses pour vraies.* (Opp. tom. IV, p. 164.)

qui leur cédait le passage ; et ces bulles venant à se rompre les unes après les autres, les âmes en sortaient sous une forme humaine. Les unes s'élançaien en haut et en droite ligne, avec une rapidité merveilleuse ; d'autres tournaient sur elles-mêmes comme des fuseaux, montaient de plus ou descendaient alternativement ; de manière qu'il en résultait un mouvement confus, qui s'arrêtait difficilement et après un assez long temps.

XLV. Thespésius, dans la foule de ces âmes, n'en connut que deux ou trois, dont il s'efforça de s'approcher pour leur parler ; mais elles ne l'entendaient point. Étant comme étourdies et privées de sens, elles fuyaient toute espèce de vue et de contact ; errantes çà et là et d'abord seules, mais venant ensuite à en rencontrer d'autres disposées de la même manière, elles s'embrassaient étroitement et s'agitaient ensemble de part et d'autre, au hasard, en poussant je ne sais quel cri inarticulé, mêlé de tristesse et d'effroi. D'autres âmes, au contraire, parvenues aux plus hautes régions de l'air, étaient brillantes de lumière et se rapprochaient souvent les unes des autres par l'effet d'une bienveillance mutuelle, tandis qu'elles fuyaient la foule tumultueuse des premières ; donnant suffisamment à entendre, par cette fuite ou ce rapprochement, la peine ou le plaisir qu'elles éprouvaient. Parmi ces âmes fortunées il aperçut celle d'un de ses parents, qu'il ne connut pas d'abord, parce qu'il était encore dans l'enfance lorsque ce parent mourut. Mais l'âme, s'approchant de lui, le salua, en lui disant : *Dieu te garde, Thespésius !* A quoi celui-ci répondit, tout étonné, *qu'il s'appelait Aridée, et non Thespésius. Auparavant,* reprit l'autre, *il en était ainsi, mais à l'avenir on te nommera Thespésius* (le divin); *car tu n'es point encore mort. Seulement, par un ordre particulier de la destinée, tu es venu ici avec la partie intelligente de ton âme, laissant l'autre dans ton corps pour en être la gardienne* (46). *La preuve que tu n'es point ici totalement séparé de ton corps, c'est que les âmes des morts ne produisent aucune ombre, et que leurs paupières ne clignotent point* (47). Ces paroles ayant

---

(46) J'adopte la leçon de Ruhnkenius, qui lisait οἰκουρόν, au lieu de ἀγκύραν., (Myth. p. 89.) La leçon commune n'est pas cependant absolument rejetable : elle peut signifier que l'âme sensible ou animale était demeurée dans le corps *comme une ancre*, que l'autre saisissait pour revenir.

(47) Plutarque a dit ailleurs (*de Is. et Osir.* XLIV.), « qu'après la « destruction finale du mauvais principe, les hommes seront très-« heureux ; qu'ils n'auront plus besoin de nourriture, *et ne donneront* « *plus d'ombre.* » C'est, au pied de la lettre, *notre corps glorieux.* En

engagé Thespésius à se recueillir davantage et à se rendre compte de ce qu'il voyait, en regardant autour de lui, il observa que son ombre se projetait légèrement à ses côtés (Note XXIV), tandis que les autres âmes étaient environnées d'une espèce d'atmosphère lumineuse, et qu'elles étaient d'ailleurs transparentes intérieurement, non pas toutes néanmoins au même degré : car les unes brillaient d'une lumière douce et égale comme une belle pleine lune dans toute sa sérénité ; d'autres laissaient apercevoir çà et là quelques taches obscures, semblables à des écailles ou à de légères cicatrices ; quelques-unes, tout à fait hideuses, étaient tiquetées de noir comme la peau des vipères ; d'autres enfin avaient la face légèrement ulcérée (48).

XLVI. Or ce parent de Thespésius disait que la déesse

---

effet, *comme il y a un corps pour l'âme* (ψυχικὸν), *il y en a aussi un qui est pour l'esprit* (πνευματικόν). (L. Cor. XV, 44.) Suivant l'hypothèse admise dans cet endroit de l'histoire de Thespésius, l'âme intelligente, quittant le corps accidentellement, avant d'en être absolument séparée par la mort, n'est point encore entièrement dégagée de tout alliage grossier, ni par conséquent entièrement transparente : c'est ce qu'il faut soigneusement observer ; autrement on verrait ici, au lieu d'une erreur ou d'un paradoxe, une contradiction qui n'y est point.

(48) Ici encore le texte n'est pas susceptible d'une traduction incontestablement juste. Heureusement l'obscurité n'est dans ce cas d'aucune importance.

Adrastée (49), fille de Jupiter et de la Nécessité, avait dans l'autre monde la plénitude de la puissance pour châtier toute espèce de crimes, et que jamais il n'y eut un seul méchant, grand ou petit, qui par force ou par adresse eût pu échapper à la peine qu'il avait méritée. Il ajoutait qu'Adrastée avait sous ses ordres trois exécutrices entre lesquelles était divisée l'intendance des supplices. La première se nomme *Pœné* (50). Elle punit d'une manière douce et expéditive ceux qui dès cette vie ont été déjà châtiés matériellement dans leurs corps : elle ferme les yeux même sur plusieurs choses qui auraient besoin d'expiation. Quant à l'homme dont la perversité exige des remèdes plus efficaces, le Génie des supplices le remet à la seconde exécutrice, qui se nomme *Dicé* (51), pour être châtié comme il le mérite ; mais pour ceux qui sont absolument incurables, *Dicé* les ayant repoussés, *Erinnys* (52), qui est la troisième et la plus terrible des assistantes d'*Adrastée*, court après eux, les poursuit avec fureur, fuyants et errants de tout côté en grande misère et douleur, les

(49) L'*Inévitable*.
(50) La *Peine*, le *Châtiment*.
(51) La *Justice*.
(52) La *Furie*, l'*Agitatrice*.

saisit et les précipite sans miséricorde dans un abîme que l'œil humain n'a jamais sondé et que la parole ne peut décrire (Note XXV). La première de ces punitions ressemble à celle qui est en usage chez les Barbares. En Perse, par exemple, lorsqu'on veut punir certaines fautes, on ôte au coupable sa robe et sa tiare, qui sont dépliées et frappées de verges en sa présence, tandis que le malheureux, fondant en larmes, supplie qu'on veuille bien mettre fin à ce châtiment. Il en est de même des punitions divines : celles qui ne tombent que sur le corps ou sur les biens n'ont point cet aiguillon perçant qui atteint le vif et pénètre jusqu'au vice même : de sorte que la peine n'existe proprement que dans l'opinion, et n'est que purement extérieure ; mais lorsqu'un homme quitte le monde sans avoir même souffert ces sortes de peines, de manière qu'il arrive ici sans être nullement purifié, Dicé le saisit, pour ainsi dire, nu et mis à découvert jusque dans le fond de son âme, n'ayant aucun moyen de soustraire à la vue ou de pallier sa perversité. Il est visible au contraire à tous, et tout entier et de tout côté. L'exécutrice montre d'abord le coupable à ses parents gens de bien (s'il en a qui aient été tels), comme un objet de honte et de mépris, indigne d'avoir reçu d'eux la

vie. Que s'ils ont été méchants comme lui, il assiste à leurs tourments ; et lui, à son tour, souffre sous leurs yeux et pendant très-longtemps, jusqu'à ce que le dernier de ses crimes soit expié, des supplices qui sont aux plus violentes douleurs du corps ce que la réalité est au songe. Les traces et les cicatrices de chaque crime subsistent même encore après le châtiment, plus longtemps chez les uns et moins chez les autres. « Or, me dit-il, tu dois faire grande atten-
« tion aux différentes couleurs des âmes ; car chacune de
« ces couleurs est significative. Le noir sale désigne l'ava-
« rice et toutes les inclinations basses et serviles. Le
« rouge ardent annonce l'amère malice et la cruauté.
« Partout où tu verras du bleu, c'est la marque des
« crimes impurs, qui sont terribles et difficilement
« effacés (Note XXVI). L'envie et la haine poussent
« au dehors un certain violet ulcéreux né de leur
« propre substance, comme la liqueur noire, de la
« sèche. Pendant la vie de l'homme ce sont les vices
« qui impriment certaines couleurs sur son corps par
« les mouvements désordonnés de l'âme : ici, c'est le
« contraire ; ces couleurs étrangères annoncent un état
« d'expiation, et par conséquent l'espoir d'un terme
« mis aux châtiments. Lorsque ces taches ont enfin

« totalement disparu, alors l'âme devient lumineuse
« et reprend sa couleur naturelle ; mais tandis qu'elles
« subsistent il y a toujours certains retours de pas-
« sions, certains élancements qui ressemblent à une
« fièvre, faible chez les unes, et violente chez les
« autres : or dans cet état il en est qui, après avoir
« été châtiées à plusieurs reprises, reprennent enfin
« leur nature et leurs affections primitives ; mais
« il en est aussi qui sont condamnées par une
« ignorance brutale et par l'empire des voluptés
« à revenir dans leur ancienne demeure, pour y
« habiter les corps de différents animaux ; car leur
« entendement faible et paresseux, n'ayant pas la force
« de s'élever jusqu'aux idées contemplatives et intel-
« lectuelles, elles sont reportées par de honteux sou-
« venirs vers le plaisir qui appartient à l'union des
« sexes (53), et comme elles se trouvent encore domi-
« nées par le vice, sans en avoir retenu les organes
« (car il n'y a plus ici qu'un vain songe de volupté,
« qui ne saurait opérer aucune réalité), elles sont
« ramenées sur la terre par cette passion toujours

(53) Il existe un mauvais livre intitulé *le Christianisme aussi ancien que le monde*. On pourrait en faire un excellent sous le même titre.

« vivante, pour y assouvir leurs désirs au moyen des
« corps qui leur sont rendus. »

XLVII. Après ce discours le parent de Thespésius le mena rapidement à travers un espace infini, mais d'une manière douce et aisée, le transportant sur des rayons de lumière comme sur des ailes (54) jusqu'à ce qu'ils fussent arrivés au bord d'un gouffre profond, où il se trouva tout à coup abandonné des forces dont il avait joui jusque-là; et il vit que les autres âmes étaient dans le même état, car elles se rassemblaient comme des oiseaux qui volent en troupes, et tournant à l'entour elles n'osaient entrer dans cette ouverture, qui ne ressemblait pas mal aux antres de Bacchus, tapissés de verts rameaux et de feuilles de toutes espèces. Il en sortait un vent doux et suave, chargé d'une odeur excessivement agréable, qui jetait ceux qui la respiraient dans un état assez semblable à l'ivresse. Les âmes qui en jouissaient étaient pénétrées de joie. On ne voyait autour de l'antre que danses bachiques, passe-temps et jeux de toutes espèces. Le conducteur de Thespésius disait que Bacchus avait

---

(54) Ce passage et celui qu'on a lu plus haut (ch. XLIV) supposent des idées analogues à celles que nous avons sur l'émission et la progression excessivement rapide de la lumière.

passé par là pour arriver parmi les dieux; qu'ensuite il y avait amené Sémélé, et que ce lieu se nommait *oubli*. Thespésius voulait y demeurer, mais son parent s'y opposa, et l'en arracha même de force, en lui représentant que l'effet immanquable de cette volupté qui l'attirait était de ramollir, pour ainsi dire, et de dissoudre l'intelligence; de manière que la partie animale qui est dans l'homme se trouvant alors affranchie, elle excitait en lui la souvenance du corps, de laquelle naissait à son tour le désir de cette jouissance qu'on a justement appelée, dans la langue grecque, d'un nom qui signifie *penchant vers la terre* (Note XXVII), comme si elle changeait la direction de l'âme en l'appesantissant vers la terre (55).

XLVIII. Thespésius ayant parcouru un chemin aussi long que celui qui l'avait conduit là, il lui sembla voir un vaste cratère où venaient se verser plusieurs fleuves, l'un plus blanc que la neige ou que l'écume de la mer, et l'autre d'un rouge aussi vif que celui que nous admirons dans l'arc-en-ciel; et d'autres fleuves encore, dont chacun montrait de loin une couleur

---

(55) Il est extrêmement probable que Plutarque, initié aux mystères de Bacchus, en fait ici une critique à mots couverts et se plaint des abus

différente, et chaque couleur un éclat particulier. Mais à mesure que les deux compagnons approchèrent du cratère, toutes les couleurs disparurent, excepté le blanc (Note XXVIII). Trois génies, assis en forme de triangles, étaient occupés à mêler ces eaux selon certaines proportions. Le guide de Thespésius lui dit alors qu'Orphée avait pénétré jusqu'à cet endroit lorsqu'il vint chercher l'âme de sa femme; mais qu'ayant mal retenu ce qui s'était présenté à ses yeux, il avait ensuite débité parmi les hommes quelque chose de très-faux; savoir, qu'Apollon et la nuit répondaient en commun par l'oracle qui est à Delphes; tandis qu'Apollon, qui est le soleil, ne saurait avoir rien de commun avec la nuit.

« Quant à l'oracle qui est ici, ajoutait le guide, il
« est bien véritablement commun à la lune et à la
« nuit: mais il n'aboutit exclusivement à aucun point
« de la terre, et n'a pas de siége fixe; il erre au
« contraire parmi les hommes, et se manifeste seu-
« lement au moyen des songes et des apparitions;
« car c'est d'ici que les songes, mêlés, comme tu
« sais, de vrai et de faux, partent pour voltiger dans
« tout l'univers sur la tête des hommes endormis.
« Pour ce qui est de l'oracle d'Apollon, jamais tu ne

« l'as vu et jamais tu ne pourras le voir ; car l'espèce
« d'action, qui appartient en plus ou en moins à la
« partie inférieure ou terrestre de l'âme, ne s'exerce
« jamais dans une région supérieure au corps, qui
« tient cette âme dans sa dépendance » (56). Disant
ces mots, il tâcha en faisant avancer Thespésius, de
lui montrer la lumière qui partit primitivement du
trépied et se fixa ensuite sur le Parnasse, en passant
par le sein de Thémis (Note XXIX); mais Thespésius,
qui avait cependant grande envie de la contempler,
ne put en soutenir l'éclat éblouissant : il entendit
néanmoins en passant la voix aiguë d'une femme qui
parlait en vers et qui disait, entre autres choses, que
Thespésius mourrait à telle époque. Or, le génie (57)
déclara que cette voix était celle de la Sybille, qui
chantait l'avenir, emportée dans l'orbe de la lune.
Thespésius aurait bien désiré en entendre davantage;
mais il fut repoussé par le tourbillon impétueux de
la lune, qui le jeta du côté opposé, de manière qu'il

(56) Tout helléniste de bonne foi qui réfléchira sur le texte de ce chapitre, excessivement difficile et embrouillé (peut-être à dessein), trouvera, j'ose l'espérer, que j'ai présenté un sens assez plausible.

(57) Quel génie ? Il n'est question auparavant que de trois génies qui mêlaient les eaux. Si Plutarque voulait parler du *Guide* ou du *Psychopompe*, il eût fallu l'expliquer.

entendit seulement une prédiction touchant l'éruption prochaine du Vésuve et la destruction de la ville de Pouzzoles ; et ce mot dit sur l'empereur qui régnait alors :

Homme de bien, il mourra dans son lit (58).

XLIX. Thespésius et son guide s'avancèrent ensuite jusqu'aux lieux où les coupables étaient tourmentés ; et d'abord ils furent frappés d'un spectacle bien triste et bien douloureux ; car Thespésius, qui était loin de s'attendre à ce qu'il allait voir, fut étrangement surpris de trouver dans ce lieu de tourments ses amis, ses compagnons, ses connaissances les plus intimes, livrés à des supplices cruels et se tournant de son côté en poussant des cris lamentables. Enfin il y vit son propre père, sortant d'un gouffre profond, couvert de piqûres et de cicatrices, tendant les mains à son fils, forcé par les bourreaux chargés de le tourmenter à rompre le silence et à confesser malgré lui à haute voix que, pour enlever l'or et l'argent que portaient avec eux certains étrangers qui étaient venus loger chez lui, il les avait indignement assassinés: que ce

---

(58) Il s'agit de Vespasien, qui mourut en effet comme il s'en était rendu digne, *siccâ morte.*

crime était demeuré absolument inconnu dans l'autre vie. mais qu'en ayant été convaincu dans le lieu où il se trouvait, il avait déjà subi une partie de sa peine, et qu'il était mené alors dans une région où il devait subir l'autre. Thespésius, glacé de crainte et d'horreur, n'osait pas même intercéder et supplier pour son père; mais, sur le point de prendre la fuite et de retourner sur ses pas, il ne vit plus à ses côtés ce guide bienveillant qui l'avait conduit précédemment : à sa place il en vit d'autres d'une figure épouvantable, qui le contraignaient de passer outre, comme s'il avait été nécessaire qu'il vît encore ce qui se passait ailleurs. Il vit donc les hommes qui avaient été notoirement coupables dans le monde, et punis comme tels; ceux-là étaient beaucoup moins douloureusement tourmentés : on avait égard à leur faiblesse et à la violence des passions qui les avaient entraînés; mais quant à ceux qui avaient vécu dans le vice, et joui, sous le masque d'une fausse vertu, de la gloire que mérite la vraie, ils avaient à leurs côtés des ministres de vengeance qui les obligeaient à tourner en dehors l'intérieur de leurs âmes : comme ce poisson marin nommé *scolopendre,* dont on raconte qu'il se retourne de la même manière pour se débarrasser de l'hameçon qu'il a avalé.

d'autres étaient écorchés et exposés dans cet état par ces mêmes exécuteurs, qui mettaient à découvert et faisaient remarquer le vice hideux qui avait corrompu leurs âmes jusque dans son essence la plus pure et la plus sublime (59). Thespésius racontait qu'il en vit d'autres attachés et entrelacés ensemble, deux à deux, trois à trois ou davantage, à la manière des serpents, s'entre-dévorant de rage au souvenir de leurs crimes et des passions venimeuses qu'ils avaient nourries dans leurs cœurs. Non loin de là se trouvaient trois étangs ; l'un était plein d'or bouillonnant, l'autre de plomb plus froid que la glace, et le troisième enfin d'un fer aigre. Certains démons préposés à ces lacs étaient pourvus d'instruments, avec lesquels ils saisissaient les coupables et les plongeaient dans ces étangs ou les en retiraient, comme les forgerons traitent le métal. Ils plongeaient, par exemple, dans l'or brûlant les âmes de ceux qui s'étaient abandonnés pendant leur vie à la passion de l'avarice et qui n'avaient rejeté aucun moyen de s'enrichir ; puis, lorsque la violence

---

(59) Ne demandons point à Plutarque comment on peut écorcher des âmes. Quand on entend une morale de cette espèce il n'est pas permis de chicaner. Observons seulement en passant que, dans tout ce que l'antiquité nous raconte sur les habitants de l'autre monde, elle suppose toujours *qu'ils ont et qu'ils n'ont pas des corps*.

du feu les avait rendues transparentes, ils couraient les éteindre dans le plomb glacé; et lorsqu'elles avaient pris dans ce bain la consistance d'un glaçon, on les jetait dans le feu, où elles devenaient horriblement noires, acquérant de plus une raideur et une dureté qui permettait de les briser en morceaux. Elles perdaient ainsi leur première forme, qu'elles venaient bientôt reprendre dans l'or bouillant, souffrant, dans ces divers changements, d'épouvantables douleurs (60). Mais celles qui excitaient le plus de compassion et qui souffraient le plus cruellement, étaient celles qui se croyant déjà relâchées, se voyaient tout à coup reprises et ramenées au supplice ; c'est-à-dire celles qui avaient commis des crimes dont la punition était retombée sur leur postérité. Car lorsque l'âme de l'un de ces descendants arrive là, elle s'attache toute courroucée à celle qui l'a rendue malheureuse; elle pousse des cris de reproche et lui montre la trace des tourments endurés pour elle. Alors la première voudrait s'enfuir et se cacher; mais en vain : car les bourreaux se mettent à sa poursuite et la ramènent au supplice. Alors la malheureuse jette des cris désespérés, pré-

---

(60) Il est permis de croire que le Dante a pris dans ce chapitre l'idée générale de son Enfer.

voyant assez tout ce qu'elle va souffrir. Thespésius ajoutait qu'il avait vu une foule de ces âmes groupées, à la manière des abeilles ou des chauves-souris, avec celles de leurs enfants, qui ne les abandonnaient plus et ne cessaient de murmurer des paroles de douleur et de colère, au souvenir de tout ce qu'elles avaient souffert pour les crimes de leurs pères.

L. Enfin Thespésius eut le spectacle des âmes destinées à revenir sur la terre pour y animer les corps de différents animaux. Certains ouvriers étaient chargés de leur donner par force la forme convenable. Munis des outils nécessaires, on les voyait plier, élaguer ou retrancher même des membres entiers, pour obtenir la forme nécessaire à l'instinct et aux mœurs du nouvel animal. Parmi ces âmes, il distingua celle de Néron, qui avait déjà souffert mille maux et qui était dans ce moment percée de clous enflammés. Le ouvriers se disposaient à lui donner la forme d'une vipère, dont les petits, à ce que dit Pindare, ne viennent au monde qu'en déchirant leur mère (Note XXX). Mais tout à coup il vit paraître une grande lumière, et il en sortit une voix qui disait : *Changez-la en une autre espèce d'animal plus doux, faites-en un oiseau aquatique, qui chante le long des marais et des lacs. Il a déjà subi la peine de ses crimes, et les Dieux lui doivent aussi quelque faveur pour avoir rendu la liberté à la nation grecque, la meilleure et la plus chère aux Dieux parmi toutes celles qui lui étaient soumises* (Note XXXI)

LI. Jusque-là Thespésius n'avait été que spectateur; mais sur le point de s'en retourner, il éprouva une frayeur terrible ; car il aperçut une femme d'une taille et d'une beauté merveilleuses, qui lui dit : *Viens ici, toi, afin que tu te souviennes mieux de tout ce que tu as vu.* En même temps elle se disposait à le toucher avec une sorte de petite verge de fer rougie au feu, toute semblable à celle dont se servent les peintres (61); mais une autre femme l'en empêcha : dans ce moment même Thespésius se sentit poussé par un courant d'air impétueux, comme s'il avait été chassé d'une sarbacane (62), et se retrouvant dans son

(61) Il s'agit ici, suivant les apparences, d'une verge de métal, qui servait, dans la peinture encaustique, pour fondre et aplanir les cires. Cette circonstance à laquelle il paraît impossible de donner un sens caché, semblerait prouver que Plutarque a raconté cette histoire de bonne foi, comme il la croyait, ou comme on la lui avait racontée.

(62) Un militaire français qui a fait une étude particulière de la balistique des anciens, a prétendu qu'il fallait entendre par cette *sarbacane* (Σύριγξ), *une machine à vent, dont on se servait, comme on fait encore aujourd'hui, pour lancer un projectile, au moyen de*

corps il ouvrit les yeux, pareil à un homme qui se relèverait du tombeau

l'air comprimé (Voyez la nouvelle édition d'Amyot, citée plus haut, tom. IV, p. 401.). Je ne puis citer aucun texte à l'appui de cette explication; mais elle paraît extrêmement plausible en elle-même, et l'on doit d'ailleurs beaucoup de confiance à un homme de l'art, qui a sûrement fait toutes les recherches nécessaires.

NOTES

(Note I.)

Cette comparaison des discours dangereux avec les traits qu'on lance à la guerre a plu extrêmement aux anciens, qui l'ont employée très-souvent. M. Wittenbach en cite une foule d'exemples dans l'édition qu'il a donnée de ce traité de Plutarque, par lequel il a préludé à l'excellent travail qu'il a exécuté depuis sur toutes les œuvres de cet illustre écrivain (*Ludg. Batav.* 1772, in-8°, in *Animadv.*, p. 5, *et seq.*) Il observe que le mot latin *dicere* n'est que le grec Διχεῖν, qui signifie *lancer*. Le mot *trait* offre dans notre langue un exemple semblable de l'analogie dont il s'agit ici.

(Note II.)

On ne saurait trop louer cette sage réserve, et c'est ainsi que doit parler la raison qui marche toute seule. Voilà cependant le grand anathème qui pèse sur la philosophie et qui la rend absolument incapable de conduire les hommes. En effet chaque raison individuelle, sentant parfaitement qu'elle n'a pas le droit de commander à une autre, est obligée, si elle a de la conscience, de reconnaître sa faiblesse. De là l'absolue nécessité des dogmes, que Sénèque a développée (Ep. 95) avec une supériorité de logique véritablement admirable. De là encore le danger de la philosophie seule, dont l'effet infaillible est d'accumuler les doutes, de briser l'unité nationale et d'éteindre l'esprit public en faisant diverger les esprits. *Sinè decretis omnia in animo natant. Necessaria ergò sunt decreta quœ dant animis inflexibile judicium* (Sen. ibid.). Il faut donc qu'il y ait une autorité contre laquelle personne n'ait le droit d'argumenter. *Jubeat, non disputet* (Id. Ep. qu.). *Raisonner*, disait saint Thomas, *c'est chercher ; et chercher toujours, c'est n'être jamais content.* Y a-t-il une misère semblable à celle de travailler toute sa vie pour douter? Ne saurait-on douter à moindres frais ? Convenons, avec saint Augustin, que « la croyance est la santé de l'esprit. » *Fides est sanitas mentis.*

(NOTE III.)

Plutarque se montre ici moins instruit des coutumes et de la jurisprudence des Romains qu'on n'aurait droit de l'attendre de l'auteur qui a composé le Traité des *Questions Romaines*. Il y avait à Rome trois manières d'affranchir un esclave, *le Cens, le Testament* et *la Baguette*. Pour ne parler que de la dernière, dont il est question ici, le préteur appuyant sur la tête de l'esclave une baguette qu'on nommait en latin *vindicta*, c'est-à-dire *l'adjudicatrice*, lui disait : *Je déclare cet homme libre, comme les Romains sont libres* (*). Puis, se tournant du côté du licteur, il lui disait : *Prends cette baguette et fais ton devoir, suivant ce que j'ai dit* (**). Le licteur ayant reçu la *vindicte* de la main du préteur, en donnait un coup sur la tête de l'esclave; puis il lui frappait de la main la joue et le dos, après quoi un secrétaire inscrivait le nom de l'affranchi dans le registre de citoyens. Ces formes étaient établies pour faire entendre aux yeux que cet homme, sujet naguère aux châtiments ignominieux de l'esclavage, en était affranchi pour toujours. La puissance publique le frappait pour annoncer qu'il ne serait plus frappé. On comprend du reste que ces actes n'étant que de pure forme, l'esclave était à peine touché; de manière que Plutarque a cru

(*) *Dico eum liberum esse more Quiritium.*
(**) *Secundùm tuam causam, sicuti dixi, ecce tibi vindicta.*

qu'on *jetait* la baguette au lieu de frapper; et Amyot a dit en suivant la même idée : *On lui jetait quelque menue verge*; mais l'esprit de cette formalité, qui n'est pas douteux, n'a rien que de très-motivé et de très-raisonnable : il est encore rappelé de nos jours par le grand pénitencier de Rome, qui touche de la *vindicte* chrétienne le pénitent absous, pour lui déclarer qu'il a cessé d'être esclave (*Venumdatus sub peccato*. Rom. VII, 14), et que son nom vient d'être inscrit par le souverain spirituel au nombre des *hommes libres*; car *le juste seul est libre*, comme le Portique l'a dit avant l'Évangile.

(NOTE IV.)

Plutarque paraît encore n'avoir pas étudié plus exactement la législation antique des testaments, chez les Romains, que celle des affranchissements ou *manumissions*. Il y avait encore trois sortes de testaments : le premier se faisait en comices assemblés, *collatis comitiis*; le second, dans les rangs militaires, au moment du combat, *in procinctu*; le troisième enfin, dont il s'agit ici, et qui était une vente fictive, *par la monnaie et la balance* (*per œs et libram*). Le testateur se présentait avec celui qu'il voulait instituer héritier, et cinq témoins, devant le peseur public qu'on appelait le *libripens*. Là l'héritier futur, tenant une monnaie de cuivre à la main, disait : *Je déclare que la famille de cet homme, que j'ai achetée avec cette monnaie et cette balance de cuivre, m'appartient selon le droit des Romains* (*); ensuite il frappait sur la balance avec la pièce de cuivre, comme pour appeler l'attention des témoins, et il la remettait au testateur, qui accomplissait l'acte en acceptant le prix fictif; formalité qui ne donnait cependant rien pour le moment, mais seulement le droit de succéder après la mort du testateur. Cette formalité, qui rappelle une antiquité antérieure à l'usage de la monnaie proprement dite, n'est pas plus déraisonnable que la précé-

(*) *Hujus ego familiam quæ mihi empta est hoc ære æneaque libra jure Quiritium meam esse aio.*

dente, quoiqu'elle ne s'accorde point avec nos idées actuelles; mais pour la bien comprendre il faut savoir qu'un testament, se présentant à l'esprit des Romains comme une exception aux lois portées sur les successions légitimes, ils jugèrent que l'institution héréditaire devait reposer sur la même autorité. En conséquence, on la proposait au peuple assemblé en comices, précisément dans les formes d'une loi : *Veuilles et ordonnes, Romains, etc.* Cette forme solennelle étant fort embarrassante, on en chercha une autre plus expéditive, et les Romains imaginèrent de suppléer à la première par une vente imaginaire, sur laquelle Plutarque paraît s'être trompé de plus d'une manière. En premier lieu on a droit, ce me semble, de lui reprocher d'avoir donné comme une jurisprudence de son temps un vieil usage qui n'appartenait déjà plus alors qu'à l'histoire ancienne de Rome. En second lieu il dit : *L'un est héritier et l'autre achète les biens :* c'est à peu près le contraire qu'il fallait dire pour s'exprimer clairement, car c'est bien l'acheteur qui était *héritier*, dans le sens légal, quoique les biens passassent à un autre. Enfin il suppose que l'acheteur ne retenait *jamais* les biens qui passaient *toujours* à un tiers, ce qui me paraît excessivement improbable : chaque famille ayant chez les Romains un culte et des cérémonies domestiques qui avaient une grande importance dans l'opinion d'un peuple éminemment religieux (comme l'ont été tous les peuples fameux), c'était une honte pour eux de mourir sans héritiers, c'est-à-dire sans un représentant capable de succéder à tous les droits du défunt (*in omne jus*), mais surtout à cette religion domestique dont je viens de parler. Or cette religion appartenant à la famille, il fallait être de la famille pour être habile à perpétuer ces rites. Il fallait donc par la même raison choisir un *agnat* (héritier du sang et du nom), pour servir d'acheteur; et celui-ci, avec qui on s'était accordé d'avance, restituait les biens à celui que le testateur avait choisi pour son héritier de fait. C'était sans doute pour cette raison que l'acheteur fictif n'achetait point les *biens*, mais la *famille*, comme on l'a vu plus haut. Que si l'héritier de fait avait appartenu à l'*agnation*, je suis persuadé que sa personne serait confondue avec celle de l'acheteur, qui était l'héritier de droit, et que le personnage intermédiaire serait devenu superflu. Il peut se faire aussi que l'interposition de l'acheteur fictif s'étant établie pour faire passer l'hoirie à un héritier étranger à la famille du testateur, elle ait ensuite été généralisée par un certain esprit d'uniformité, qui mène plus ou moins tous les hommes, mais qui est particulièrement remarquable chez les peuples distingués par le bon sens. Quoique je ne connaisse aucun texte de lois romaines qui parle clair sur ce point, je crois cependant que tout homme qui aura été appelé à pénétrer l'esprit de ces lois, trouvera l'explication plausible. Qu'était au fond l'acheteur fictif dans le cas supposé de la restitution ? un *héritier fiduciaire*, et rien de plus. Or, rien n'est plus naturel que cette idée d'un héritier fiduciaire, et jamais on n'a pu y recourir sans une bonne raison. Mais au lieu d'attacher notre attention sur cet exemple particulier ou sur tout autre du même genre, remarquons plutôt en général le génie *formuliste* des Romains, qui n'a jamais eu rien d'égal. Aucune nation de l'univers n'a su mieux anéantir l'homme pour former le citoyen. Tous les actes du droit public, toutes les conventions, toutes les dispositions à cause de mort, toutes les demandes légales, toutes les accusations, etc., etc., étaient assujetties à des *formules*, et pour ainsi dire circonscrites par des paroles *obligées*, qui portent quelquefois chez les écrivains latins le nom de *carmen*, à raison des lois qui en prescrivaient la forme, sans laquelle l'acte cessait d'être *romain*, c'est-à-dire *valide*. Le crime même n'était crime que lorsqu'il était déclaré tel par une *formule*. Nous rions aujourd'hui avant d'admirer, lorsque nous lisons que du temps de Cicéron, une insigne friponnerie ne pouvait être punie, *parce qu'Aquilius, collègue et ami de ce grand orateur, n'avait point encore imaginé sa formule du dol* (*). Il y aurait des choses bien intéressantes à dire sur ce sujet. Je me borne à une seule

---

(*) *Sed quid faceres ? Nondùm enim Aquilius collega et familiaris meus protulerat de dolo malo formulas* (Cic. de Offic. III. 14).

observation. Celui des empereurs qui détruisit véritablement l'empire romain, en lui substituant, sans le vouloir peut-être, une monarchie asiatique déjà ébauchée par Dioclétien, et qui ne varie plus, fut précisément celui qui abolit les *formules;* car la loi qu'on lit dans le code Justinien, sous le titre *de formulis tollendis,* est de Constantin.

(NOTE V.)

COSMOS. *Monde, ordre* et *beauté;* car *tout ordre* est *beauté :* Κόσμος γὰρ ἡ τάξις (Eusth. ad Illiad. 1, 16.). Homère appela les rois *ordonnateurs de peuples* (mot à mot, *mondistes.* (Ibid.) Expression d'une très-grande justesse, et qui devint longtemps après encore plus juste, lorsque le sens exquis des philosophes grecs appela le monde ORDRE : en effet la société, qui est un *monde,* doit être *ordonnée* comme le *monde.* Les Latins ayant rencontré la même idée, je veux dire celle de l'*ordre* par excellence, associée à celle de l'*univers* (*unité* dans la *diversité*), ils l'exprimèrent par leur mot *mundus;* et ce mot étant essentiellement latin, c'est une preuve que sur ce point ils ne dûrent rien aux Grecs; car lorsqu'une nation va quêter des idées chez une autre, elle en rapporte aussi les noms. Ainsi les Latins, dans cette supposition, auraient dit COSMUS. Quand à nous, pauvre race de barbares, nous avons tout emprunté sans rien comprendre.

(NOTE VI.)

Il y a malheureusement de très-grands doutes sur cette belle action de Gélon; il paraît prouvé au contraire que les Carthaginois conservèrent leur abominable coutume jusqu'au temps d'Agathocle. (CXV. Olymp.) Voyez la note de M. Wittenbach, *Anim. pag.* 37. Plutarque, cité par le savant éditeur, décrit de la manière la plus pathétique ces affreux sacrifices. « Les Carthaginois, dit-il, immolaient leurs propres enfants à

« Saturne, et les riches qui n'en avaient point achetaient ceux
« des pauvres pour les égorger comme des agneaux ou des
« poulets. La mère était là, l'œil sec et suffoquant ses sanglots,
« sous peine de perdre à la fois et l'honneur et son fils (*); les
« flûtes et les tambours, assemblés devant la statue du Dieu,
« faisaient retentir le temple et couvraient le cri lamentable des
« victimes. » (De superst.) Plaçons ici une observation importante. L'immolation des victimes humaines, dont l'idée seule nous fait pâlir, est cependant naturelle à l'homme *naturel*. Nous la trouvons dans l'Égypte et dans l'Indoustan ; à Rome, à Carthage, en Grèce, au Pérou, au Mexique, dans les déserts de l'Amérique septentrionale : nos féroces aïeux offraient le sang humain à leur Dieu *Teutatès*; et le VIII° siècle de notre ère le voyait encore fumer, dans la Germanie, sur les autels d'*Irminsul*, lorsqu'ils furent enfin renversés par la main divinement dirigée de l'immortel Charlemagne, dont la gloire ne saurait plus s'accroître depuis qu'il a obtenu les folles censures du dix-huitième siècle. Si l'on excepte un point du globe divinement préservé, et même avec de malheureuses exceptions produites par les prévarications du peuple, *toujours et partout* l'homme a immolé l'homme ; mais *toujours* aussi *et partout*, du moment où la plante humaine reçoit la greffe divine, le sauvageon laisse échapper l'aigreur originelle.

Miraturque novas frondes et non sua poma.

(*) Les Lecteurs qui consulteront le texte sentiront assez pourquoi je m'écarte ici d'Amyot et des traducteurs latins. Je ne puis faire céder l'évidence, ou ce qui me paraît tel, à la haute opinion que j'ai de leur habileté. Mais je ne dois point me jeter ici dans une dissertation. J'observerai seulement que dans la collection des apophthegmes lacédémoniens on lit (ch. LIII, *Lycurgue*), Τοὺς δὲ ἀγάμους... Τιμῆς ἐστέρησε, comme on lit ici, Τῆς τιμῆς στέρεσθαι. C'est précisément la même expression employée dans le sens que je lui attribue. Le raisonnement se trouve donc, ce me semble, parfaitement d'accord avec l'exactitude grammaticale.

(NOTE VII.

Les anciens opposent toujours les lois à la royauté, et ils avaient raison. Tacite a dit dans ce sens : *Quelques peuples, ennuyés de leurs rois, préférèrent des lois* (*). (Ann. III. 26.) En effet, partout où l'homme est réduit à lui-même, l'alternative est inévitable. La monarchie qui résulte du règne des lois et de celui d'un homme, réunis d'une manière plus ou moins parfaite, est une production du christianisme, et ne se trouvera jamais hors de son sein. Il faut remarquer cette expression de Plutarque : *Il rendait les lois,* sans ajouter *et la liberté,* comme a fait Amyot.

(NOTE VIII.)

Cornélius-Nepos absout Cimon de ce crime. Il observe qu'en épousant sa sœur Épinice, ce fameux Athénien put obéir à l'amour sans désobéir aux lois de son pays. (*In Cim. V.*) Personne en effet n'ignore qu'à Athènes il était permis d'épouser la demi-sœur par le père, ou sœur consanguine, quoiqu'il ne le fût pas d'épouser la demi-sœur par la mère, que nous nommons *utérine* : or, cette Epinice était seulement sœur de Cimon par le père.

Les Grecs, pour le dire en passant, considéraient principalement la fraternité dans la mère commune; c'est pourquoi dans leur langue le mot *frère* (ἀδελφὸς) n'exprime dans ses racines que la communauté de mère; et ceci n'est point du tout une observation stérile. Homère voulant citer (Iliad. XXIV, 47.) la parenté la plus proche et la plus chère au cœur humain, nomme *le frère par la mère* (l'homogastrien) *et le fils.* Les traducteurs latins qui ont traduit κασίγνητον ὁμογάστριον (Ibid.) par *fratrem uterinum*, peuvent aisément tromper un lecteur qui ne serait pas sur ses gardes. Homère, comme il est visible, veut expri-

―――――

(*) *Quidam..... postquàm regum pertæsum, leges maluerunt.* (Tac. I. v.)

mer dans cet endroit le *véritable frère*, ou le frère *tout à fait frère*, c'est-à-dire celui *qui a* la même mère, mais non celui qui n'a que la même mère (notion qui est exprimée dans notre langue par le mot d'*utérin*). Bitaubé a donc eu raison de traduire simplement par *frère*. Si l'on voulait absolument conserver une épithète, il vaudrait mieux dire *frère germain*.

(NOTE IX.)

Dans un temps où les mœurs des Athéniens conservaient encore l'ancienne sévérité, Thémistocle s'avisa un jour d'atteler quatre courtisanes, comme les chevaux d'un quadrige, et de les conduire ainsi à travers la place publique couverte de peuple. Athénée nous a conservé les noms de ces quatre effrontées. Elles se nommaient *Lamis*, *Scyone*, *Satyre* et *Nannion*. (Ath. lib. XII, pag. 531 ; et lib. XIII. pag. 576, cité par M. Wittenbach. *Animadv*. pag. 38.)

(NOTE X.)

L'antiquité est d'accord sur les malheurs arrivés aux violateurs du temple de Delphes. (Voyez la note de Wittenbach, qui cite les autorités. *Anim*. pag. 47.) On peut voir les réflexions du bon Rollin sur les phénomènes physiques qui empêchèrent depuis une spoliation du même genre, lorsque les Gaulois s'avancèrent sur le temple de Delphes. Il est certain, en thèse générale *que les sacriléges ont toujours été punis*, et rien n'est plus juste, car le pillage ou la profanation d'un temple, même païen, suppose le mépris de ce Dieu (*quel qu'il soit*) qu'on y adore; et ce mépris est un crime, à moins qu'il n'ait pour motif l'établissement du culte légitime, qui même exclut sévèrement toute espèce de crimes et de violences. *La punition des sacriléges dans tous les temps et dans tous les lieux* a fourni à l'anglais Spelman le sujet d'un livre intéressant, abrégé en français par l'abbé de Feller. Bruxelles, 1787; Liége, 1789; in-8°.

NOTE XI.)

M. Wittenbach, *Anim.* p. 49, fait observer que ce vers n'est point d'Hésiode. On rencontre en lisant les anciennes éditions une foule d'erreurs de ce genre que nous n'avons pas le droit de leur reprocher. Notre imprimerie, nos grandes et nombreuses bibliothèques, nos dictionnaires, nos tables de matières, etc., manquaient aux anciens. Le plus souvent ils étaient obligés de citer de mémoire, et nous devons admirer l'usage prodigieux qu'ils ont fait de cette faculté, au lieu de blâmer les erreurs dont elle n'a pu les préserver.

(NOTE XII.)

Cette comparaison suppose que, du temps de Plutarque, des malfaiteurs étaient souvent condamnés à donner sur la scène des spectacles réels de supplices et d'exécutions légales. Au fond il n'y a rien qui doive nous surprendre. d'autant plus que l'auteur ne dit rien qui ne puisse se rapporter exclusivement à Rome, où les mœurs étaient bien plus féroces que dans la Grèce. Le gladiateur n'apprenait-il pas chez le *Peuple-Roi* à mourir décemment? N'y avait-il pas des règles pour égorger et pour présenter la gorge avec grâce? La vierge patricienne en fermant quatre doigts, et tournant vers la terre le pouce allongé, ne criait-elle pas en silence : *Égorgez ce maladroit?* N'en était-on pas venu à tuer pour tuer, à supprimer tout hasard, toute défense et tout retard ? Le peuple n'était-il pas invité, au pied de la lettre, *à venir voir tuer les hommes pour tuer le temps* : NE NIHIL AGERETUR (Seneq. ep. VI.); à les tuer même pour s'exercer? Ces malheureux, en défilant dans l'arène, devant les spectateurs impatients, ne leur disaient-ils pas avec une admirable politesse : *Les gens qui vont mourir vous saluent*(*)? Pour égayer certains repas de cérémonie, n'arrivait-il pas aux *gens du bon ton* d'appeler, au lieu de musiciens et de danseuses,

---

(*) *Morituri vos salutant.*

quelques couples de gladiateurs qui venaient parfois tomber sur la table et l'arroser de leur sang ! (Voyez Juste-Lipse, *de Magnit. Rom.*) Pourquoi donc quelques-uns de ces hommes destinés *aux plaisirs* du public ne seraient-ils pas venus de temps à autre *animer* le dernier acte d'une *orchèse* ou d'une tragédie (*)?

Voulez-vous savoir en passant à quelle autorité cédèrent enfin *ces délicieux* spectacles qui avaient résisté, jusqu'au 1ᵉʳ janvier 404 à tous les édits de Constantin, de Constance, de Julien et de Théodose? Lisez la vie de saint Almaque. (Vies de Saints, etc., trad. de l'anglais d'*Alban Buttler*, tom. I., pag. 30.)

(Note XIII)

Si l'on suit bien le raisonnement de Plutarque, si l'on fait attention à la manière dont il rattache dans ce chapitre la première partie de son discours à la seconde, par une particule ayant la valeur de *car*, on ne pourra douter qu'il ne s'agisse ici d'exécutions réelles.

Si l'on adopte l'opinion contraire, on sera peut-être surpris de l'épithète que Plutarque donne ici aux comédiens en général (Κακοῦργους), qu'Amyot traduit faiblement par *des gens qui ne valent rien*, ce qui pourra paraître dur à certaines personnes; mais les anciens sont faits ainsi : les Athéniens seuls exceptés (et même pas tout à fait exceptés), ils font peu de grâce à l'état de comédien. *C'est une misérable profession*, dit Cicéron (de Orat.) La jurisprudence romaine en avait placé l'exercice parmi les causes légitimes d'exhérédation : SI MIMOS SEQUITUR. Je ne finirais pas si je voulais accumuler les autorités de tout genre qui ont flétri dans tous les siècles et le théâtre et les hommes qui s'y dévouaient. Je me borne à observer que l'im-

(*) Les lecteurs feront bien de lire sur ce même endroit de Plutarque la note de Vauvilliers, dont je ne me suis aperçu qu'après avoir terminé cet ouvrage. (Édit. de Cussac, tom. XVI, IVᵉ des Œuvres morales pag. 486) J'ai eu le plaisir de me trouver assez d'accord avec lui.

portance accordée à cette classe d'hommes, au théâtre en général, mais surtout au théâtre lyrique, est une mesure infaillible de dégradation morale des nations. Ce thermomètre n'a jamais trompé. Que si quelque comédien s'élève au-dessus de sa profession par des vertus faites pour étonner la scène, il faut bien se garder de le décourager : adressons-lui au contraire ce compliment si flatteur que Roscius obtint de Cicéron, il y a deux mille ans, et qui n'est pas du tout usé : *Vos talents vous rendent aussi digne d'être comédien que votre caractère vous rendrait digne de ne pas l'être.* Mais sans nous occuper davantage des phénomènes, observons que tout gouvernement fera bien, en accordant ce qui convient à l'amusement public, de méditer les maximes suivantes d'un lettré chinois : « Les spectacles
« sont des espèces de feu d'artifice d'esprit, qu'on ne peut voir
« que dans la nuit du désœuvrement. *Ils avilissent et exposent*
ceux qui les tirent; fatiguent les yeux délicats du sage;
« occupent dangereusement les âmes oisives; mettent en
« danger les femmes et les enfants qui les voient de trop près;
« donnent plus de fumée et de mauvaise odeur que de lumière;
« ne laissent qu'un dangereux éblouissement, et causent sou-
« vent d'horribles incendies. »

(Mém. concernant les Chinois, par les mission. de Pékin ; in-4°, tom. VIII, pag. 227.)

(NOTE XIV.)

Chemine droit au chemin de justice,
Très-grand mal est aux hommes l'injustice. (Amyot.)

Le mot grec *Hybris*, qui n'a point d'analogue dans notre langue, renfermant les trois idées d'*injure* de *violence* et d'*immoralité*, n'est rendu que bien faiblement par celui d'*injustice*. D'ailleurs malgré la double signification du mot *diké*, qui peut signifier également *justice* et *supplice* (car le supplice est une justice), j'ose croire qu'il n'y a point de doutes sur la préférence due à la version de Xylandre, adoptée par M. Wittenbach : *Perge ad supplicium ! valdè est damnosa libido*. Amyot est tout à fait malheureux dans la première traduction qu'il a faite de ce passage (Vie de Cimon, ch. XI), où la même histoire est racontée.

(NOTE XV.)

Plat. de leg. X. Opp. tom. IX. pag. 108. ed. Bip. *Si ascendero in cœlum, tu illic es; si descendero in infernum, ades*. (Ps. CXXXVIII 8.) Ailleurs il lui est arrivé de dire que *si Dieu n'a pas présidé à la fondation d'une cité elle ne peut échapper aux plus grands maux;* ce qui rappelle encore un autre passage des psaumes : *Nisi Dominus œdificaverit domum*, etc. *Nisi Dominus custodierit civitatem*, etc. (Ps. CXXVI. 1, 2. Plat. ibid. de leg. IV. Opp. tom. VIII, pag. 181.) On a conclu de là que Platon avait lu nos livres saints. On pourrait porter le même jugement de Plutarque, en réfléchissant sur ce passage : *Où fuira-t-il? Où trouvera-t-il une terre ou une mer sans Dieu? O malheureux! dans quel abîme te cacheras-tu?* etc. (Plut. de superst. Édit. Steph. Paris, 1624 ; in-fol., p. 166. D.) Ce sont des présomptions qui ont leur poids parmi les autres.

(NOTE XVI.)

On voit que par le mot *Enfer* ("ΔΗΣ), Platon n'entend qu'un lieu de tourments expiatoires, *lugentes campos;* désignant ensuite, par ce *lieu encore plus terrible* (ἀγριώτερον) notre *Enfer* proprement dit, il établit cette distinction des supplices temporaires et éternels, en d'autres endroits de ses Œuvres et notamment dans sa République (lib. X, tom. VII, pag. 325.); et dans le Gorgias (tom. IV, pages 168, 169.) Il est bien vrai que quoique la plus haute antiquité ait cru à l'*Enfer* et au *Purgatoire*, ces deux idées n'étaient néanmoins ni générales, ni dogmatiques ; elles ne pouvaient être distinguées clairement que par deux mots opposés et exclusifs l'un de l'autre. Quelquefois cependant l'opposition entre *le Hadès* et le Tartare paraît incontestable. (*Plat. ibid.* p. 326.) Mais ailleurs Platon les confond, et place dans le Tartare des peines à temps et des peines éternelles. (*Ibid. in. Gorg.* p. 170.) Ces variations, comme on voit, ne touchent point le fond de la doctrine. Au reste, si Platon menace le crime en si beaux termes, il n'est pas moins admirable lorsqu'il console le juste. *Jamais*, dit-il, *les Dieux ne perdent de vue celui qui se livre de toutes ses forces au désir de devenir juste et de se rendre, par la pratique de la vertu, semblable à Dieu, autant que la chose est possible à l'homme. Il est naturel que Dieu s'occupe sans cesse de celui qui lui ressemble. Si donc vous voyez le juste sujet à la pauvreté, à la maladie, ou à quelque autre de ces choses qui nous semblent des maux, tenez pour sûr qu'elles finiront par lui être avantageuses ou pendant sa vie ou après sa mort.* (Plat. de Leg. X, tom. VII, p. 302.) On croit lire saint Augustin ou Bourdaloue. Observons bien cette expression : *Jamais les Dieux ne perdent de vue celui qui s'efforce de se rendre semblable* A DIEU (*). Platon s'est-il exprimé ainsi à dessein? ou bien n'a-t-il fait qu'obéir au mouvement d'une âme *naturellement chrétienne?* — Comme on voudra.

(NOTE XVII.)

ΜΕΔΔΕΙΤΟ ΘΕΙΟΝ Δ'ΕΣΤΙ ΤΟΙΟΥΤΟΝ ΦΥΣΕΙ. (*Eurip.* Orest. V. 420.) J'avoue l'impuissance où je me trouve de traduire ces vers d'une manière tolérable. Il faudrait que la décence permît de dire : *Dieu est fait ainsi.* Le bon Amyot a dit en deux vers (ou deux lignes) : *De jour en jour s'il dilaye et diffère, telle est de Dieu la manière ordinaire.* (*Ibid. de serâ num. vind.* c. 2.) Saint Chrysostôme a dit dans le même sens : *Dieu, qui fait tout, ne fait rien brusquement.* (Serm. IV. in Epist. ad Colos. ad v. 25.) Et Fénelon a remarqué la leçon que nous donne l'Ecriture Sainte, lorsqu'elle nous apprend que Dieu accomplit l'ouvrage

(*) Οὐ γὰρ δὲ ὑπό γε ΘΕΩΝ ποτὲ ἀμελεῖται ὅς ἂν προθυμεῖσθαι ἐθέλῃ.... εἰς ὅσον δυνατὸν ἀνθρώπῳ, ὁμοιοῦσθαι ΘΕΩ. Plat. ibid

de la création en six jours (Œuvr. spirit. tom. I. Lettre sur l'infini, quest. II*) : *Mais pourquoi donc ces lenteurs? pourquoi ne créa-t-il pas l'univers comme la lumière?* — Pourquoi ? — Parce qu'il est Dieu.

Il est lent dans son œuvre, et telle est sa nature.

(NOTE XVIII.)

M. Wittenbach a cru devoir observer ici que tout le raisonnement de Plutarque, dans ce chapitre, suppose plus d'esprit que de justesse (*multa hic acutiùs quàm verè dicta sunt.*) « Car, dit-il, ce raisonnement n'est concluant que suivant « l'opinion des hommes, mais il ne saurait s'appliquer à Dieu, « auquel les actions de chaque individu sont connues. » (*Ibid. in anim.* pag. 75.) J'ose croire que cet habile homme se trompe évidemment, et que lui-même a prononcé le mot qui le condamne en avouant que le raisonnement de Plutarque est juste *dans l'opinion des hommes,* car c'est précisément de l'opinion des hommes qu'il s'agit ici. Sans doute Dieu, qui connaît les actions de tous les hommes, ne sera pas embarrassé de rendre à chacun *selon ses œuvres;* mais sans doute aussi Dieu, qui est l'auteur de la société, est de même l'auteur de cette morale qui résulte des associations politiques. Si donc une ville est coupable *comme ville,* il faut qu'elle soit punie *comme ville;* autrement les hommes diraient : *Cette ville qui a commis tant de crimes prospère cependant, etc.* L'Écriture Sainte est remplie de menaces faites et même de châtiments exécutés sur les nations, *comme nations.* N'y avait-il pas quelques honnêtes gens à Tyr, et tous ses habitants étaient-ils également coupables lorsque Dieu disait à cette ville : *Je te renverserai de fond en comble; tes murs, tes monuments, ne seront plus que des débris lavés par la vague; le pêcheur y viendra sécher ses filets,* etc.? (Ezech. XXVI, v. 14 et seqq.) Et lorsqu'après vingt-trois siècles un missionnaire assis *sur les bords où fut Tyr,* rêvait profondément et se rappelait le passage du Prophète, en voyant un pêcheur étendre son filet sur des débris sculptés, à demi plongés dans les eaux, aurait-il éprouvé le même sentiment s'il avait songé par hasard dans son cabinet aux châtiments temporels qui purent jadis tomber individuellement sur quelques souverains ou administrateurs de Tyr? Ne subtilisons jamais contre le sens commun ni contre la Bible. (*Huet a décrit avec une rare élégance cette scène du missionnaire, quelque part dans sa démonstration évangélique.*)

(NOTE XIX.)

Οἴη περ φύλλων γενεή, τοιήδε καὶ ἀνδρῶν·
Φύλλα τὰ μέν τ'ἄνεμος χαμάδις χέει, ἄλλα δε θ'ὕλη
Τηλεθόωσα φύει, ἔαρος δ'ἐπιγίγνεται ὥρη (ὥρη pour ὥρα)·
Ὡς ἀνδρῶν γενεή· ἢ μὲν φύει, ἢ δ'ἀπολήγει.

Les hommes se succèdent comme les feuilles des bois. Le souffle de l'hiver répand sur la terre ces feuilles desséchées; mais bientôt la forêt reverdissante en pousse de nouvelles, car l'heure du printemps arrive de nouveau. Tel est aussi le sort des humains. Une génération est produite et l'autre disparaît. Illiad. VI. 146, 149.

Nous lisons dans l'Ecclésiastique : *Toute chair se fane comme l'herbe et comme les feuilles qui croissent sur les arbres verts. Les unes naissent et les autres tombent : ainsi dans cette génération de chair et de sang, les uns meurent et les autres naissent.* Eccli. XIX. 18, 19.

L'auteur de l'Ecclésiastique fut un Juif helléniste, ainsi que son petit-fils, qui traduisit l'ouvrage en grec. Il est donc assez probable qu'en écrivant ce passage, il avait en vue celui d'Homère. Saint Paul a cité mot à mot un hémistiche d'Aratus, écrivain bien inférieur à Homère, et bien moins connu. (Act. XVII. 28.) Il a cité aussi Ménandre et Épiménide. (I. Cor. XV, 53. Tim. I, 12.)

(NOTE XX.)

C'est une bien faible raison, dit ici M. Wittenbach, à mon très-grand regret, uniquement fondée sur la superstition humaine;

ou, ce qui serait le plus triste, *uniquement propre à nourrir la superstition humaine,* car l'expression latine se laisse traduire ainsi (*); et il cite Cicéron, qui a donné comme les autres dans cette rêverie. (*de Amic.* IV.) On peut remarquer ici un nouvel exemple de ce petit artifice dont j'ai parlé dans la préface de cet écrit. Pour se donner plus beau jeu (en supprimant une idée intermédiaire qui forme néanmoins le nerf de l'argument) on a l'air de supposer que le dogme de l'immortalité se déduit immédiatement des honneurs rendus aux morts. Ce n'est point du tout cela : ces honneurs sont donnés seulement comme une preuve de la croyance universelle, et cette croyance universelle est donnée à son tour comme l'une des nombreuses preuves du dogme. *Majores nostri mortuis tàm religiosa jura non tribuissent, si nihil ad illos pertinere arbitrarentur.* (Cic. ibid.) Or, l'on attaquera tant que l'on voudra l'argument qui s'appuie sur l'élan éternel de l'homme vers l'éternité, jamais on ne l'affaiblira. La bouche menteuse peut bien le repousser, *mais le cœur révolté s'obstine à l'écouter.* Dieu, qui nous a créés, n'a pu mentir à l'intelligence, en plaçant dans elle un instinct tout à la fois invincible et trompeur.

J'éprouve un chagrin profond, une douleur légitime bien étrangère à toute passion. lorsque je vois des hommes, d'ailleurs si estimables et que j'honore dans un sens comme mes maîtres, déplorablement en garde contre les traditions les plus vénérables, contre toute idée spirituelle, contre l'instinct de l'homme. Je m'écrie tristement : TANTUS AMOR NIHILI (**)! — Mais nous la reverrons la superbe alliance de la Religion et de la science ; ils reviendront ces beaux jours du monde où toute la science remontait à sa source. Nous pouvons tous hâter cette époque, moins cependant par des syllogismes que par des vœux.

(*) *Levis sanè est ratio, et quæ ad hominum tantùm valeat superstitionem.* (Animadv. p. 79).

(**) *Quel amour du néant!* (Polignac.)

(Note XXI)

Le traducteur français et anonyme du livre des Lois (Amsterdam, 1769; 2 vol. in-8°, tom. I, p. 373) rend ainsi ce morceau. *En effet la Divinité, qui préside au commencement de nos actions, les fait réussir lorsqu'à chacune de nos entreprises nous lui rendons les honneurs qu'elle mérite.* Voilà comme on traduit, mais surtout voilà comme on traduit Platon. Ce grand philosophe a deux ennemis terribles, l'ignorance et la mauvaise foi : l'une ne l'entend pas, et l'autre craint qu'il ne soit entendu. Je crois au reste que l'expression *dans notre essence la plus intime* est un équivalent juste de ἐν ἀνθρώποις ἱδρυμένη, qui signifie que ce principe et ce Dieu *réside, repose, est établi* dans l'homme comme une statue sur son piédestal.

(Note XXII)

M. Wittenbach accumule ici beaucoup d'érudition pour établir que l'histoire de Thespésius est un conte comme celle de *Her* dans la république de Platon. Je penche vers la même supposition ; cependant il eût été bien, pour plus d'exactitude, de citer le passage de Plutarque, qu'on vient de lire : *Je réciterai donc ce conte (si c'est un conte).* En général toute l'antiquité *invente*. Pour elle le plus brillant attribut du génie est celui de FAIRE, et rien par elle n'est mis au-dessus du FAISEUR (poète). Les *rouveurs* du moyen âge présentent la même idée ; car chaque nation, en passant de la barbarie à la civilisation, répète les mêmes phénomèmes, quoique d'une manière qui va s'affaiblissant. De là vient encore, pour le dire en passant, la multitude des ouvrages pseudonymes chez les anciens : c'était pour eux de la *poésie* et rien de plus. Se mettre à la place d'un personnage connu, et dire ce qu'il aurait dit suivant les apparences, n'avait pour eux rien d'immoral. Ils ne pensaient seulement pas à cacher cette supposition : mais parce qu'on lisait peu, qu'on écrivait encore moins, et que les monuments intermédiaires ont péri, nous prenons bonnement ces hommes pour les faussaires, parce que nous ignorons ce que tout le monde savait autour d'eux, ou ce que personne ne s'embarrassait de savoir. Mais pour revenir à l'objet principal de cette note, chez toutes les nations du monde, avant que *le raisonner tristement s'accréditât*, on a aimé donner à l'instruction une forme dramatique, parce qu'en effet il n'y a pas de moyen plus puissant pour la rendre plus pénétrante et ineffaçable : on a donc fait partout des *légendes*, c'est-à-dire des histoires *à lire* pour l'instruction commune. L'aventure de Thespésius est une *légende* grecque, dont il faut surtout méditer le but et la partie dogmatique. On a beaucoup écrit contre quelques-unes de nos *légendes* latines : c'est fort bien fait sans doute, mais ce n'est point assez : il faudrait encore écrire contre la vérité du Télémaque et même contre celle de *l'Enfant prodigue*.

Hume a déclaré que dans ce traité des *Délais de la Justice divine*, Plutarque s'était tout à fait oublié. Cet ouvrage, dit le philosophe anglais, *présente des idées superstitieuses et des visions extravagantes*. (Essays, etc., London, 1758, in-4°, p. 251.) Hume, comme on voit, n'aimait pas l'Enfer. — Il ne faut pas disputer des goûts ; mais c'est toujours un grand honneur pour le bon Plutarque d'avoir su, avec sa pénétrante histoire de Thespésius, émouvoir la bile paresseuse de Hume au point de le rendre tout à fait injuste.

(NOTE XXIII)

Il semble d'abord que pour l'honneur de Plutarque il faut entendre la seconde partie de ce passage des *ennemis de l'État ;* car dans notre manière actuelle de voir, c'est une singulière preuve de conversion que d'être devenu ennemi implacable : cependant rien n'est plus douteux ; et si l'on veut douter davantage, ou, pour mieux dire, si l'on veut ne plus douter, on peut lire Platon dans le *Ménon*. (Opp. edit. Bipont. tom. IV, pages 330, 331.)

En s'élevant plus haut dans l'antiquité grecque, on trouve que le plus fameux des poètes lyriques, remarquable surtout par ses sentiments religieux et par les sentences morales dont il a semé ses écrits, demande comme la perfection du caractère humain, *d'aimer tendrement et de haïr sans miséricorde.* (Pind. Pyth. II, 153, 155.)

Trompés par la plus heureuse habitude, nous regardons souvent la morale évangélique comme *naturelle*, parce qu'elle est *naturalisée*; c'est une grande erreur : la *charité* est un mystère pour le cœur de l'homme, comme la *Trinité* en est un pour son esprit : ni l'une ni l'autre ne pouvaient être connues, ni par conséquent avoir de nom avant l'époque de la révélation. Alors seulement on put savoir « *que la charité est incompatible avec la* « *haine d'un seul homme, fût-il de tous les hommes le plus odieux* « *et le plus méchant*; vérité jusqu'alors ouvertement combattue « par le cœur humain, qui, après l'offense, ne trouvait rien de « si raisonnable que la haine, ni de si juste que la vengeance. « De nouvelles lumières ont produit de nouveaux sentiments. » (Ligny. Hist. de la Vie de Jésus-Christ; Paris, Crapelet, 1804. in-4°, tom. I, p 226.)

(NOTE XXIV.)

Il y a ici une obscurité qui appartient à l'auteur et qu'il est, je pense, impossible de faire disparaître entièrement. Si l'on entend le mot Γραμμὴν au pied de la lettre, on ne sait plus ce qu'a voulu dire Plutarque; mais il paraît que ce mot de *ligne* doit être pris pou la ligne du pourtour, *terminatrice* de l'ombre. Amyot, à qui le vague était permis, a dit : *Il se levait quand en lui ne sais quelle ombrageuse et obscure linéature.* Xylandre dit dans l'édition de M. Wittenbach, comme dans les anciennes : *Animadvertit sibi comitari appendicis loco obscuram quamdam et umbrosam lineam.* Ce sont des mots français ou latins mis à la place des grecs; et il s'agit toujours de traduire (*).

(*) Le texte dit : Εἶδεν ἑαυτῷ μέν τινα συναιρουμένην ἀμυδρὰν (τινα) καὶ σκιώδη γραμμήν. J'ai exprimé le sens qui m'a paru le plus naturel.

(NOTE XXV.)

Observez les traditions antiques et universelles sur cet abîme épouvantable *d'où l'espoir est banni, lui qu'on trouve en tout lieu* (Milton I, 66, 67.); *où l'on ne peut ni vivre ni mourir* (Alcoran, ch. 87.). Plutarque appelle ces malheureux, pour qui il n'y a plus d'espérance, *absolument incurables* (πάμπαν ἀνιάτους). C'est une expression de Platon. (*In Gorg.* v. la note 31.) *Ceux-là, dit-il, étant incurables, souffriront éternellement des supplices épouvantables.* Ἅτε ἀνίατοι ὄντες... τὰ μέγιστα καὶ ὀδυνηρότατα καὶ φοβερότατα πάθη πάσχοντας τὸν ἀεὶ χρόνον. κ. τ. λ. Quant à ceux dont les crimes ne sont pas incurables, ils ne souffrent que pour le bien dans ce monde et dans l'autre, n'y ayant pas d'autre moyen d'expiation que la douleur. (Ibid., p. 168.)

(NOTE XXVI.)

Ce vice étant le plus cher à la nature humaine, il en coûte infiniment aux écrivains modernes, surtout à ceux d'une certaine classe en Europe, de citer et de traduire rondement ces passages pénétrants, où l'on voit le bon sens et les traditions antiques parfaitement d'accord avec cet impitoyable christianisme. Je pourrais en citer des exemples remarquables; mais, pour me borner au passage de Plutarque que j'examine dans ce moment, j'observe que le nouvel éditeur se contente de dire, dans la traduction latine qu'il a adoptée, *que le bleu annonce l'intempérance des plaisirs* (*) · mais l'on ne trouve plus ces expressions fatigantes : Κακόν καὶ δεινὸν οὖσα, *c'est un vice terrible*; ni le Μόλις ἐκτέτριπται, *et qui est effacé bien difficilement.* Xylandre avait déjà supprimé ces deux passages dans sa traduction (*édit. Stephan.* in-fol. Paris, 1624, tom. II, p. 265.); et ce qu'il y a de plaisant, c'est qu'il les remplace par un astérisque, comme s'il y avait là une lacune dans le texte. (M. Wittenbach a justement fait disparaître ce signe menteur.) Amyot, au con-

---

(*) *Cæruleus color intemperantiæ circa voluptates.*

traire, traduit avec complaisance, comme un évêque : *Là où il y a du bien, c'est signe que de là a été escurée l'intempérance et dissolution ez voluptez, à bien longtemps et à grand'peine, d'autant que c'est un mauvais vice.* Le dernier éditeur d'Amyot supprime de même ces derniers mots, *c'est un mauvais vice* ; et il affirme qu'il faut lire ainsi. (Paris, Cussac, 1802, tom. IV, pages 490, 491.) Pour moi, je persiste à croire *qu'il faut* traduire Plutarque.

(NOTE XXVII.)

Γένεσις. c'est-à-dire Νεῦσις ἐπὶ γῆν. Cette étymologie, sur laquelle on peut disputer, est répétée dans un fragment conservé par Stobée (Serm. CIX.) et attribué à Thémitius, mais que M. Wittenbach revendique, par de bonnes raisons, en faveur de Plutarque. (*Anim.* p. 134.) Peu importe, au reste, à la morale, que la conscience des hommes ait construit le mot pour la pensée, ou qu'elle ait cherché dans la pensée l'origine du mot : la conscience a toujours parlé.

(NOTE XXVIII.)

Amyot s'est évidemment trompé en faisant disparaître le cratère même. Le texte dit mot à mot que *le cratère laissa échapper le brillant de toutes les couleurs, excepté celui du blanc*; mais cet excellent traducteur a eu raison de passer sous silence ἀφανισθέντος μαλλὸν τοῦ περιέχοντος ; car ce passage ne présente aucun sens satisfaisant. La traduction latine me semble encore plus répréhensible : *Ut propiùs accessit, crater obscuritatis coloribus floridissimum retinuit absquè albedine colorem.* C'est, ce me semble, un contre sens manifeste. Le sens que j'ai exprimé est *commode*, et il présente de plus une vérité physique, puisqu'il est certain que le mélange de toutes les couleurs, dans le cratère, devait produire le blanc.

(NOTE XXIX.)

Allégorie visible, et allusion à quelque doctrine des mystères de Bacchus. Le triangle divin est fameux dans l'antiquité. Il fut consacré à Delphes, et jamais il n'y a eu de religion où le nombre *trois* n'ait joué un rôle mystérieux. Après le déluge universel, connu de même et célébré par tous les hommes, l'Arche qui portait Deucalion et Pyrra s'arrêta, suivant les traditions grecques (qui n'avaient qu'un jour), sur le mont *Parnasse*, mot purement indien. (Voyez les recherches asiatiques, in-4°, tom. VII, p. 494 et suiv.). Tous les temples avaient péri dans cette catastrophe, excepté celui de Thémis, *quœ tunc oracla tenebat*. « La déesse, inondée de la lumière qui partait du « triangle sacré, la versa à son tour sur ce mont privilégié, et « l'y fixa, etc., etc. » (J'entends ici l'Hiérophante.) Mais comme il y a dans tout l'univers un principe qui corrompt tout, cet oracle, qui aurait dû demeurer sur le Parnasse, descendit à *Delphes*, dont le nom est la traduction du sanscrit *ioni*. (M. Wilfort, dans les recherches asiat. loc. cit. tom. VII, p. 562.) Ce que la Pythie annonçait elle-même toutes les fois qu'elle entrait en inspiration; en sorte que Plutarque nous avertit de *fuir ces coupables orgies*, etc.

(NOTE XXX.)

Cette idée n'appartient point en particulier à Pindare, tous les anciens ont cru que les serpents naissaient à la manière de Typhon (*Plut. de Is. et Osir.* XII.) L'erreur était fondée sur une expérience vulgaire; car si l'on souffle dans la peau d'un serpent, elle se gonfle et retient l'air comme un ballon, tant qu'elle demeure fermée par le haut. Des naturalistes ont expliqué depuis longtemps cette merveille apparente. Au reste, en supposant la vérité du fait, la métamorphose qui se préparait est une allusion assez juste au plus grand crime de Néron.

(NOTE XXXI.)

On regrette qu'à la fin de cet incomparable traité Plutarque déroge, à ce point, au goût et au bon sens qui le distinguent. Parce que Néron avait protégé les Grecs, qui lui fournissaient les meilleurs musiciens et les meilleurs comédiens, ce n'était pas une raison pour adresser un compliment à ce monstre. L'imagination refuse de voir Néron changé en cygne : c'est un solécisme contre le sens commun, et même contre la morale. A l'égard du compliment fait à la nation grecque, quel peuple marquant n'a pas dit : *Je suis le premier ?* Il n'y a point d'instrument pour mesurer cette supériorité. S'il n'y avait dans le monde ni graphomètres, ni baromètres, qui empêcherait différents peuples de soutenir que leurs montagnes sont les plus hautes de l'univers ? — J'observe seulement qu'il faut posséder le *Ténériffe*, le *Chimboraço*, etc., pour avoir cette prétention : les autres nations seraient ridicules, même à l'œil nu.

POURQUOI
LA JUSTICE DIVINE
DIFFÈRE QUELQUEFOIS
LA PUNITION DES MALÉFICES

TRAITÉ DE PLUTARQUE
TRADUIT PAR AMYOT

Après qu'Epicurus eust ainsy parlé, devant que pas un de nous luy eust peu respondre, nous nous trouvasme tout au bout de la gualerie, et lui s'en allant, nous planta-là. Et nous, esmerveillez de son estrange façon de faire, demourasmes un peu de temps sans parler ny bouger de la place, à nous entrereguarder l'un l'austre, jusques à ce que nous nous meismes de rechef à nous promeiner comme devant.

Et lors Patrocles le premier se prist à dire : *Et bien*, seigneurs, *que vous en semble ? laisserons-nous-là ceste dispute, ou si nous respondrons en son absence aux raisons qu'il a alléguées, comme s'il estoit present?* Timon adoncques prenant la parole : *Voire-mais*, dict-il, *si quelqu'un après nous avoir tiré et asséné s'en alloit, encores ne seroit-il pas bon de laisser son traict dedans nostre corps : car on dict bien que Brasidas ayant esté bleçé d'un coup de javeline à travers le corps, arracha luy-mesme la javeline de sa playe, et en donna un si grand coup à celuy qui la luy avoit lancée, qu'il l'en tua sur le champ : mais quant à nous il n'est pas question de nous venger de ceulx qui auroyent osé mettre en avant parmy nous auscuns propos estrangers et faulx, ains nous suffit de les rejecter arrière de nous, avant que nostre opinion s'y attache.*

Et qu'est-ce, dis-je alors, qui vous a plus esmeu de ce qu'il a dict? car il a dit beaucoup de choses peslemesle, et rien par ordre; ains a ramassé un propos deçà, un propos de là, contre la Providence divine, le deschirant comme en courroux, et l'injuriant par le marché. Adoncques Patrocles : Ce qu'il a allégué, dict-il, de la longueur et tardité de la justice divine à punir les meschants, m'a semblé une objection fort vehemente; et, à dire la vérité, ces raisons-là m'ont quasi imprimé une opinion toute austre que je ne l'avoye, et toute nouvelle : vray est que de longue main je sçavois maulvais gré à Euripides de ce qu'il avoit dict :

> De jour à jour il dilaye et differe,
> Tel est de Dieu la manière de faire.

Car il n'est point bien-seant de dire que Dieu soit paresseux à chose quelconque, mais encores moins à punir les meschants, attendu qu'eulx-mesmes ne sont pas paresseux ny dilayants à mal faire, ains soubdainement et de grande impétuosité sont poulsez par leurs passions à mal faire. Et toutesfois quand la punition suit de près le tort et l'injure receuë, comme dict Thucidides, il n'y a rien qui si tost bousche le chemin à ceulx qui trop facilement se laissent aller à mal faire.

Les punitions promptes parent souvent à bien des délits.

Car il n'y a delay de payement qui tant affoiblisse d'espérance, ne rende si failly de cœur celuy qui est offensé, ne si insolent et si audacieux celui qui est prompt à oultraiger, que le delay de la justice : comme au contraire les punitions qui suyvent et joignent de près les maléfices aussy-tost qu'ils sont commeis, empeschent qu'à l'advenir on n'en commette d'austres, et reconfortent davantage ceulx qui ont esté oultraigez : car, quant à moy, le dire de Bias, après que je l'ay repensé plusieurs fois, me fasche, quand il dict à un certain meschant homme : *Je n'ay pas paour que tu ne sois puny de ta méchanceté, mais j'ay paour que je ne le voye pas.* Car de quoy servit aux Messeniens la punition d'Aristocrates, qui les ayant trahis en la bataille de Cypre, ne feut descouvert de sa trahison de plus de vingt ans après, durant lesquels il feut tousiours roy d'Arcadie, et depuis en ayant esté convaincu, il feut puny? mais cependant ceulx qu'il avoit faict tuer, n'estoyent plus en ce monde. Et quel reconfort apporta aux Orchoméniens qui avoyent perdu leurs enfants, leurs parents et amys, par la trahison de Lyciscus à la maladie qui longtemps depuis luy advint et luy mangea tout le corps, encore que luy-mesme trempant et baignant ses pieds dedans la rivière, jurast et maugreast qu'il pourrissoit pour la trahison qu'il avoit meschamment et malheureusement commeise? Et à Athenes les enfants des enfants des pauvres malheureux Cyloniens qui avoyent esté tuez en franchise des lieux saincts, ne purent pas veoir la vengeance qui depuis par ordonnance des dieux en feut faicte, quand les excommuniez qui avoyent commmeis tel sacrilége feurent bannys, et les os mesmes des trépassez jectez hors des confins du païs. Et pourtant me semble Euripides estre impertinent, quand pour divertir les hommes de mal faire il allegue de telles raisons,

> Pas ne viendra la justice elle-mesme,
> N'en ayes ja de paour la face blesme,
> D'un coup d'estoc le foye te percer,
> Ny austre avec pire que toy bleçer :
> Muette elle est, et à punir tardive
> Les malfaisants, encore s'il arrive.

Car au contraire, il est vray-semblable que les meschants n'usent point d'austres persuasions ains de celles-là mesmes, quand ils se veulent poulser et encourager eulx-mesmes à entreprendre hardiment quelques méchancetez, se promettant que l'injustice représente incontinent son fruict tout meur et tout prest, et la punition bien tard et longtemps après le plaisir du malefice.

Les méchants s'encouragent par l'éloignement de la punition.

Patrocles ayant dict ces paroles, Olympicque prenant le propos : Mais davantage, dict-il, Patrocles, voyez quel inconvenient il arrive de ceste longueur et tardité de la justice à punir les meffaicts, car elle faict que l'on ne croit pas que ce soit par providence divine qu'ils sont punis. Et le mal qui advient aux méchants, non pas incontinent qu'ils ont commeis les malefices, mais longtemps après, est par eulx reputé malheur, et l'appellent une fortune, et non pas une punition, dont

Les punitions tardives sont réputées malheur.

il advient qu'ils n'en reçoipvent auscun prouffit, et n'en deviennent de rien meilleurs : pource qu'ils sont bien marrys du malheur qui leur est presentement arrivé, mais ils ne se repentent point du malefice qu'ils ont auparavant commeis.

Car tout ainsy comme en chantant un petit coup ou un poulsement qui suit incontinent l'erreur et la fauste aussy-tost qu'elle est faicte, la corrige et la r'habille ainsy qu'il faust, là où les tirements, reprinses et remises en ton, qui se font après quelque temps entre-deux, semblent se faire plus-tost pour quelque autre occasion, que pour enseigner celuy qui a failly, et à ceste cause ils attristent et n'instruisent point : aussy la malice qui est reprimée et relevée par soubdaine punition à chasque pas qu'elle choppe ou qu'elle bronche, encores que ce soit à peine, si est-ce qu'à la fin elle pense à soy, et apprend à s'humilier et à craindre Dieu comme un severe justicier qui a l'œil sur les œuvres et sur les passions des hommes, pour les chastier incontinent et sans delay, là où ceste justice-là, qui si lentement et d'un pied tardif, comme dict Euripides, arrive aux meschants, par la longueur de ses remises et de son incertitude vague et inconstante, ressemble plus-tost au cas d'adventure qu'au desseing de providence, tellement

La punition prompte engage le coupable à rentrer en lui-même.

que je ne puis entendre quelle utilité il y ayt en ces moulins des dieux que l'on dict mouldre tardifvement, attendu qu'ils rendent la justice obscurcie, et la crainte des malfaicteurs effacée.

Ces paroles ayant estez dictes je demouray pensif en moy-mesme. Et Timon : Voulez vous, dict-il, que je mette aussy le comble de la doupte à ce propos, ou si je laisseray premierement combattre à l'encontre de ces oppositions-là ? — Et quel besoing est-il, dis-je adoncques, d'adjouster une troisiesme vague pour noyer et abysmer du tout ce propos davantage, s'il ne peust refuter les premieres objections, et s'en despestrer ? Premièrement doncques, pour commencer, par maniere de dire à la deesse Vesta, par la reverence et crainte retenue des philosophes academicques envers la Divinité, nous desclarons que nous ne pretendons en parler, comme si nous en sçavions certainement ce qui en est.

Car c'est plus grande presomption à ceulx qui ne sont qu'hommes, d'entreprendre de parler et discourir des dieux et des demy-dieux, que ce n'est pas à un homme ignorant de chanter et de vouloir disputer de la musicque, ou à un homme qui ne feut jamais en camp, vouloir disputer des armes et de la guerre, en

L'homme est bien embarrassé lorsqu'il a à parler à des dieux.

presumant de pouvoir bien comprendre, nous qui sommes
ignorants de l'art, la fantasie du savant ouvrier, par
quelque legere conjecture seulement : car ce n'est pas
à faire à celuy qui n'a point estudié en l'art de medecine,
de deviner et conjecturer la raison du medecin, pour
laquelle il a coupé plus-tost, et non plus tard, le membre
de son patient, ou pourquoy il ne le baigna pas hier,
mais aujourd'huy.

Aussy n'est-il pas facile ny bien asseuré à un homme
mortel de dire austre chose des dieux, sinon qu'ils
sçavent bien le temps et l'opportunité de donner la
medecine telle qu'il faust au vice et à la malice, et qu'ils
baillent la punition à chasque malefice, tout ainsy qu'une
drogue appropriée à guarir chasque maladie : car la
mesure à les mesurer toutes n'est pas commune, il n'y a
pas un seul ny un mesme temps propre à la donner : car
que la medecine de l'ame, qui s'appelle *droict* et *justice*,
soit l'une des plus grandes sciences du monde, Pindare
mesme après infinis austres le tesmoigne, quand il
appelle seigneur et maistre de tout le monde *Dieu*, le
très bon et parfaict ouvrier, comme estant l'autheur de la
justice, à laquelle il appartient de definir et determiner
quand et comment, et jusques où il est raisonnable de
chastier et punir un chascun des meschants : et dict

<small>Droit et justice sont a médecine de l'ame.</small>

Platon que Minos, qui estoit fils de Jupiter, estoit en ceste science disciple de son père : voulant par cela nous donner à entendre qu'il n'est pas possible de bien se desporter en l'exercice de la justice, ne bien juger de celuy qui se desporte ainsy qu'il appartient, qui n'a apprens et acquis ceste science.

Car les loyx que les hommes establissent ne contiennent pas tousiours ce qui est simplement le plus raisonnable, ne qui semble tousiours et à tous estre tel, ains y a auscuns de leurs mandements qui semblent estre fort digne de mocquerie, comme en Lacedæmone les ephores, aussy-tost qu'ils sont instalez en leur magistrat, font publier à son de trompe, que personne ne porte moustaches, et que l'on obeysse volontairement aux loyx, afin qu'elles ne leur soyent point dures. Et les Romains, quand ils affranchissent quelques serfs, et les vendicquent en liberté, ils leur jectent sur le corps quelque scion de verge ; et quand ils font leur testament, ils instituent auscuns leurs heritiers, et vendent leurs biens à d'austres, ce qui semble estre contre toute raison. Mais encores plus estrange et plus hors de toute raison semble estre celuy de Solon, qui veult que celuy des citoyens qui en une sedition civile ne se sera attaché et rangé à l'une des parts, soit infame. Bref, on pourrait

Les lois établies par les hommes ne contiennent pas toujours ce qui est raisonnable.

Latinis festura dicitur, un fêtu, un rejeton et scion d'arbre.

ainsy alleguer plusieurs absurditez qui sont contenues ès loyx civiles : qui ne sçauroit et n'entendroit bien la raison du législateur qui les a escriptes, et l'occasion pourquoy.

Si doncques il est si mal-aysé d'entendre les raisons qui ont meu les hommes à ce faire, est-ce de merveille si l'on ne sait pas dire des dieux, pourquoy ils punissent l'un plus-tost, et l'autre plus-tard ? Touttefois ce que j'en dis, n'est pas pour un prétexte de fuyr la lice, ains plus-tost en demander pardon, affin que la raison reguardant à son port et refuge, plus hardiment se soubleive et se dresse par vray-semblables arguments à l'encontre de ceste difficulté. Mais considérez premierement, que, selon le dire de Platon, Dieu s'estant meis devant les yeulx de tout le monde, comme un patron et parfaict exemplaire de tout bien, influe à ceulx qui peuvent suyvre sa divinité, l'humaine vertu qui est comme une conformation à luy : car la nature de l'univers estant premierement toute confuse et désordonnée, eut ce principe-là, pour se changer en mieulx, et devenir *monde* par quelque conformité et participation de l'idée de la vertu divine : et dict encores ce mesme personnage, que la nature a allumé la veue en nous, affin que par la contemplation et admiration des corps célestes qui se meuvent au ciel, nostre ame apprist à le chérir, et, s'accoutumant à aymer ce qui est beau et bien ordonné, elle devinst ennemie des passions desreiglées et désordonnées, et qu'elle fuyst de faire les choses temerairement et à l'adventure, comme estant cela la source de tout vice et de tout péché : car il n'y a fruiction plus grande que l'homme peust recepvoir de Dieu, que par l'exemple et l'imitation des belles et bonnes proprietez qui sont en luy, se rendre vertueux.

L'âme habituée à aimer ce qui est beau, devient ennemie des passions déréglées.

Voylà pourquoy lentement et avecques traict de temps il procède à imposer chastiement aux meschants, non qu'il ayt auscun doubte ne crainte de faillir ou de s'en repentir s'il les chastioit sur le champ, mais affin de nous oster toute bestiale precipitation et toute hastifve vehemence en nos punitions, et nous enseigner de ne courir pas suz incontinent à ceulx qui nous auront offensez lors que la cholere sera plus allumée, et que le cœur en boudra et battra le plus fort en courroux, oultre et par dessuz le jugemen de la raison, comme si c'estoit pour assouvir et rassasier une grande soif ou faim : ains en ensuyvant sa clemence et sa coustume de dilayer, mettre la main à faire justice, en tout ordre, à loisir, et en toute sollicitude, ayant pour conseiller le temps, qui bien peu souvent se trouvera

La lenteur de la punition divine, exemple pour l'homme de ne pas châtier en colère.

accompaigné de repentance ; car, comme disoit Socrates, il y a moins de dangier et de mal à boire par intemperance de l'eau toute trouble, que non pas à assouvir son appetit de vengeance sur un corps de mesme espece et mesme nature que le nostre, quand on est tant troublé de cholere et que l'on a le discours de la raison saisy de courroux et occupé de fureur, avant qu'il soit bien rassys et du tout purifié.

La vengeance éloignée de l'offense est plus près du debvoir.

Car il n'est pas ainsy, comme escrit Thucydides, que la vengeance plus près elle est de l'offense, plus elle est dans sa bienséance : mais au contraire, plus elle en est esloignée, plus près elle est du debvoir. Car, comme disoit Melanthius :

> Quand le courroux a deslogé raison,
> Il faict maint cas estrange en la maison.

Platon châtiait sa colère.

Aussy la raison faict toutes choses justes et moderées, quand elle a chassé arriere de soy l'ire et la cholere : et pourtant y en a-t-il qui s'appaisent et s'addoulcissent par exemples humains, quand ils entendent raconter que Platon demoura longuement le baston leivé sur son valet : ce qu'il faisoit, disoit-il, pour

Il ne faut jamais châtier étant en colère.

chastier sa cholere. Et Architas en une sienne maison des champs, ayant trouvé quelque fauste par nonchalance, et quelque desordre de ses serviteurs, et s'en ressentant esmeu un peu trop, et courroucé asprement contre eulx, il ne leur feit austre chose, sinon qu'il leur dict en s'en allant : *Il vous prend bien de ce que je suis courroucé.*

S'il est doncques ainsy, que les propos notables des anciens, et leurs faicts racontez, repriment beaucoup de l'aspreté et vehemence de la cholere, beaucoup plus est-il vray-semblable que nous voyants comme Dieu mesme, qui n'a crainte de rien, ny repentance auscune de chose qu'il face, néanmoins tire en longueur ses punitions, et en dilaye le temps, en serons plus reservez et plus retenus en telles choses, et estimerons que la clemence, longanimité et patience est une divine partie de la vertu, laquelle par punition en chastie et corrige peu, et punissant tard en instruict et admoneste plusieurs. En second lieu, considerons que les punitions de justice, qui se font par les hommes, n'ont rien davantage que le contr'eschange de douleur, et s'arrestent a ce point, que celui qui faict du mal en souffre et ne passent point oultre, ains abboyants par manière de dire, après les crimes et forfaicts, comme font les chiens, les poursuyvent à la trace.

Mais il est vray-semblable que Dieu, quand il prend à corriger une ame malade de vice, reguarde premie-

La patience est une divine partie de la vertu.

rement ses passions, pour veoir si, en les pliant un peu, elles ne pourroyent point retourner et fleschir à penitence, et qu'il demoure longuement avant que d'inferer la punition de ceulx qui ne sont pas de tout poinct incorrigibles, et sans aucune participation de bien; mesmement quand il considère quelle portion de la vertu l'ame a tirée de luy lorsqu'elle a esté produicte en estre, et combien la generosité est en elle forte et puissante, non pas foible ne languissante ; et que c'est contre sa propre nature quand elle produict des vices, par estre trop à son ayse, ou par contagion de hanter maulvaise compaignie : mais puis quand elle est bien et soigneusement pansée et medecinée, elle reprend aysément sa bonne habitude ; à raison de quoy Dieu ne haste point esgualement la punition à tous; ains ce qu'il cognoist estre incurable, il l'oste incontinent de ceste vie, et le retranche comme estant bien dommageable aux autres, mais encores plus à soy-mesme, d'estre tousiours attaché à vice et à meschanceté. Mais ceulx en qui il est vray-semblable que la meschanceté s'est empreincte, plus par ignorance du bien que par volonté propensée de choisir le mal, il leur donne temps et respit pour se changer : toutefois, s'ils y perseverent, il leur rend aussy à la fin leur punition ; car il n'a point de paour qu'ils luy eschappent. Et qu'il soit vray, considerez combien il se faict de grandes mutations ès mœurs et vie des hommes ; c'est pourquoy les Grecs les ont appelées partie *Tropos*, et partie *Ethos* : l'un pour ce qu'elles sont subjectes à changement et à mutation ; l'austre pour austant qu'elles s'engendrent par accoustumance, et demourent fermes quand elles sont une fois imprimées.

Voilà pourquoy j'estime que les anciens appellerent jadis le roy Cecrops *double* ; non pas comme auscuns disent, pour ce que d'un bon, doulx et clement roy, il devinst aspre et cruel tyran, comme un dragon ; mais au contraire, pour ce que du commencement ayant esté pervers et terrible, il devinst depuis fort gracieux et humain seigneur. Et s'il y a de la doubte en celuy-là, bien sommes-nous asseurez, pour le moins, que Gelon et Hieron, en la Sicile, et Pisistratus, fils de Hippocrates, ayants acquis leurs tyrannies violentement et meschamment, en userent depuis vertueusement ; et estant arrivez à la domination par voyes illegitimes et injustes, ont esté depuis bons et utiles princes et seigneurs ; les uns ayants introduict de bonnes loyx en leur païs, et faict bien cultiver et labourer les terres,

Le roi Cécrops appelé double, et pourquoi.

Tyrans qui, après avoir usurpé la couronne, se sont conduits d'une manière utile à leur pays.

et rendu leurs citoyens et subjects bien conditionnez, honnestes et aimants à travailler ; au lieu qu'auparavant ils ne demandoyent qu'à jouer et à rire, sans rien faire que grande chere. Qui plus est, Gelon ayant très-vertueusement combattu contre les Carthaginois, et les ayant deffaicts en une grosse bataille, comme ils le requissent de paix, il ne la leur voulut oncques octroyer, qu'ils ne meissent entre les articles et capitulations de la paix, que jamais plus ils n'immoleroyent leurs enfants à Saturne.

<small>Tyran qui remet sa couronne.</small>

Et en la ville de Megalopolis, Lydiadas ayant usurpé la tyrannie, au milieu de sa domination s'en repentit, et se feit conscience du tort qu'il tenoit à son païs : tellement qu'il rendit les loyx et la liberté à ses citoyens, et depuis mourut en combattant vaillamment à l'encontre des ennemys, pour la deffense de sa patrie.

<small>Punitions différées qui ont apporté de grands avantages.</small>

Or, si quelqu'un d'adventure eust faict mourir Mutiades cependant qu'il estoit tyran en la Chersonese, ou qu'un austre eust appelé en justice Cimon, de ce qu'il entretenoit sa propre sœur, et l'en eust faict condemner d'inceste, ou Themistocles, pour les insolences et desbauches extresmes qu'il faisoit en sa jeunesse publicquement en la place, et l'en eust faict bannir de la ville, comme depuis ont faict Alcibiades pour semblable excez de jeunesse, n'eust-on pas perdu les glorieuses victoires de la plaine de Marathon, de la riviere d'Eurymedon, de la coste d'Artemise, là où, comme dit le poëte Pindare :

> Ceulx d'Athenes ont planté
> Le glorieux fondement
> De la grecque liberté ?

Les grandes natures ne peuvent rien produire de petit, ny la vehemence et force actifve qui est en icelles ne peust jamais demourer oyseuse, tant elle est vifve et subtile, ains branlent tousiours en mouvement continuel, comme si elles flottoyent en tourmente, jusques à ce qu'elles soyent parvenues à une habitude de mœurs constante, ferme et perdurable.

Les grandes natures ne peuvent rien produire de petit.

Tout ansy doncques comme celuy qui ne se cognoistra pas gueres en l'agriculture et au faict du labourage, ne prisera pas une erre laquelle il verra pleine de brossailles, de meschants arbres et plantes sauvages, où il y aura beaucoup de bestes, beaucoup de ruisseaux, et consequemment force fange ; et au contraire toutes ces marques-là et austres semblables donneront occasion de juger à qui s'y cognoira bien la bonté et force de la terre : aussy les grandes natures des hommes mettent hors dès leur commencement plusieurs estranges et maulvaises choses, lesquelles nous ne pouvants supporter, pensons qu'il faille incontinent coupper et retrancher ce qu'il y a d'aspre et de poignant. Mais celui qui en juge mieulx, voyant de là ce qu'il y a de bon et de genereux, attend l'aage et la saison qui sera propre à favoriser la vertu et la raison, auquel temps ceste forte nature sera pour exhiber et produire son fruict. Mais à tant est-ce assez de cela.

La nature, violente d'abord, mûrit ensuite et produit les plus grands effets.

Au reste, ne vous semble-t-il pas qu'il y a quelques-uns d'entre les Grecs qui ont à bon droict transcrit et receu la loy d'Egypte, laquelle commande, s'il y a auscune femme enceinte qui soit atteincte de crime pour lequel elle doibve justement mourir, qu'on la guarde jusques à ce qu'elle soit deslibvrée. *Oui, certes*, respondirent-ils tous. Et bien doncques, dis-je, s'il y a auscun qui n'ayt pas des enfants dans le ventre, mais bien quelque bon conseil en son cerveau, ou quelque grande entreprise en son entendement, laquelle il soit pour produire en esvidence, et la conduire à effect avecques le temps, en descouvrant quelque mal caché et latent, ou bien en mettant quelque bon advis et

Loi qui défend de faire mourir une femme enceinte atteinte de crime.

conseil utile et salutaire en avant, ou en inventant quelque necessaire expedient, ne vous semble-t-il pas que celuy faict mieulx, qui differe l'execution de la punition jusques à ce que l'utilité en soit venüe, que celuy qui l'anticipe et va au-devant? Car quant à moi, certainement il me semble ainsy. *Et à nous aussy*, respondict Patrocles.

Il est ainsy : car voyez, si Dionysius eust esté puny de son usurpation dès le commencement de sa tyrannie, il ne feust demouré pas un grec habitant en toute la Sicile, parce que les Carthaginois l'eussent occupée, qui les en eussent tous chassez : comme austant en feust-il adveneu à la ville d'Apollonie, d'Anactorium, et à toute la peninsule des Leucadiens, si Periander eust esté puny que ce n'eust esté bien longtemps après : et quant à moy je pense que la punition de Cassander feust differée jusqu'à ce que par son moyen la ville de Thebes feust entierement rebastie et repeuplée. Et plusieurs des estrangiers qui saisirent ce temple où nous sommes, du temps de la guerre sacrée passerent avecques Timoleon en la Sicile, là où, après qu'ils eussent deffaict en bataille les Carthaginois, et aboly plusieurs tyrannies, ils perirent tous meschamment, comme meschants qu'ils estoyent : car Dieu

<small>Souvent les dieux employent les méchants comme des bourreaux pour en punir de plus méchants.</small>

quelquefois se sert d'auscuns meschants comme de bourreaux, pour en punir d'austres encores pires, et puis après il les destruict eulx-mesmes, comme il faict, à mon advis, de la pluspart des tyrans.

Et tout ainsy que le fiel de la beste sauvage, qui s'appelle hyaine, et la presure du veau marin, et austres parties des bestes venimeuses, ont quelque propriété utile aux maladies; aussy Dieu, voyant des citoyens qui ont besoing de morsure et de chastiment, leur envoye un tyran inhumain, ou un seigneur aspre et rigoureux, pour les chastier, et ne leur oste jamais ce travail-là, qui les tourmente et qui les fasche, qu'il n'ayt bien purgé et guary ce qui estoit malade.

Les rois méchants sont des fléaux que les dieux envoient sur la terre.

Ainsi feut baillé pour telle medecine Phalaris aux Agrigentins, et Marius aux Romains, et Apollo mesme respondict aux Sicyoniens, que leur cité avait besoing de maistres fouëttants qui les fouëtassent à bon escient quand ils voulurent oster par force aux Cleoneïens un jeune garson nommé Teletias, qui avoit esté couronné en la feste des jeux pythicques, voulant dire qu'il estoit de leur ville et leur citoyen; et le tirerent si fort à eux, qu'ils le demembrerent. Et depuis ils eurent Orthagoras pour tyran, et après luy Myron, et Cleisthenes, qui les tindrent de si court qu'ils les guarderent bien de faire des insolents et des fols ; mais les Cleoneïens, qui n'eurent pas une pareille medecine, par leur folie sont venus à néant. Et vous voyez qu'Homère mesme dict en un passage :

> Le Fils en toute espèce de valeur,
> Plus que le père, est de beaucoup meilleur.

Iliade liv. 15.

Combien que le fils de ce Copreus ne feit jamais acte quelconque memorable ne digne d'un homme d'honneur ; là où la posterité d'un Sisyphus, d'un Autolycus et d'un Phlegias, a flory en gloire et honneur parmy les roys et plus grands seigneurs. Et à Athenes, Pericles estoit yssu d'une maison excommuniée et mauldicte ; et à Rome, Pompeius, surnommé *le Grand*, estoit fils d'un Strabon, que le peuple romain avoit en si grande haisne, que quand il feust mort il en jecta le corps à terre de dessuz le lict où l'on le portoit, et le foula aux pieds.

Quel inconvenient doncques y a-t-il, si en plus en moins que le laboureur ne couppe jamais le ramage espineux que premierement il n'ayt cueilly l'asperge, ny ceulx de la Libye ne bruslent jamais la tige et le branchage du ladalon, qu'ils n'en ayent devant recueilly et amassé la gomme aromaticque ; aussy Dieu ne

couppe pas par le pied la souche de quelque illustre
et royale famille qui soit meschante et malheureuse,
devant qu'il en soit né quelque bon et prouffitable fruict
qui doibt sortir : car il eust mieulx valu pour ceulx de
la Phocide, que dix mille bœufs et austant de chevaulx
d'Iphitus fussent morts, et que ceulx de Delphes eussent encore perdu plus d'or et d'argent, que ny Ulysses
ny Æsculapius n'eussent point esté nez, et les austres
au cas pareil qui estants nez de parents vicieux et meschants, ont esté gents de bien, et grandement prouffi-
tables au public. Et ne debvons-nous pas estimer qu'il
vault beaucoup mieulx que les punitions se facent en
temps et en la manière qu'il appartient, que non pas
à la haste et tout sur-le-champ, comme feut celle de
Callippus, Athenien, qui faisant semblant d'estre amy
de Dion, le tua d'un coup de dague, de laquelle lui-
mesme depuis feut tué par ses propres amys ; et celle
de Miltius, Argien, lequel ayant esté tué en une esmo-
tion et sedition populaire, depuis en pleine assemblée de peuple, qui estoit assemblé sur la place pour

Tyran mas- veoir jouer des jeux, une statue de bronze tomba sur
acré par la
aute d'une le meurtrier qui l'avoit tué, et le massacra : et sembla-
statue de
ronze. blement aussy celle de Bessus, Pæonien, et d'Ariston,
Œteyen, deux colonnels de gents de pied, comme

vous le debvez bien sçavoir, Patrocles. *Non-fais certes*, dict-il, *mais je le vouldrois bien apprendre.*

Cestuy Ariston avoit emporté de ce temple les bagues et joyaux de la reyne Eriphyle, qui de longtemps estoyent guardez en ce temple par octroy et congé des tyrans qui tenoyent ceste ville, et les porta à sa femme, et luy en feit un present; mais son fils estant entré en querelle pour quelque occasion avecques sa mere, meit le feu dedans sa maison, et brusla tout ce qui estoit dedans. Et Bessus ayant tué son pere, feut un bien longtemps sans que personne en sceust rien, jusques à ce qu'un jour, estant allé soupper chez quelques siens hostes, il percea du fer de sa picque et abattit le nid d'une arondelle, et tua les petits qui estoyent dedans : et comme les assistants luy dissent : Dea, capitaine, comment vous amusez-vous à faire un tel acte, où il y a si peu de propos? *Si peu de propos*, dict-il? *et comment, ne crie-t-elle pas ordinairement à l'encontre de moy, et tesmoigne faulsement que j'ay tué mon pere?* Ceste parole ne tomba pas en terre, ains feut bien recueillie des assistants, qui en estant fort esbahys, l'allerent incontinent deceler au roy, lequel en feit si bonne inquisition que le faict feut avéré, et Bessus

Assassin dé- couvert par lui-même.

puny de son parricide. Mais quant à cela, dis-je, nous le discourons, supposant, comme il a esté proposé et tenu pour confessé, que les meschants ayent quelque delay de punition ; mais au demourant, il faut bien prester l'aureille au poëte Hesiode, qui dict, non pas comme Platon, que la peine suit le péché et la meschanceté, ains qu'elle luy est esguale d'aage et de temps, comme celle qui naist ensemble en une mesme terre et d'une mesme racine :

> Maulvais conseil est pire à qui le donne.

Au poëme atitulé les Œuvres.

Et Ailleurs :

> Qui à austruy mal ou perte machine,
> A son cœur propre il procure ruine.

Celui qui machine la perte des autres, travaille à la sienne propre.

L'on dict que la mouche cantharide a en soy-mesme quelque partie qui sert contre sa poison de contrepoison, par une contrariété de nature : mais la meschanceté engendrant elle-mesme ne sçay quelle desplaisance et punition, non point après que le delict est commeis, mais dès l'instant mesme qu'elle le commet, commence à souffrir la peine de son malefice ; et chasque criminel que l'on punit, porte dehors, sur ses épaules, sa propre croix : mais la meschanceté d'elle-mesme fabricque ses tourments contre elle-mesme, estant merveilleuse ouvriere d'une vie miserable, qui, avecque honte et vergogne, a de grandes frayeurs, des perturbations d'esprit terribles, et des regrets et inquietudes continuelles.

Mais il y a des hommes qui ressemblent proprement aux petits enfants, lesquels voyants bien souvent baller et jouër de gents qui ne valent rien, sur les eschaffaulx où l'on jouë quelques jeux, vestus de sayes de drap d'or et de grands manteaux de pourpre, couronnez de couronnes, les ont en estime et admiration, comme les reputants bien-heureux, jusques à ce qu'ils voyent à la fin qu'on les vient percer, les uns à coup de javeline, les autres fouëtter, ou bien qu'ils voyent sortir le feu ardent de ces belles robbes d'or-là, si précieuses et si riches. Car, à dire vray, plusieurs meschants qui tiennent les grands lieux d'aucthorité et les grandes dignitez, ou qui sont extraicts des grandes maisons et lignées illustres, on ne cognoist pas qu'ils soyent chastiez et punis, jusques à ce que l'on les voye massacrer ou précipiter; ce que l'on ne debvroit pas appeler *punition* simplement, mais *achevement et accomplissement de punition*.

On croit souvent voir les rois sous le masque des comédiens.

Car ainsy comme Herodicus de Selibrée, estant

Hérodic

fut le premier qui allongea la vie des pulmoniques.

tombé en la maladie incurable de phthisie, qui est quand on crache le poulmon, feut le premier qui conjoignit à l'art de la medecine celle des exercices; et comme dict Platon, en ce faisant il allongea sa mort, et à luy et à tous les austres malades atteincts de pareille maladie : aussy pouvons-nous dire que les meschants qui eschappent le coup de la punition presente, sur-le-champ payent la peine deuë à leurs malefices ; non enfin après longtemps, mais par plus longtemps, et non pas plus lente, mais plus longue : et ne sont pas finalement punis après qu'ils sont enveillis ; ains, au contraire, ils enveillissent en estant toute leur vie punis ; encores quand j'appelle longtemps, je l'entends au reguard de nous ; car au reguard des dieux, toute durée de la vie humaine, quelque longue qu'elle soit, est un rien, et austant que l'instant de maintenant.

La briéveté de la vie rend toujours la punition prompte, quoique éloignée du crime.

Et qu'un meschant soit puny de son forfaict trente ans après qu'il l'a commeis, est austant comme s'il estoit gehenné ou pendu sur les vespres, et non pas dès le matin : mesmement quand il est detenu et enfermé en vie, comme en une prison, dont il n'y a moyen de sortir n'y de s'enfuyr ; et si cependant ils font des festins, qu'ils entreprennent plusieurs choses, qu'ils facent des presents et des largesses ; voire et qu'ils s'esbattent à plusieurs jeux, c'est ne plus ne moins que quand les criminels qui sont en prison jouënt aux osselets ou aux dez, ayants tousiours le cordeau dont ils doibvent estre estranglez, pendu au-dessuz de leur teste : austrement on pourroit dire que les criminels condemnez à mort, ne sont point punis pendant qu'ils sont detenus aux fers en la prison, jusques à ce qu'on leur ayt couppé la teste; ny celuy qui a, par sentence des juges, avallé le breuvage de ciguë, pource qu'il demoure encores vif quelque espace de temps après, attendant qu'une poisanteur de jambes luy vienne, et qu'un gelement et extinction de tous les sentiments le surprenne, s'il est ainsy que nous ne voulions estimer ny appeler punition sinon le dernier poinct et article d'icelle, et que nous laissions en arriere les passions, les frayeurs les atteintes de la peine, les regrets et repentances, dont chascun meschant est travaillé en sa conscience, qui seroit tout austant que si nous disions que le poisson, encores qu'il ayt avallé l'hameçon, n'est point prins, jusques à ce que nous le voyons couppé par pièces, et rousty par les cuisiniers.

Car tout meschant qui commet un malefice, est

<small>devient prisonnier de la justice, du moment de son crime.</small>

aussy-tost prisonnier de la justice comme il l'a commis, et qu'il a avallé l'hameçon de la doulceur et du plaisir qu'il a prins à le faire ; mais le remords de la conscience luy en demoure imprimé, qui le tire et le gehenne.

> Comme le thun de course vehemente,
> De la grand'mer traverse la tourmente.

Car ceste audace, temerité et insolence-là, qui est propre au vice, est bien puissante et prompte jusques à l'effet et execution des malefices ; mais puis après, quand la passion, comme le vent, vient à luy deftaillir, elle demoure foible et basse, subjecte à infinies frayeurs et superstitions ; de sorte que je trouve que Stesichorus a feinct un songe de Clitæmnestra, conforme à la vérité et à ce qui se faict coustumierement, en telles paroles :

> Arriver j'ai veu en mon somme
> Un dragon à la tèste d'homme ;
> Dont le roy, comme il m'a paru,
> Plisthenidas est apparu.

<small>Les méchants sont continuellement troublés par les songes et les frayeurs.</small>

Car, et les visions des songes, et les apparitions de fantosmes en plein jour, les responses des oracles, les signes et prodiges celestes, et bref tout ce que l'on estime qui se faict par la volonté de Dieu, ammeine de grands troubles et de grandes frayeurs à ceulx qui sont ainsy disposez; comme l'on dict qu'Apollodorus, en dormant, songea quelquesfois qu'il se voyoit escorcher par les Scythes, et puis bouillir dedans une marmite, et luy estoit advis que son cœur, du dedans de la marmite, murmuroit en disant: *Je te suis cause de tous ces maulx;* et d'un austre costé lui feut advis qu'il voyoit ses filles toutes ardentes de feu, qui couroyent à l'entour de luy.

Et Hipparchus, le fils de Pisistratus, un peu devant sa mort, songea que Venus luy jectoit du sang au visage de dedans une fiole. Et les familiers de Ptolomæus, celuy qui feut surnommé *la Fouldre*, en songeant penserent veoir que Seleucus l'appelloit en justice devant les loups et les vautours, qui estoyent les juges, et que luy distribuoit grande quantité de chair aux ennemys.

Et Pausanias, estant en la ville de Bysance, envoya querir par force Cleonice, jeune fille de honneste maison et de libre condition, pour l'avoir à coucher la nuict avecques luy; mais estant à demy endormy quand elle vint, il s'esveilla en sursault, et luy feut advis que c'estoyent quelques ennemys qui le venoyent assaillir pour le faire mourir ; tellement qu'en cest effroy il la tua toute roide : depuis luy estoit ordinairement advis qu'il la voyoit, et entendoit qu'elle luy disoit :

<blockquote>
Chemine droict au chemin de justice,
Très-grand mal est aux hommes l'injustice.
</blockquote>

Et comme ceste apparition ne cessa point de s'apparoir toutes les nuicts à luy, il feut à la fin contraint d'aller jusques en Heraclée, où il y avoit un temple auquel on evocquoit les ames des trepassez ; et là, ayant faict quelques sacrifices de propitiation, et luy ayant offert les effusions funebres que l'on respand sur les sepultures des morts, il feit tant qu'il la feit venir en sa presence, là où elle luy dict que quand il seroit arrivé à Lacedæmone, il auroit repos de ses maulx : et de faict, il n'y feut pas plus-tost arrivé qu'il y mourut. Tellement que si l'ame n'a sentiment aucun après le trépas, et que la mort soit le but et la fin de toute retribution et de toute punition, l'on pourroit dire à bon droict des meschants qui sont promptement punis, et qui meurent incontinent après leurs meffaicts commeis, que

La mort serait une punition trop douce pour les méchants, si c'était la fin de leurs maux.

les dieux les traictent trop mollement et trop doulcement.

Car si le long temps et la longue durée de vie n'apporte austre mal aux meschants, au moins peust-on dire qu'ils ont celuy-là, que ayants cogneu et adveré par espreuve et par experience, que l'injustice est chose infructueuse, sterile et ingrate, qui n'apporte fruict auscun, ne rien qui merite que l'on en face estime, après plusieurs grands labeurs et travaulx qu'elle donne, le remords de cela leur met l'ame sens-dessuz-dessoubs : comme on list que Lysimachus, estant forcé par la soif, livra sa propre personne et son armée aux Getes, et après qu'il eust beu, estant prisonnier, il dict : *O dieux! que je suis lasche, qui pour une volupté si courte me suis privé d'un si grand royaume!* combien qu'il soit bien difficile de resister à la passion d'une necessité naturelle. Roi qui sacrifie son royaume pour apaiser sa soif.

Mais quand l'homme, pour la convoitise de quelque argent, ou par envie de la gloire ou de l'auctorité et credit de ses concitoyens, ou pour le plaisir de la chair, vient à commettre quelque cas meschant et execrable, et puis avecques le temps que l'ardente soif et fureur de sa passion est passée, qu'il veoit qu'il ne luy en est rien demouré que les villaines et perilleuses perturbations de l'injustice, et rien d'utile ny de necessaire ou delectable, n'est-il pas vray-semblable que bien souvent luy revient ce remords en l'entendement, que par vaine gloire ou par volupté deshonneste il a rempl͞y toute sa vie de honte, de deffiance et de dangier ? Car ainsy comme Simonides souloit dire, en se joüant, qu'il trouvoit tousiours le coffre de l'argent plein, et celuy des graces et benefices vuide ; aussy les meschants, quand ils viennent à considerer le vice et la meschanceté en eulx-mêmes, à travers une volupté qui a peu de vain plaisir present, ils la trouvent destituée d'esperance et pleine de frayeurs, de regrets, d'une soubvenance fascheuse, et de souspeçon de l'advenir, et de deffiance pour le present : ne plus ne moins que nous oyons dire à Ino par les theatres, se repentant de ce qu'elle a commeis :

Le méchant et le coupable n'ont jamais de tranquillité.

> Làs que fussé-je, amies, demourante
> En la maison d'Athamas florissante,
> Comme devant, sans y avoir commeis
> Ce qu'à effect malheureux je y meis !

Aussy il est vray-semblable que l'ame de chasque criminel et meschant rumine en elle-mesme, et discourt en ce poinct : Comment pourrois-je, en chassant arriere de moy le soubvenir de tant de meffaicts que j'ai commeis, et le remords d'iceulx, recommencer à meiner toute une austre vie ? Pour ce que la meschanceté n'est point asseurée, ferme, ny constante, ny simple en ce qu'elle veut ; si d'adventure nous ne voulions maintenir que les meschants feussent quelques sages philosophes, ains fault estimer que là où il y a une avarice ou une concupiscence de volupté extresme, ou une envie excessive logée avecques une aspreté et malignité, là, si vous y prenez de près guarde, vous trouverez aussy une superstition cachée, une paresse au labeur, une crainte de la mort, une soubdaineté legere à changer d'affections, une vaine gloire procedant d'arrogance.

L'avarice et a concupiscence annoncent une superstition cachée et une paresse au travail.

Ils redoubtent ceulx qui les blasment : ils craignent ceulx qui les loüent, sçachants bien qu'ils leur tiennent tort en ce qu'ils les trompent, et comme estants grands ennemys des meschants, d'autant qu'ils loüent si affectueusement ceulx qu'ils cuident estre gents de bien : car au vice, ce qu'il y a d'aspre, comme au maulvais fer, est pourry, et ce qui y est dur est facile à rompre. Et pourtant, apprenants en un long temps à se mieulx cognoistre tel qu'ils sont, quand ils se sont bien cogneus, ils se desplaisent à eux-mesmes, et s'en hayssent, et ont en abomination leur vie. Car il n'est pas vray-semblable que si le meschant, ayant rendu un depost qui auroit esté deposé entre ses mains, ou pleigé un sien familier ou faict quelque largesse avecques honneur et gloire au public de son pays, s'en repent incontinent, est marry de l'avoir faict, tant sa volonté est muable et facile à se changer ; de manière qu'il y en a qui, ayant l'honneur d'estre receus de tout le peuple en plein theatre, avecques applaudissements de mains, incontinent gemissent en eulx-mesmes, parce que l'avarice se tourne incontinent au lieu de l'ambition : que ceulx qui sacrifient les hommes pour usurper quelques tyrannies, ou pour venir au-dessuz de quelques conspirations, comme feit Apollodorus, ou qui font perdre les biens à leurs amis, comme Glaucus, fils de Epicydes, ne s'en repentent point et ne s'en hayssent point eulx-mesmes, et ne soyent deplaisants de ce qu'ils ont faict.

On applaudit souvent à des gens qui sont bien malheureux dans l'intérieur.

La vie du méchant, fatiguée de remords, suffit à sa punition.

Car, quant à moy, je pense, s'il est licite de ainsy le dire, que tous ceulx qui commettent telles impietez, n'ont besoing d'auscun dieu ny d'auscun homme qui les punisse, parce que leur vie seule suffit assez, estant corrompue et travaillée de tout vice et toute meschanceté. Mais advisez si desormais ce discours ne s'estend point plus avant en durée que le temps ne permet. Adoncques Timon respondict : Il pourroit bien estre, dict-il, en esguard à la longueur de ce qui suit après et qui reste encores à dire ; car, quant a moy, i'ameine sur les renes, comme un nouveau champion, la derniere question, d'austant qu'il me semble avoir esté suffisamment desbattu sur les precedentes. Et pensez que nous austres qui ne disons mot, faisons la mesme plaincte que faict Euripides, reprochant librement aux dieux que

>Sur les enfants les fautes ils rejectent,
>Et les pechez que leurs peres commettent.

Car soit que ceulx mesmes qui ont commeis la fauste en ayant esté punis, il n'est plus besoing d'en punir d'austres qui n'ont point offensé, attendu qu'il ne seroit pas raisonnable de chastier deux fois ceulx mesmes qui auroyent failly ; soit que, ayants obmeis par negligence à faire la punition des meschants qui ont faict les offenses, ils la veulent, longtemps après faire payer à ceulx qui n'en peuvent mais, ce n'est pas bien faict de vouloir par injustice r'habiller leur negligence. *Il ne faut jamais punir dans les enfants la faute des pères.*

Æsope précipité d'une roche et pourquoi.

Comme l'on raconte d'Æsope que jadis il vint en ceste ville avecques bonne somme d'or, envoyé de la part du roy Crœsus, pour y faire de magnificques sacrifices au dieu Apollo, et distribuer à chasque citoyen quatre escus. Il advint qu'il entra en quelque differend à l'encontre de ceulx de la ville, et se courroucea à eulx de maniere qu'ayant faict les sacrifices, il envoya le reste de l'argent en la ville de Sardis, comme n'estants pas les habitants de Delphes dignes de jouyr de la liberalité du roy : dequoy eulx estants indignez lui meirent suz qu'il estoit sacrilege de retenir ainsy cet argent sacré ; et de faict, l'ayant condemné comme tel, le precipiterent du hault en bas de la roche que l'on appelle Hyampie.

Dequoy le dieu feut si fort courroucé, qu'il leur envoya sterilité de la terre et diverses sortes de maladies estranges, tellement qu'ils feurent à la fin contraincts d'envoyer par toutes les festes publicques et assemblées generales des Grecs, faire proclamer à son de trompe s'il y avoit auscun de la parenté d'Æsope qui voulust avoir satisfaction de sa mort, qu'il veinst, et qu'il l'exigeast d'eulx telle comme il vouldroit, jusques à ce qu'à la troisieme generation il se presenta un Samien, nommé Idmon, qui n'estoit auscunement parent d'Æsope, ains seulement de ceulx qui premierement l'avoyent achepté en l'isle de Samos, et les Desphiens luy ayant faict quelque satisfaction, furent deslibvrez de leurs calamitez ; et dict-on que depuis ce temps-là le supplice des sacrileges feut transferé de la roche d'Hyampie à celle de Nauplie. Et ceulx mesmes qui aiment le plus la memoire d'Alexandre-*le-Grand*, entre lesquels nous sommes, ne peuvent approuver ce qu'il feit en la ville des Branchides, laquelle il ruina toute, et en passa tous les habitants au fil de l'espée, sans discretion d'aage ny de sexe, pour austant que leurs ancetres avoyent anciennement livré par trahison le peuple de Milet.

Et Agathocles, le tyran de Syracuse, lequel en riant se mocqua de ceulx de Corfou, qui luy demanderent pour quelle occasion il fourrageoit leur isle : *Pour austant*, dict-il, *que vos ancestres jadis reçurent Ulysse*. Et semblablement comme ceulx de l'isle d'Isthace se plaignissent à luy de ce que ses souldards prenoyent leurs moutons : *Et votre roy*, leur dict-il, *estant jadis venu en la nostre, ne print pas seulement nos moutons, mais davantage creva l'œil à notre berger*. Ne vous semble-il pas doncques qu'Apollo a encores plus grand tort que tous ceulx-là de perdre et ruiner les Pheneates, ayant bouché l'abysme où se souloyent perdre les eaux qui maintenant noyent tout leur païs, pour austant qu'il y a mille ans, comme l'on dict que Hercules, ayant enleivé aux Delphiens le trepié à rendre les oracles, l'emporta en leur ville à Phenée, et d'avoir respondu aux Sybarites que leurs miseres cesseroyent quand ils auroyent appaisé l'ire de Juno Leucadienne par trois mortalitez? Il n'y a pas encore longtemps que les Locriens ont desisté et cessé d'envoyer tous les ans de leurs filles à Troye.

Filles envoyées tous les ans à Troye, en expiation de la luxure d'Ajax.

> Où les pieds nuds, sans auscune vesture,
> Sans voile auscun ny honneste coeffure,
> Ne plus ne moins qu'esclaves, tout le jour,
> Dès le matin elles sont sans sejour,
> A ballier de Pallas la déesse
> Le temple sainct, jusques en leur vieillesse,

en punition de la luxure d'Ajax. Comment est-ce que cela sçauroit estre ne raisonnable ne juste, veu que nous blasmons mesme les Thraces de ce que l'on dict, que jusques aujourd'huy ils frisent leurs femmes au visage, en vengeance de la mort d'Orpheus; et ne loüons pas non plus les barbares qui habitent au long du Pô, lesquels, à ce que l'on dict, portent encores le deuil, et vont vestus de noir, à cause de la ruine de Phaëton ? car c'est à mon advis chose encore plus sotte et digne de mocquerie, si ceulx qui feurent du temps de Phaëton ne se soucioyent point austrement de sa cheute que ceulx qui sont venus depuis cinq ou six aages après son accident, ayant commencé à changer de robbes et en porter le deuil ; mais toutesfois en cela il n'y auroit que la sottise seule, et rien de mal ny de dangier ou inconvenient davantage : mais quelle raison y a-il, que le courroux des dieux s'estant caché sur le poinct du meffaict, comme font auscunes rivieres, se monstrant puis après contre d'austres se termine en extresmes calamitez ? — Si-tost qu'il eut un peu entrerompu son propos, craignant qu'il n'alleguast encores plus d'inconvenients et de plus grands, je luy demandai sur-le-champ : *Et bien*, dis-je, *estimez-vous que tout cela soit vray ?* Et luy me respondict, encores que le tout ne feust pas vray, ains partie seulement, tousiours pourtant demoure la mesme difficulté.

A l'adventure donc que ceulx qui ont une bien grosse et bien forte fieovre, endurent et sentent tousiours au-dedans une mesme ardeur, soit qu'ils soyent peu ou prou couverts et vestus, toutesfois pour les consoler un peu, et leur donner quelque allegement, encores leur faust-il diminuer la couverture ; mais si tu ne veulx, à ton commandement ; toutesfois je te dis bien, que la plupart de ces exemples-là ressemblent proprement aux fables et contes faicts à plaisir. Mais au demourant ramène un peu en ta mémoire la feste que l'on a celebrée n'a gueres à l'honneur de ceulx qui ont austrefois receu les dieux en leurs maisons, et de ceste honnorable portion que l'on met à part, et que par la voix du herault on publie, que c'est pour les descendants du poëte Pindare : et te souvienne comment cela te sembla fort honnorable et agreable. — Et qui est celuy dict-il, qui ne prendrait plaisir à veoir la preference d'honneur ainsy naïvement, rondement, et à la vieille mode des Grecs, attribuée ? s'il n'avoit, comme dict le mesme Pindare,

> Le cœur de métail noir et roide
> Forgé avecques flamme froide.

— Je laisse aussy, dis-je, le cri public semblable à celuy-là qui se feict en la ville de Sparte, après le canticque Lesbien, en l'honneur et soubvenance de l'ancien Terpander ; car il y a mesme raison.

Mais vous qui estes de la race de Philtiades, dignes d'estres preferez à tous austres, non-seulement entre les Bœotiens, mais aussy entre les Phoceïens, à cause de vostre ancestre Daïphantus, vous me secondastes et favorisastes quand ie mainteins aux Lycomiens et Satilayens, qui prochassoyent d'avoir l'honneur et la prerogatifve de porter couronnes deuës par nos statuts aux Heraclides, que tels honneurs e tels prerogatifves debvoyent estre inviolablement conservées et guardées aux descendants de Hercules, en recognoissance des biens qu'il avoit par le passé faicts aux Grecs, sans en avoir eu de son vivant digne loyer ny recompense. — Tu nous as dict-il, meis sur une dispute tou belle et merveilleusement bien seante à la philosophie.

On doit honorer dans les descendants ceux qu'on n'a pas récompensés pendant leur vie.

— Or laisses doncques, luy dis-je, amy, je te prie, ceste vehemence d'accuser, et ne te courrouce pas, si tu veois que quelques-uns pour estre nez de maulvais et meschants parents sont punis : ou bien ne t'esjouys doncques pas, si tu veois aussy que la noblesse soit honorée. Car si nous advoüons que la recompense de vertu se doibve raisonnablement continuer en la postérité, il faust aussy consequemment que nous estimions que la punition ne doibt pas faillir ne cesser quand et les meffaicts, ains reciprocquement selon le debvoir, courir suz les descendants des malfaicteurs. Et celui qui veoit volontiers les descendants de Cimon honnorez à Athenes, et au contraire se fasche et a desplaisir de veoir ceulx de la race de Lachares ou d'Ariston bannis et deschassez, celuy-là est par trop lasche et trop mol, ou pour mieulx dire, trop hargneux et querelleux envers les dieux, se plaignant d'un costé s'il veoit que les enfants d'un meschant et malheureux homme prosperent, et se plaignant de l'austre costé au contraire, s'il veoit que la postérité des meschants soit abbaissée, ou bien du tout effacée ; et accusant les dieux, si les enfants d'un meschant homme sont affligez, tout austant comme si c'estoyent ceulx d'un homme de bien : mais quant à ces raisons-là, fais compte que ce soyent comme des barrieres ou remparts à l'encontre de ces trop aspres repreneurs et accusateurs-là.

Mais au demourant reprenons de rechef le bout de notre peloton de filet, comme en un lieu tenebreux, et où il y a plusieurs tours et destours, qui est la matiere des jugements des dieux, et nous conduisons avecques crainte et retenue tout doulcement à ce qui est plus probable et plus vray-semblable, attendu que des choses que nous faisons et que nous manions nous-mesmes, nous n'en sçaurions pas assurement dire la certaine verité : comme, pourquoy est-ce que nous faisons tenir assis, les pieds tremppants dedans l'eau, les enfants qui sont nez de peres qui meurent eticques ou hydropicques, jusques à ce que les corps de leurs peres soyent entierement consommez du feu, d'austant que l'on a opinion que par ce moyen ces maladies-là ne passent point aux enfants, et ne parviennent point jusques à eulx.

<small>Moyens dont les anciens se servaient pour empêcher les enfants des pères étiques hydropiques de gagner ces maladies.</small>

Et pourquoy c'est, que si une chevre prend en sa bouche de l'herbe qui se nomme *Eryngium*, le chardon à cent testes, tout le troupeau s'arreste, jusques à ce que le chevrier vienne oster ceste herbe à la chèvre qui l'a en la gueule ; et d'austres proprietez occultes, qui, par attouchements secrets et passages de l'un à l'austre, font des effects incroyables, tant en soubdaineté qu'en longueur de distance : mais nous nous esbahissons de la distance et intervalle des temps, et non pas des lieux, et neantmoins il y a plus d'occasion de s'esbahir et esmerveiller, comment d'un mal ayant commencé en Æthiopie, la ville d'Athenes a esté remplie, de manière que Pericles en est mort.

et Thucydides en a esté malade, que non pas si les Phociens et les Sybarites, ayants commeis quelques meschancetez, la punition en soit tumbée sur leurs enfants et leurs descendants; car ces proprietez occultes-là ont des correspondances des derniers aux premiers, et des secrettes liaisons, desquelles la cause, encores qu'elle nous soit incogneuë, ne laisse pas de produire ses propres effects.

Mais à tout le moins y a-t-il raison de justice toute apparente et prompte à la main, quant aux publicques vengeances surannées des villes et citez, parce que la ville est une mesme chose et continuée ne plus ne moins qu'un animal, lequel ne sort point de soy-mesme pour les mutations d'aages, ny ne devient point austre et puis austre, pour quelque succession de temps qu'il y ayt, ains est tousiours conforme et propre à soy-mesme, recepvant tousiours ou la grace du bien ou la coulpe du mal, de tout ce qu'elle faict ou qu'elle a faict en commun, tant que la société qui la lie maintient son unité ; car de faire d'une ville plusieurs, ou *Argument croissant des sophistes.* bien encores innumerables en la divisant par intervalles de temps, c'est austant comme qui vouldroit faire d'un homme plusieurs pour austant que maintenant il seroit vieil, ayant esté paravant jeune, et encores plus avant, garçon ; ou pour mieux dire, cela ressembleroit proprement aux ruses d'Epicharmus, dont a esté inventé et meis en avant la manière d'arguer des sophistes, qu'ils appellent *l'argument croissant.*

Car celuy qui a desia emprunté de l'argent, ne le doibt pas maintenant, attendu que ce n'est plus luy, et qu'il est devenu un austre ; et celuy qui feut hier convié à soupper, y vient aujourd'huy sans mander, attendu qu'il est devenu un austre, combien que les aages facent encores de plus grandes différences en un chascun de nous, qu'elles ne font ès villes et citez ; car qui auroit veu la ville d'Athenes il y a trente ans, la recognoistroit encores toute telle aujourd'huy qu'elle estoit alors, et les mœurs, les mouvements, les jeux, les façons de faire, les plaisirs, les courroux et deplaisirs du peuple qui est à présent, ressemblent totalement à ceulx des anciens. Là où d'un homme, si l'on est quelque temps sans le veoir, quelque familier ou amy qu'on luy soit, à peine peust-on recognoistre le visage : mais quant aux mœurs qui se müent et changent facilement par toute raison, toute sorte de travail ou d'accident, ou mesme de loy, il y a de si grandes diversitez que ceulx qui s'entrevoyent et se hantent ordinairement en sont tout esmerveillez : ce

> L'âge influe plus sur les hommes que sur les villes.

neantmoins l'homme est tousiours tenu et reputé pour un mesme, depuis sa naissance jusques à sa fin, et au cas pareil la ville demoure tousiours une mesme : à raison de quoy nous jugeons estre raisonnable qu'elle soit participante du blasme de ses ancestres, ne plus ne moins qu'elle se sent aussy de la gloire et de la puissance d'iceulx, ou bien nous ne nous donnerons guarde que nous jecterons toutes choses dedans la rivière de Heraclitus, en laquelle on dicte que l'on ne peust jamais entrer deux fois, d'austant qu'elle mûe et change la nature de toutes choses.

<small>Rivière d'Héraclitus qui passait pour changer la nature de tous ceux qui y entraient deux fois.</small>

Or, s'il est ainsy, que la ville soit tousiours une chose mesme continuée, austant en doibt-on estimer d'une race et lignée, laquelle despend d'une mesme souche, produisant ne sçay quelle force et communication de qualitez, qui s'estend sur tous les descendants. Car ce qui est engendré n'est pas comme ce qui produict en estre par artifice, et est incontinent separé de son ouvrier, d'austant qu'il est faict par luy et non pas de luy : là où au contraire ce qui est engendré est faict de la substance de celuy qui engendre, tellement qu'il importe avecques soy quelque chose de luy, qui à bon droict est ou puny ou honnoré mesme en luy.

Et si ce n'estoit que l'on penseroit que je me joüasse,

et que je ne le disse pas à bon escient, j'asseurerois volontiers que les Atheniens feirent plus grand tort à la statue de Cassander quand ils la fondirent, et semblablement les Syracusains au corps de Dionysius, quand après sa mort ils le feirent porter hors de leurs confins, que s'ils eussent bien chastié leurs descendants ; car la statue de Cassander ne tenoit rien de sa nature, et l'ame de Dionysius avoit de long-temps abandonné son corps : là où un Nysæus, un Apollocrates, un Antipater et un Philippus, et pareillement tous autres enfants d'hommes vicieux et meschants, retiennent la principale partie de leurs peres, et celle qui ne demoure point oisifve sans rien faire, ains celle dequoy ils vivent et se nourrissent, dequoy ils négocient et discourent par raison, et ne doibt point sembler estrange ny mal-aisé à croire, si estants yssus d'eulx ils retiennent les qualitez et inclinations d'eulx.

En somme, dis-je, tout ainsy comme en la medecine, tout ce qui est utile est aussi juste et honneste, et se moqueroit-on de celuy qui diroit que ce feust injustice, quand une personne a mal en la hanche, de lui cauteriser le poulce ; et là où le foye est aposthumé, de scarifier le petit ventre : et là où les bœufs ont les ongles des pieds trop molles, oindre les extremitez de

Une punition particulière est souvent excellente pour maintenir la discipline générale. leurs cornes : aastant meriteroit d'estre mocqué et repreins celuy qui estimeroit qu'il y eust ès punitions austres choses de juste que ce qui peust guarir et curer le vice : et qui se courrouceroit si on applicquoit la medecine aux uns pour servir de guarison aux austres, comme font ceulx qui ouvrent les veines pour alleger le mal des yeulx, celuy-là sembleroit ne veoir rien plus oultre que son sens, et se soubviendroit mal qu'un maistre d'eschole bien souvent, en foüettant un de ses escholiers, tient en office tous les austres; et un grand capitaine, en faisant mourir un souldard de chasque dizaine, rameine tous les aultres à la raison : ainsy non-seulement à une partie par une austre partie, mais à toute l'ame par une austre ame s'impriment certaines dispositions d'empirements ou d'amendements, plus-tost que à un corps par un austre corps, pource que là ès corps il est force qu'il se fasse une mesme impression et mesme alteration; mais icy l'ame estant bien souvent meinée par imagination à craindre ou à s'asseurer, s'en trouve ou pis ou mieulx.

Comme ie parlois encores, Olympicque m'interrompant mon propos : *Par ces tiens propos*, dict-il, *tu supposes un grand subject à discourir, c'est à sçavoir que l'ame demoure après la separation du corps.* Ouy, bien, dis-je, par cela mesme que vous nous concedez maintenant, ou plus-tost que vous nous avez cy-devant concedé : car nostre discours a esté poursuivy dès le commencement jusques à ce poinct, sur ceste presupposition, que Dieu nous distribue à chascun selon que nous avons merité. *Et comment*, dict-il, *estimes-tu qu'il s'ensuive necessairement, si les dieux contemplent les choses humaines, et disposent de toutes choses icybas, que les ames en soyent du tout immortelles, ou qu'elles demourent longuement en estre après la mort ?* Non vrayement, dis-je, beau sire ; mais Dieu est de si basse entremeise, et a si peu à faire, que combien que nous n'ayons rien de divin en nous, ne rien qui luy ressemble auscunement, ne qui soit ferme ne durable, ains que nous allions dessechants, fenants et perissants, ne plus ne moins que les feuilles des arbres, comme dict Homère, en peu de mots : *Illiade, liv. 6.* neantmoins il faict ainsy grand cas de nous, ne plus ne moins que les femmes qui nourrissent et entretiennent des jardins d'Adonis, comme l'on dict, dedans des fragiles pots de terre, aussy faict-il lui nos ames de durée d'un jour, par manière de dire, verdoyantes dedans une chair mollastre, et non capable d'une forte racine de vie, et qui puis après s'esteignent pour

L'âme dans le corps de l'homme, comparée à une fleur dans un pot de terre.

la moindre occasion du monde. Mais en laissant les austres dieux, si bon te semble, considere un peu le nostre, j'entends celuy qui est reclamé en ce lieu.

Si aussy-tost qu'il sçait que les ames sont desliées, ne plus ne moins que quelque fumée ou quelques brouillas qui exhale hors du corps, il ne faict pas incontinent offrir forces oblations et sacrifices propitiatoires pour les trespassez ; et si ne demande pas de grands honneurs et de grandes venerations à la mesmoire desorts, et si le faict pour nous abuser et deçevoir, nous qui y adjoustons foy. Car quant à moi je ne concederay jamais que l'amé perisse et ne demoure après la mort, si l'on ne vient emporter premièrement le trepié prophéticque de la Pythie, comme l'on dict que le feit jadis Hercules, et du tout destruire l'oracle pour ne plus rendre de telles responses qu'il en a renduës jusques à nos temps, semblables à celles que jadis il donna à Corax le Naxien, à ce que l'on dict,

> C'est une grande impiété de croire
> Que l'âme soit mortelle ou transitoire.

Alors Patrocles : Et qui estoit, dict-il, ce Corax qui eust ceste response ? Car je n'ay rien entendu, ni de l'un ni de l'austre. — Si avez bien, dis-je, mais j'en suis cause, ayant prins le surnom au lieu du propre nom. Car celui qui tua Archilochus en bataille, s'appeloit Callondes, et estoit surnommé *Corax* ; lequel ayant esté la première fois rejecté par la prophétisse Pythie, comme meurtrier qui avait occis un personnage sacré aux Muses : et depuis, ayant usé de quelques requestes et prières envers elle, avecques quelques raisons dont il pretendoit justifier son faict, à la fin il luy feut ordonné par l'oracle qu'il allast en la maison de Tettix et que là il appaisast par oblations et sacrifices l'ame d'Archilochus. Or ceste maison de Tettix estoit la ville de Tenarus : car on dict que Tettix, Candiot, estant jadis arrivé à ce promontoire de Tenarus avecques une flotte de vaisseaux, y bastit une ville auprès du lieu où l'on avait accoustumé de conjurer et evocquer les ames des trespassez.

Semblablement aussy ayant esté respondu à ceux de Sparte qu'ils trouvassent moyen d'appaiser l'ame de Pausanias, ils envoyerent querir jusques en Italie des sacrificateurs et des exorcisateurs qui sçavoyent conjurer les ames, lesquels, avecques leurs sacrifices, chasserent son esprit hors du temple. C'est doncques une mesme raison, dis-je, qui confirme et prouve que le monde est regy par la providence de Dieu ensemble, et que les

Sacrificateurs et exorcisateurs italiens.

ames des hommes demourent encores après la mort, et n'est pas possible que l'un subsiste si l'on oste l'austre. Et s'il est ainsy que l'ame demoure après la mort, il est plus vraysemblable et plus equitable que lors les retributions de peine ou d'honneur luy soyent renduës : car durant tout le temps qu'elle est en vie, elle combat; et puis après, quand elle a achevé tous ses combats, alors elle reçoipt ce qu'elle a en sa vie mérité. Mais quant aux honneurs ou punitions qu'elle reçoipt en l'austre monde, estant seule et separée du corps, cela ne touche de rien, à nous austres qui sommes vivants ; car ou l'on n'en sçait rien, ou on ne les croit pas : mais celles qui se font sur les enfants et sur les descendants, d'austant qu'elles sont apparentes et cogneuës de ceulx qui sont en ce monde, elles retiennent et repriment plusieurs meschants hommes d'exécuter leurs maulvaises volontez.

<small>Les punitions connues repriment les méchants.</small>

Au reste, qu'il soit vray qu'il n'y ayt point de plus ignominieuse punition, ne qui touche plus les cœurs au vif, que de veoir ses descendants et dependants affligez pour soy, et que l'ame d'un meschant homme, ennemy des dieux et des loys, après sa mort, voyant non ses images et statuës, ou austres honneurs abbattus, ains ses propres enfants, ses amys et parents ruinez et affligez de grandes miseres et tribulations, et estant griefvement

punis pour elle, ne voulust pas plus-tost perdre tous les honneurs que l'on sçauroit faire à Jupiter que de tourner à estre de rechef injuste ou abandonné à luxure, je vous en pourrois réciter un conte qui me feust faict il n'y a pas fort long-temps, si ce n'estoit que je craindrois qu'il ne vous semblast que ce feust une fable controuvée à plaisir: au moyen de quoy il vault mieulx que je ne vous allegue que des raisons et arguments fondez en verisimilitude.
— *Non pas cela*, dict adoncques Olympicque; *mais recites-nous le conte que tu dis*. — Et comme les austres aussy me requissent tous de mesme : Laissez-moi, dis-je, desduire premièrement les raisons vraysemblables à ce propos, et puis après, si bon vous semble, je vous reciteray aussi le conte; au moins si c'est un conte; Car Bion dict que si Dieu punissoit les enfants des meschants, il seroit austant digne de mocquerie comme le medecin qui, pour la maladie du pere ou grand-pere, appliqueroit sa medecine au fils ou à l'arriere-fils; mais ceste comparaison fault, en ce que les choses sont en partie semblables, et en partie aussy diverses et dissemblables; car l'un estant medecinal ne guarit pas la maladie et indisposition de l'austre, ny jamais homme qui eust la fiebvre ou le mal des yeulx, n'en eut guary pour veoir user d'un unguent, ou appli-

quer emplastre à un austre : mais au contraire les punitions des meschants pour ceste occasion, se font publicquement devant tous, pource que l'effet de justice administrée avecques raisons est de retenir les uns par le chastiment et punition des autres. Mais ce en quoy la comparaison de Bion se rapporte et conforme à la dispute proposée, n'a pas esté entendu par luy ; car souvent est-il advenu qu'un homme tumbé en une dangereuse maladie, et non pas pourtant incurable, par son intempérance puis après et dissolution, a tellement laissé aller son corps en abandon, que finalement il en est mort : et que puis après son fils, qui n'estait pas actuellement surprins de la mesme maladie Les précautions font éviter bien des maladies auxquelles on avait des dispositions. ains seulement y avoit quelque disposition, un bon medecin, ou quelque sien amy, ou quelques maistres des exercices, s'en estant apperçeu, ou bien un bon maistre qui a eu soin de luy, l'a rangé à une manière de diette austere, en luy ostant toute superfluité de viandes, toutes pastisseries, toutes yvrogneries, et toute accointance de femme ; et luy faisant user souvent de medecines, et fortifier son corps par continuation de labeur et d'exercices, a dissipé et faict esvanouïr un petit commencement d'une grande maladie, en ne luy permettant pas de prendre plus grand accroissement.

N'est-il pas ainsy que nous admonestons ordinairement ceulx qui sont nez de pere ou mere maladifs, de prendre bien guarde à eulx, et de ne negliger pas leur disposition, ains de bonne heure et dès le commencement tascher à chasser la racine de celles maladies nées avecques eulx, qui est facile à jecter dehors et à surmonter quand on y pourvoyt de bonne heure? — Il n'est rien plus vray, respondirent-ils tous. — Nous ne faisons doncques pas chose impertinente, mais necessaire, ne sotte, mais utile, quand nous ordonnons aux enfants de ceulx qui sont subjects au hault mal, ou à la manie et alienation d'esprit, ou à la goutte, des exercices du corps, des diettes et regimes de vie, et des medecines, non pource qu'ils soyent malades, mais de paour qu'ils ne le soyent : car un corps ne d'un austre maleficié, est digne, non de punition auscune, mais de medecine et d'estre soigneusement bien pansé ; laquelle diligence et sollicitude, s'il se trouve auscun qui, par laschété ou delicatesse, appelle *punition*, d'austant qu'elle prive la personne de voluptez, ou qu'elle lui donne quelque poincture de douleur ou de peine, il le faut laisser-là pour tel qu'il est ; et s'il est expedient de prendre guarde et de medeciner soigneusement un corps qui sera yssu et descendu d'un autre maleficié et guasté, sera-il moins raisonnable d'aller au-devant d'une similitude de vice hereditaire, qui commence à germer ès mœurs d'un jeune homme, et à poulser dehors, ains attendre et le laisser croistre jusques à ce que, se respandant par ses passions, il vienne à estre en veuë de tout le monde, comme dict le poëte Pindare :

> Le fruict de son cœur insensé
> A par-soy aurait propensé

Ne vous semble-il point qu'en cela Dieu, pour le moins, soit aussy sage comme le poëte Hesiode, qui nous admoneste et conseille :

Au poëme intitulé les Œuvres.

> Semer enfants guarde bien que tu n'ailles
> En retournant des tristes funérailles,
> Mais au retour des festins gracieux
> Faicts en l'honneur des habitants des cieux.

voulant conduire les hommes à engendrer des enfants lorsqu'ils sont guays, joyeux et desliberez : comme si la generation ne recepvoit pas l'impression de vice et de vertu seulement, ains aussy de joye et de tristesse, et de toutes austres qualitez.

Toutesfois, cela n'est pas œuvre de sapience humaine, comme pense Hesiode, de sentir et cognoistre les conformitez ou diversitez des natures des hommes descendants avecques leurs devanciers, jusques à ce qu'estant tumbez en quelques grandes forfaictures, leurs passions les descouvrent pour tels qu'ils sont. Car les petits des ours, des loups, des singes et de semblables animaulx, monstrent incontinent leur inclination naturelle dès leur jeunesse, d'austant qu'il n'y a rien qui les desguise ne qui les masque.

Les animaux naissent avec leurs inclinations à découvert.

Mais la nature de l'homme venant à se jecter en des accoustumances, en des opinions et en des loyx, couvre bien souvent ce qu'elle a de maulvais, imite et contrefaict ce qui est bon et honneste, tellement que ou elle efface et eschappe du tout la tare et macule de vice, qui estoit née avecques elle, ou bien elle la cache pour bien long-temps, se couvrant du voile de ruse et de finesse : de manière que nous n'appercevons pas leur malice, jusques à ce que nous soyons atteincts comme d'un coup ou d'une morsure de chasque crime, encores à grande peine : ou pour mieulx dire, nous nous abusons, en ce que nous cuydons qu'ils soyent devenus injustes lors seulement qu'ils commettent injustice, ou dissolus quand ils font quelque insolence, et lasches de cœur quand ils s'enfuyent de la bataille, comme si quelqu'un avoit opinion que l'aiguillon du

L'homme cache ses inclinations naturelles.

scorpion s'engendrast lors premier en luy quand il en picque, et le venin ès viperes quand elles mordent : qui seroit grande simplesse de le penser ainsy. Car chasque meschant ne devient point tel alors qu'il apparoist, mais il a en soy dès le commencement le vice et la malice imprimez : mais il en use lorsqu'il en a le moyen, l'occasion et la puissance, comme le larron de desrobber, le tyrannicque de forcer les loyx.

<small>Le méchant a en lui, dès le commencement, le vice et la malice imprimés.</small>

Mais Dieu, qui n'ignore point l'inclination et nature d'un chascun, comme celuy qui veoit et cognoist plus l'ame que le corps, ny n'attend point, ou que la violence vienne à main-mise, ny l'impudence à la parole, ny l'intemperance à abuser des parties naturelles, pour la punir, à cause qu'il ne prend pas vengeance du meschant pource qu'il en ayt receu auscun mal, ny ne se courrouce point contre le briguand ravisseur pource qu'il ayt esté forcé, ny ne hayt l'adultere pource qu'il luy ayt faict auscune injure : ains punit par maniere de medecine celuy qui est subject à commettre adultere, celuy qui est avaricieux, celuy qui ne faict compte de transgresser les loyx, ostant bien souvent le vice ne plus ne moins que le mal cadue, avant que l'accez en prenne.

Nous nous courroucions n'a gueres de ce que les meschants estoyent trop tard et trop lentement punis, et maintenant nous trouvons maulvais de ce que Dieu reprime et chastie la maulvaise disposition et vicieuse inclination d'auscuns, avant qu'ils ayent commencé à forfaire, ne considerant pas que l'advenir bien souvent est pire et plus à redoubter que le present ; et ce qui est caché et couvert, que ce qui est apparent et descouvert : et ne pouvants pas discourir et juger pourquoy il est meilleur d'en laisser auscuns en repos encores après qu'ils ont peché, et prevenir les austres avant qu'ils puissent executer le mal qu'ils ont propensé, ne plus ne moins que les medecines et drogues medecinales ne conviennent pas à auscuns estants malades, et sont utiles à d'austres qui ne sont pas actuellement malades, ains sont en plus grand danger que les austres.

L'avenir est toujours plus à redouter que le présent.

Voylà pourquoy les dieux ne tournent pas sur les enfants toutes les faustes des parents ; car s'il advient qu'il naisse un bon enfant d'un maulvais pere, comme, par maniere de dire, un fils fort et robuste d'un pere maladif, celuy-là est exempt de la peine de la race, comme estant hors de la famille de vice ; mais aussy le jeune homme qui se conformera à la malice hereditaire de ses parents, sera tenu à la punition

On ne doit punir dans les enfants les défauts de leurs pères, que lorsqu'ils en ont eux-mêmes le germe.

de leur meschanceté, comme au payement des debtes de la succession. Car Antigonus ne feut point puny pour les pechez de son pere Demetrius, ny, entre les meschants, Phyleus pour Augeas, ny Nestor pour Neleus ; car ils estoyent bien yssus de meschants peres, mais quant à eulx ils estoyent gents de bien. Mais tous ceulx de qui la nature a aimé, receu et praticqué ce qui venoit de la parenté, la justice divine a aussy puny en eulx ce qu'il y avoit de similitude, de vice et de peché.

Car tout ainsy comme les verruës, porreaux, seings et taches noires qui sont ès corps des peres, ne comparaissants point ès corps des enfants, recommencent à sortir et apparoir puis après en leur fils et arriere-fils : et y eust une femme grecque qui, ayant enfanté un enfant noir, et en estant appellée en justice, comme ayant conceu cest enfant de l'adultere d'un Maure, il se trouva qu'elle estoit en la quatriesme ligne descenduë d'un Æthiopien. Et comme ainsy feust que l'on tenoit pour certain que Python le Nisibien estoit extraict de la race et lignée des Semez, qui ont esté les premiers seigneurs et fondateurs de Thebes, le dernier de ses enfants, qui mourut il n'y a pas long-temps avoit rapporté la

Enfant noir mis au monde par une femme blanche.

figure de la lance en son corps, qui estoit la marque naturelle de celle lignée-là anciennement, estant après si long intervalle de temps ressourse et revenuë, comme du fond au-dessuz, celle similitude de race : aussy bien souvent les premières generations, c'est-à-dire les premiers descendants, cachent, et, par maniere de dire, enfondrent quelques passions ou conditions de l'ame qui sont affectées à une lignée ; mais puis après la nature les boute hors en quelques austres suivants, et represente ce qui est propre à chasque race, austant en la vertu comme au vice.

Les vices ou les défauts d'une génération sont souvent effacés par la suivante, et reparaissent ensuite dans la troisième.

Après que j'eus achevé ce propos, je me teu ; et Olympicque se print à rire, en disant : Nous ne loüons pas ton discours, affin que tu l'entendes, comme estant suffisamment prouvé par demonstration, de paour qu'il ne semble que nous ayons meis en oubly le conte que tu nous a promis de faire ; mais alors donnerons-nous notre sentence, quand nous l'aurons aussy entendu. — Par-quoy je recommençay à suyvre mon propos en ceste sorte : Thespesius, natif de la ville de Soli en Cilicie, familier et grand amy de Protogenes, qui a icy longuement esté avecques nous, ayant vescu les premiers ans de son aage en grande dissolution, en peu de temps perdit et des-

Thespesius fut de la plus grande dissolution dans sa jeunesse : sa vie et ses différents changements

pendit tout son bien, au moyen de quoy estant reduict ja par quelque temps à extresme necessité, il deveint meschant, et se repentant de sa folle despense commencea à chercher tous moyens de recouvrer des biens : ne plus ne moins que font les luxurieux, qui bien souvent ne font compte de leurs femmes espousées, et ne les guardent pas cependant qu'ils les ont ; puis quand ils les ont laissées, ou qu'elles sont remariées à d'autres, ils les vont solliciter pour tascher à les corrompre meschamment.

<small>Homme dissolu qui change de conduite après être revenu d'une lethargie.</small>

Ainsy n'espargnant voye du monde prouveu qu'elle tournast à plaisir ou à prouffit pour luy, en peu de temps il assembla non pas beaucoup de biens, mais beaucoup de honte et d'infamie : mais ce qui plus encores le diffama, feut une response que l'on luy apporta de l'oracle d'Amphilochus, la où il avoit envoyé demander s'il vivroit mieulx au reste de sa vie qu'il n'avoit faict par le passé, et l'oracle luy respondict, *qu'il seroit plus heureux quand il seroit mort.* Ce qui luy adveint en certaine maniere bientost après ; car estant tumbé d'un certain lieu hault la teste devant, sans qu'il y eust rien d'entamé, du coup de la cheute seulement il s'esvanouit, ne plus ne moins que s'il eust esté mort ; et trois jours après, comme l'on estoit à preparer ses funerailles, il se revint, et en peu de jours s'estant remeis sus et retourné en son bon sens, il feit un estrange et incroyable changement de sa vie ; car tous ceulx de la Cilicie luy portent tesmoignage qu'ils ne cogneurent oncques homme de meilleure conscience en tous affaires et negoces qu'il eurent à desmesler ensemble, ne plus devot et religieux envers les dieux, ne plus certain à ses amys, ne plus fascheux à ses ennemys, de maniere que ceulx qui l'avoyent depuis long-temps cogneu familierement, desiroyent fort sçavoir de luy quelle avoit esté la cause de si grande et si soubdaine mutation, estimants qu'un si grand amendement de vie si dissoluë ne pouvoit pas estre advenu fortuitement, comme il estoit veritable, ainsy que luy-mesme le raconta au susdict Protogenes, et aux austres siens familiers amys, gents de bien et d'honneur comme luy.

Car quand l'esprit feut hors de son corps, il se trouva du commencement, ne plus ne moins que feroit un pilote qui seroit jecté hors de son navire au fond de la mer, tant il se trouva estonné de ce changement ; mais puis après s'estant relevé petit à

Effet que produit le retour d'une léthargie.

petit, il luy feut advis qu'il commencea à respirer entièrement, et à reguarder tout à l'entour de luy, l'âme s'estant ouverte comme un œil, et ne voyoit rien de ce qu'il souloit veoir auparavant, sinon des astres et estoilles de magnitude très grande, distantes l'une de l'austre infiniment, jectant une lueur de couleur admirable et de force et roideur grande ; tellement que l'âme estant portée sur ceste lueur comme sur un chariot, doulcement et uniement, ainsi que sur une mer calme alloit soubdainement par-tout où elle vouloit, et laissant à part grand nombre de choses qu'il avoit vuées, il disoit qu'il avoit veu que les ames de ceulx qui mouroyent devenoyent en petites bouteilles de feu, qui montoyent de bas en hault à travers l'air, lequel s'ouvroit devant elles, et que petit à petit les dictes bouteilles venoyent à se rompre, et les ames en sortoyent ayants forme et figure humaine ; au demourant fort agiles et legeres, et se mouvoyent, non pas toutes d'une mesme sorte, ains les unes saultelloyent d'une legereté merveilleuse, et jaillissoyent à droicte ligne contre-mont ; les austres tournoyent en rond comme des bobines ou fuseaux ensemble, tantost contre-mont, tantost contre-bas, de sorte que le mouvement estoit meslé et confus, qui

Vision d'un homme en léthargie.

Ames des morts vues en petites bouteilles de feu errantes çà et là dans l'air.

ne s'arrestoit qu'à grande peine et après un bien long temps.

Or n'en cognoissoit-il point la plus-part, mais en ayant apperceu deux ou trois de sa cognoissance, il s'efforcea de s'en approcher et parler à elles ; mais elles ne l'entendoyent point, et si n'estoyent point en leur bon sens, ains, comme estourdies et transportées, refuyoyent toute veuë et tout attouchement, errantes çà et là à par elles, du commencement, et puis en rencontrant d'austres disposées tout de mesme, elles s'embrassoyent et se conjoignoyent avecques elles, en se mouvant çà et là sans auscun jugement, et jectants ne sçay quelles voix non articulées ne distinctes, comme des cris meslez de plainctes et d'espouvantement : les autres parvenuës en la plus haulte extremité de l'air estoyent plaisantes et guayes à veoir, et tant gracieuses et courtoises, que souvent elles s'approchoyent les unes des austres et se destournoyent au contraire de ces austres tumultuantes, donnants à entendre qu'elles estoyent faschées quand elles se serroyent en elles-mesmes, et qu'elles estoyent joyeuses et contentes quand elles s'estendoyent et s'eslargissoyent.

Entre lesquelles il dict qu'il en veit une d'un sien

<small>Union entre deux âmes.</small> parent, combien qu'il ne la cognoissoit pas bien certainement, d'austant qu'il estoit mort, luy estant encores en son enfance; mais elle, s'approchant de luy, le salua en lui disant; *Dieu te guarde, Thespesien*; de quoy luy s'esbahissant luy respondict qu'il n'estoit pas Thespesien, et qu'il s'appeloit Arideus: *Ouy bien*, dict-elle, *par cy devant, mais cy après tu seras appellé Thespesien, car tu n'es pas encores mort, mais par cette permission de la destinée tu es venu icy avecques la partie intelligente de ton ame, et quant au reste de ton ame, tu l'as laissé attaché comme une anchre à ton corps; et affin que tu le sçaches dès maintenant pour cy après, prends guarde à ce que les ames des trespassez ne font point d'umbre, et ne cloënt et n'ouvrent point les yeulx.*

Thespesien ayant ouy ces paroles se recueillit encores davantages à discourir en soy-mesme, et reguardant çà et là autour de luy, apperceut qu'il se leivoit quand et luy ne sçay quelle ombrageuse et obscure lineature; mais que ces austres ames-là reluysoyent tout à l'entour d'elles, et estoyent par le dedans transparentes, non pas toutesfois toutes esgualement, car les unes rendoyent une couleur unie et esguale partout comme faict la pleine lune quand elle est plus claire, et les autres avoyent comme des escailles ou cicatrices esparses çà et là par intervalles, et des austres qui estoyent merveilleusement hydeuses et estranges à veoir, mouchetées de taches noires comme sont les peaux des serpents : les austres qui avoyent des legeres frisures et esgratigneures au visage.

Si disoit ce parent-là de Thespesien (car il n'y a point de dangier d'appeler les ames du nom qu'avoyent les hommes en leur vivant) qu'Adrastia, fille de Jupiter et de Necessité, estoit constituée au plus hault, par dessuz tous, vengeresse de toutes sortes de crimes et peschez et que des malheureux et meschants il ny' en eust jamais un, ny grand ny petit, qui par ruse ou par force se peust oncques saulver d'estre puny. Mais une sorte de supplice convient à une geoliere et executrice (car il y en a trois), et une austre à une austre, d'austant qu'il y en a une legere et soubdaine, qui se nomme Pœne laquelle execute le chastiement de ceulx qui dès ceste vie sont punis en leur corps et par leur corps d'un certain doulx moyen, qui laisse aller impunies plusieurs faustes legeres, lesquelles meriteroyent bien quelque petite purgation. Mais ceulx où il y a plus à faire, comme de guarir et curer un vice, Dieu les commet à punir après la mort à l'austre executrice, qui se nomme Dice.

Et ceulx qui sont de tout poinct incurables, Dice les

Adrastia, vengeresse de toutes sortes de crimes et péchés.

Deux préposés pour la punition des crimes, l'un pendant la vie, et l'autre après la mort.

Troisième préposé pour persécuter les scélérats.

ayant repoulsez, la troisième et la plus cruelle des ministres et satellites de Adastria, qui s'appelle Erinnys, court après et les persécute fuyants et errants çà et là en grande misere et grande douleur, jusques à tant qu'elle les attrappe et precipite en un abysme de tenebres indicible. Et quant à ces trois sortes de punitions, la premiere ressemble à celle dont on use entre quelques

Peines de ce monde comparées à la punition des Perses.

nations barbares ; car en Perse ceulx qui sont punis par justice, on prend leurs haults chappeaux pointus et leurs robbes, que l'on pelle poil après poil, et les fouëtte-t'on devant eulx, et eulx ayants les larmes aux yeulx crient et prient que l'on cesse : aussy les punitions qui se font en ceste vie par le moyen des corps ou des biens, n'atteignent point aigrement au vif, ny ne touchent ny ne penetrent point jusques au vice mesme, ains sont la plus-part d'icelles imposées par opinion, et selon le jugement du sens naturel exterieur.

Mais s'il y en a quelqu'un qui arrive par deçà sans avoir esté puny et bien purgé par delà, Dice le prenant tout nud en son ame toute descouverte, n'ayant dequoy couvrir, ny cacher ou pallier et desguiser sa meschanceté, ains estant veu par-tout, de tous costez, et de tous, elle le monstre premierement à ses parents, gents de bien, s'ils ont d'adventure esté tels, comme il est abominable et indigne d'estre descendu d'eulx : et s'ils ont esté meschants, eulx et luy en sont de tant griefvement tourmentez en les voyant, et estant veu par eulx en son tourment, où il est puny et justicié bien long-temps, tant qu'un chascun de ses crimes et pechez soit effacé par douleurs et tourments, qui en aspreté et vehemence surpassent d'austant plus les corporels, que ce qui est au vrai est plus à certes que ce qui apparoist en songe, et les marques et cicatrices des péchez et des vices demourent aux uns plus, aux austres moins,

Et prends bien guarde, dict-il, aux diversitez de couleurs de ces ames de toutes sortes ; car ceste couleur noirastre et sale c'est proprement la teincture d'avarice et de chicheté ; et celle rouge et enflambée est celle de cruauté et de malignité : là où il y a du bleu, c'est signe que de là a esté escurée l'intemperance et dissolution ès voluptez à bien long-temps et avecques grande peine, d'austant que c'est un maulvais vice ; le violet tirant sur le livide procede d'envie. *Le noir et le sale, couleur d'avarice et de chicheté. Le rouge et enflambé, couleur de cruauté et malignité. Le bleu, signe d'amendement. Le violet procède d'envie.*

Ne plus ne moins doncques que les seiches rendent leur encre, aussy le vice par delà changeant l'ame et le corps ensemble, produict diverses couleurs ; mais au contraire par deçà, ceste diversité de couleurs est le signe de l'achevement de purification : puis quand toutes ces *Vices comparés aux différentes couleurs.*

teinctures-là sont bien effacées et nettoyées du tout, alors l'ame devient de sa naïfve couleur qui est celle de la lumière ; mais tant que auscune de ces couleurs y demoure, il y a tousiours quelque retour de passions, d'affections, qui leur apporte un eschauffement et un battement de poulx, aux unes plus debile, et qui s'esteinct et passe plus-tost et plus facilement, aux austres qui s'y prend à bon escient ; et d'icelles ames les unes, après avoir esté chastiées par plusieurs et plusieurs fois, recouvrent à la fin leur habitude et disposition telle qu'il appartient : les austres sont telles que la vehemence de leur ignorance et l'appetit de volupté los transporte ès corps des animaux ; car la foiblesse de leur entendement et la paresse de speculer et discourir par raison les faict incliner à la partie actifve d'engendrer, laquelle se sentant destituée de l'instrument luxurieux, désire coudre ses concupiscences avecques la jouyssance, et se sousleiver par le moyen du corps ; car par deçà il n'y a rien du tout, si ce n'est une umbre, et par maniere de dire un songe de volupté, laquelle ne vient point à perfection.

Luy ayaut tenu ces propos, il le meina bien viste, mais par un espace infini, toutesfois à son ayse et doulcement, sur les rais de la lumière, ne plus ne moins que si c'eussent esté des aisles, jusques à ce qu'estant arrivé en une grande fondriere, tendant tousiours contrebas, il se trouva lors destitué et délaissé de celle force qui l'avoit là conduict et ameiné, et voyoit que les austres ames se trouvoyent aussy tout de mesme ; car se resserrants comme font les oyseaux quand ils volent en bas elles tournoyent tout à l'autour de ceste fondriere, mais elles n'osoyent entrer dedans ; et estoit la fondriere semblables aux speloncques de Bacchus ; ainsy tapissée de feuillages de ramées et de toutes sortes de fleurs, et en sortoit une doulce et souëfve haleine, qui apportoit une fort plaisante odeur et temperature de l'air, telle comme le vin sent à ceulx qui ayment à le boire : de sorte que les ames, se repaissants et festoyants de ces bonnes odeurs, en estoyent toutes esjouyes et s'entre-caressoyent, tellement qu'à l'entour de ce creux-là, tout en rond, il n'y avoit que passe-temps, jeux et risées, et chansons, comme de gents qui joüoyent les uns avecques les austres, et se donnoyent du plaisir tant qu'ils pouvoyent : si disoit, que par là Bacchus estoit monté en la compagnie des dieux, et que depuis il y avoit conduict Semelé, et que le lieu s'appelloit *le lieu de Lethé*, c'est-à-dire d'oubliance : et pourtant ne voulut-il pas que Thespesien, qui en avoit bonne envie, s'y arrestatst ; ains l'en retira par force, luy donnant à entendre et lui enseignant que la raison et l'entendement se dissoult et se fond par ceste volupté, et que la partie irraisonnable se ressentant du corps, en estant arrousée et acharnée, luy rameinoit la memoire du corps, et de ceste soubvenance naissoit le desir et la cupidité qui la tiroit à generation, que l'on appelloit ainsy, c'est-à-dire un consentement de l'ame aggravée et appesantie par trop d'humidité.

<small>Voyage d'une âme dans les airs, dans les enfers, etc.

Vision d'un léthargique.</small>

Parquoy ayant traversé une austre pareille carrière de chemin, il luy feut advis qu'il apperceut une grande couppe, dedans laquelle venoyent à se verser des fleuves, l'un plus blanc que l'escume de la mer ou que neige, et l'austre rouge comme l'escarlate que l'on aperçoit en l'arc en ciel, et d'austres qui de loing avoyent chascun leurs lustres et teinctures différentes : mais quand ils en approcherent de près, ceste couppe s'esvanouit et ces differentes couleurs des ruisseaux disparurent, exceptée la couleur blanche ; et là veit trois dœmons assis ensemble, en figure triangulaire, qui mesloyent ces ruisseaux ensemble à certaines mesures. Or disait ceste guide des ames, que Orpheus avait penetré jusques-là quand il estait venu après sa femme, et qu'ayant mal retenu ce qu'il y avoit veu, il avoit semé un propos faulx entre les hommes, c'est à sçavoir, que l'oracle qui estoit en la ville de Delphes, estoit commun à Apollo et à la nuict : car Apollo n'a rien qui soit de commun avecques la nuict, mais cest oracle-cy, dict-il, est bien commun à la lune et à la nuict, toutesfois il ne perce nulle part jusques à la terre, n'y n'a auscun siege fiché ny certain, ains est partout vague et errant parmy les hommes par songes et apparitions : c'est pourquoy les songes meslez, comme tu vois, de tromperie et de vérité, de diversité et de simplicité, sont semés par tout le monde : mais quant à l'oracle d'Apollo tu ne l'as point veu, ny ne le pourrois veoir, pource que la terre sterile de l'ame ne peust saillir, ni s'esleiver plus hault, ains penche contre-bas, estant attachée au corps, et quant il tascha, en m'approchant, de me monstrer la lumière et la clarté du trépié à travers le sein de la déesse Thémis, laquelle comme il disoit, alloit percer au mont de Parnasse, et ayant grande envie et faisant tout son effort pour la veoir, il ne peust pour sa trop grande splendeur ; mais bien ouyt-il en passant la voix haultaine d'une femme qui en vers disoit entre austres choses le temps de la mort de luy, et disoit ce dæmon que c'estoit la voix de la Sibylle, laquelle tournoyant dedans la face de la lune chantoit les choses à advenir, et desirant en ouyr davantage, il feut repoussé par l'impetuosité du corps de la lune, et ainsy en ouyt bien peu, comme l'accident du mont

Songes mêlés de tromperies et de vérités, comment et pourquoi semés parmi le monde.

Vesuvien et de la ville de Pozzol, qui debvoyent estre bruslez du feu, et si y avoit une petite clause de l'empereur qui lors regnoit, qu'estant homme de bien, il laisseroit son empire par maladie.

Après cela ils passerent oultre jusques à veoir les peines et tourments de ceulx qui estoyent punis : là où du commencement ils ne veirent que toutes choses horribles et pitoyables à veoir : car Thespesien, qui ne se doubtoit de rien moins, y rencontra plusieurs de ses amys, parents et familiers, qui y estoyent tourmentez lesquels souffrants des peines et supplices douloureux et infâmes, se lamentoyent à luy et l'appelloyent en criant ; finalement il y veit son propre pere sourdant d'un puits profond, tout plein de playes et de picqueures, luy tendant les mains, et qui maulgré luy estoit contrainct de rompre le silence, et forcé par ceulx qui avoient la superintendance desdites punitions, de confesser hault et clair qu'il avait esté meschant meurtrier à l'endroict de certains estrangiers qu'il avoit eu logez chez luy, et sentant qu'ils avoyent de l'or et de l'argent, les avoit faict mourir par poison, dequoy il n'auroit jamais esté rien sçeu par de-là, mais par deçà en ayant esté convaincu, il auroit desia payé partie de la peine et le meinoit-on pour en souffrir le demourant.

Ame d'un fils qui rencontre celle de son pere dans les enfers.

Or n'osoit-il pas supplier ny interceder pour son pere, tant il estoit estonné et effroyé, mais voulant s'enfuyr et s'en retourner, il ne veit plus auprès de luy ce gracieux sien et familier guide, qui l'avoit conduict du commencement, ains en apperceut d'austres hydeux et horribles à veoir, qui le contraignoyent de passer oultre, comme estant nécessaires qu'il traversast : si veit ceulx qui notoirement à la veuë d'un chascun avoyent esté meschants, ou qui en ce monde en avoyent esté chastiez, estre par de-là moins douloureusement tourmentez, et non tant comme les autres, comme ayants esté debiles et imparfaicts en la partie irraisonnable de l'ame, et subjects aux passions et concupiscences : mais ceulx qui s'estants desguisez et revestus de l'apparence et reputation de vertu au dehors, avoyent vescu en meschanceté couverte et latente au dedans, d'austres qui leur estoyent à l'entour les contraignoyent de retourner au dehors ce qui estoit au dedans, et se reboursant et se renversant contre la nature, ne plus ne moins que les scolopendres marines, qnand elles ont avallé un hameçon, se retournent elles-mesmes, et en escorchant les austres et les desployant, ils faisoyent veoir à descouvert comme ils avoyent esté viciez au dedans et

La scolopendre se retourne elle-même, lorsqu'elle a avalé un hameçon.

pervers, ayant le vice en la partie raisonnable et principale de l'homme.

<small>Punitions différentes des âmes après la mort.</small>

Et dict avoir veu d'autres ames attachées et entrelassées les unes avecques les autres deux à deux ou trois à trois, ou plus, comme les serpents et viperes, qui s'entre-mangeoyent les unes les autres, pour la rancune qu'elles envoyent les unes contre les autres, et la soubvenance des pertes et injures qu'elles avoyent receuës ou souffertes, et qu'il y avoit des lacs suivants de rang les unes des austres, l'un d'or tout bouillant, l'austre de plomb, qui estoit fort froid, et l'austre fort aspre, de fer, et qu'il y a des dæmons qui en ont la superintendance, lesquels, ne plus ne moins que les fondeurs, y plongeoyent ou en retiroyent les ames de ceulx qui par avarice et cupiditez d'avoir, avoyent esté meschants. Car quand elles estoyent bien enflambées et renduës transparentes à force d'estre bruslées par le feu, dedans le lac d'or fondu, ils les plongeoyent dedans celuy de plomb, là où après qu'elles estoyent gelées et renduës dures comme la gresle, de rechef ils les transportoyent dedans celuy de fer, là où elles devenoyent hydeusement noires, et estant rompuës et brisées à cause de leur roideur et dureté, elles changeoyent de formes, puis de rechef ils les remettoyent dedans celuy de l'or, souffrant des douleurs intolerables en ces diverses mutations.

Mais celles, dict-il, qui luy faisoyent plus de pitié et qui plus miserablement que toutes les austres estoyent tourmentées, c'estoyent celles qui pensoyent desia estre eschappées, et que l'on venoit reprendre et remettre aux tourments, et estoyent celles pour les pechez desquelles la punition estoit tumbée sur leurs enfants ou austres descendants : car quand quelqu'une des ames de ces descendants-là les rencontroit ou leur estoit ameinée, elle s'attachoit à elles en courroux, et crioit à l'encontre, en monstrant les marques des tourments et douleurs qu'elle enduroit, en les leur reprochant, et les austres taschoyent à s'enfuir et à se cacher, mais elle ne pouvoyent, car incontinent les bourreaux couroyent après qui les rameinoyent au supplice, criants et se lamentants, d'austant qu'elles prevoyoyent bien le tourment qu'il leur convenoit endurer.

Oultre, disoit qu'il en veit quelques-unes, et en bon nombre, attachées à leurs enfants, et ne se laissant jamais, comme les abeilles, ou les chauves-souris, murmurantes de courroux, pour la soubvenance des maulx qu'elles avoyent endurez pour l'amour d'eulx. La dernière chose qu'il y veit, feut les ames qui s'en

<small>Métempsycose, vision de l'âme d'un léthargique.</small> retournoyent en une seconde vie, et qui estoyent tournées et transformées à force en d'austres animaulx de toutes sortes, par ouvriers à ce deputez, qui avecques certains outils et coups forgeoyent auscunes des parties, et en tordoyent d'autres, en effaçoyent et ostoyent du tout, affin qu'ils feussent sortables à austres vies et austres mœurs : entre lesqueles il veit l'ame de Neron affligée desia bien griefvement d'ailleurs, de plusieurs austres maulx, et percée de part en part avecques clous tous rouges de feu, et comme les ouvriers la prinssent en main pour la transformer en forme de vipere, là où comme dict Pindare, le petit devore sa mere, il dict que soubdainement il s'alluma une grande lumiere, et que d'icelle lumiere il sortit une voix, laquelle commanda qu'ils la transfigurassent en une austre espece de beste plus doulce en forgeant un animal palustre, chantant à l'entour des lacs et des marais, car il a esté puni des maulx qu'il a commeis : mais quelque bien luy est aussy deu par les dieux, pour austant que de ses subjets il a affranchy de tailles et tributs le meilleur peuple et le plus aimé des dieux, qui est celuy de la Grèce.

Jusques ici doncques il disoit avoir esté seulement spectateur, mais quand ce veint à s'en retourner, il feut en toutes les peines du monde pour la paour qu'il eust : car il y eust une femme de face et de grandeur admirable, qui lui dict : *Viens-çà affin que tu ayes plus ferme memoire de tout ce que tu as veu* ; et lui approcha une petite verge toute rouge du feu, comme celle dont usent les peinctres : mais un austre l'en enguarda, et lor il se sentit soubdainement tiré, comme s'il eust esté soufflé par un vent fort et violent dedans une sarbacane, tant qu'il se retrouva dedans son corps, et estant revenu et ressuscité de dedans le sepulchre mesme.

EXTRAIT

DES OBSERVATIONS INSÉRÉES DANS LES ÉDITIONS D'AMYOT,
DE 1785 ET DE 1802,

ET AUXQUELLES M. DE MAISTRE RENVOIE.

(C'est par erreur que les renvois n'ont été indiqués que pour l'édition de 1785.)

Renvoi de la page 4 à la Note.

Il y a dans le texte, que les Messéniens furent défaits à la bataille de Cypre. M. Vauvilliers remarque avec raison qu'il ne pouvait être question de Cypre dans une guerre des Messéniens et des Lacédémoniens, c'est-à-dire de deux peuples habitant l'intérieur du Péloponèse. Il est inconcevable que cela n'ait pas arrêté Amyot. M. de Maistre a adopté la correction de Xilander, qui consiste à lire ταφρῳ, au lieu de κυπρῳ.

Renvoi de la page 74 à la Note.

Ce qui est dit, dans cette note, nous paraît bien suffisant. M. Clavier, dans l'édition de 1802, émet l'opinion adoptée ici par M. de Maistre, sans plus la justifier.

Renvoi de la page 87 à la Note.

La remarque à laquelle M. de Maistre renvoie n'appartient point à M. Vauvilliers, mais à M. Clavier, dernier éditeur. En voici un extrait.

Comme les commentateurs n'ont rien dit sur ce passage dont l'explication tient à un usage des Romains assez peu connu, je crois devoir entrer dans quelques détails. On sait qu'ils faisaient servir à leurs amusements les supplices mêmes des criminels, et que, les voir déchirer par des bêtes féroces, était un des plaisirs ordinaires des jeux du Cirque. Mais ceci fait allusion à un raffinement de barbarie dont on trouve quelques traces dans les anciens, et que je ne puis qu'indiquer ici. Ils faisaient remplir, dans des pantomimes tragiques, par des criminels destinés à la mort, des rôles tels que celui d'Hercule sur le mont Œta; de Creüse, lorsque Médée la fit périr; de Prométhée sur le mont Caucase; et ils se donnaient le plaisir de voir ces événements représentés avec une horrible vérité. Nous voyons dans Martial, *Spectaculorum libro*, ep. 7, un certain Lauréolus jouer le rôle de Prométhée, excepté qu'il était déchiré par un ours, au lieu de l'être par un vautour; ep. 11, un autre représenter Orphée déchiré par les Bacchantes, le rôle de ces dernières était joué par des ours. Tertullien dit à ce sujet, dans son Apologétique, chap. 15 : « Vos dieux mêmes sont souvent représentés par des criminels. » *Et ipsos deos vestros noxii sœpè induunt.* Il cite à ce sujet Athys, dieu de Pessinunte, mutilé sur le théâtre; Hercule, qui brûle tout vivant, etc. M. Clavier croit, comme M. de Maistre, que c'est de quelque représentation pareille que parle Plutarque; et que ce sont ces robes que Juvénal entend désigner par les mots, *tunici molesta*, sat. VIII, v. 235.

FIN DE L'ESSAI SUR LES DÉLAIS DE LA JUSTICE DIVINE.

LETTRES

A UN GENTILHOMME RUSSE

SUR

L'INQUISITION ESPAGNOLE

Par le Comte J. de MAISTRE

PRÉFACE

ÉCRITE LONGTEMPS AVANT L'OUVRAGE, PAR UN HOMME
QUI N'ÉTAIT PAS PRÊTRE.

« Tous les grands hommes ont été intolérants,
« *et il faut l'être*. Si l'on rencontre sur son che-
« min un prince débonnaire, il faut lui prêcher
« la tolérance, *afin qu'il donne dans le piège*, et
« que le parti écrasé ait le temps de se relever
« par la tolérance qu'on lui accorde, *et d'écraser*

« *son adversaire à son tour*. Ainsi le sermon de
« Voltaire, qui rabâche sur la tolérance, est un
« sermon fait aux *sots* ou aux *gens dupes*, ou à
« des gens qui n'ont aucun intérêt à la chose. »

Correspondance de Grimm, 1ᵉʳ *juin* 1772,
1ʳᵉ *partie, tome II, pages* 242 *et* 243.

LETTRES

A UN GENTILHOMME RUSSE

SUR

L'INQUISITION ESPAGNOLE

―――⋇―――

LETTRE PREMIÈRE

Monsieur le Comte,

J'ai eu le plaisir de vous intéresser, et même de vous étonner, en vous parlant de l'Inquisition. Cette fameuse institution ayant été entre vous et moi le sujet de plusieurs conversations, vous avez désiré que l'écriture fixât pour votre usage, et mît dans l'ordre convenable, les différentes réflexions que je vous ai présentées sur ce sujet. Je m'empresse de satisfaire votre désir, et je saisirai cette occasion pour recueillir et mettre sous vos yeux un certain nombre d'autorités qui ne pouvaient vous être citées dans une simple conversation. Je commence, sans autre préface, par l'histoire du tribunal.

Il me souvient de vous avoir dit en général que le monument le plus honorable pour l'Inquisition était précisément le rapport officiel en vertu duquel ce tribunal fut supprimé, en l'année 1812, par ces Cortès, de philosophique mémoire, qui, dans l'exercice passager de leur puissance absolue, n'ont su contenter qu'eux-mêmes (1).

Si vous considérez l'esprit de cette assemblée, et en particulier celui du comité qui porta la parole, vous conviendrez que tout aveu favorable à l'Inquisition, et parti de cette autorité, ne souffre pas de réplique raisonnable.

Quelques incrédules modernes, échos des Protestants, veulent que saint Dominique ait été l'auteur de l'Inquisition, et ils n'ont pas manqué de déclamer contre lui d'une manière furieuse. Le fait est cependant que saint Dominique n'a jamais exercé aucun acte d'inquisiteur, et que l'Inquisition, dont l'origine remonte au concile de Vérone, tenu en 1184 (2), ne

---

(1) *Informe sobre el Tribunal de la Inquisicion con el projecto de decreto acerca de los tribunales protectores de la religion, presentado a las Cortes generales y extraordinarias por la comision de constitucion : mandado imprimir de orden de S. M.* (Ceci n'est pas clair.) Cadix, 1812.

(2) Fleury. *Histoire ecclésiastique*, Livre LXXIII, n° LIV.

fut confiée aux Dominicains qu'en 1233, c'est-à-dire douze ans après la mort de saint Dominique.

L'hérésie des Manichéens, plus connus dans nos temps modernes sous le nom d'*Albigeois*, menaçant également dans le douzième siècle l'Église et l'État, on envoya des commissaires ecclésiastiques pour *rechercher* les coupables; ils s'appelèrent de là *Inquisiteurs*. Innocent III approuva l'institution en 1204. Les Dominicains agissaient d'abord comme délégués du pape et de ses légats. L'*Inquisition* n'étant pour eux qu'une appendice de la *prédication*, ils tirèrent de leur fonction principale le nom de *Frères-Prêcheurs*, qui leur est resté. Comme toutes les institutions destinées à produire de grands effets, l'Inquisition ne commença point par être ce qu'elle devint. Toutes ces sortes d'institutions s'établissent on ne sait comment. Appelées par les circonstances, l'opinion les approuve d'abord; ensuite l'autorité, qui sent le parti qu'elle en peut tirer, les sanctionne et leur donne une forme (1). C'est ce qui fait qu'il n'est pas aisé d'assigner l'époque fixe de l'Inquisition, qui eut de faibles

(1) C'est ainsi, par exemple, que s'établirent les académies des sciences de Paris et de Londres. Celles qui ont commencé par des édits ne sont pas à beaucoup près aussi légitimes, et n'ont jamais agéprés les mêmes succès.

commencements, et s'avança ensuite graduellement vers ses justes dimensions, comme tout ce qui doit durer ; mais ce qu'on peut affirmer avec une pleine assurance, c'est que l'*Inquisition* proprement dite ne fut établie légalement, avec son caractère et ses attributions, qu'en vertu de la bulle *Ille humani generis*, de Grégoire IX, adressée au provincial de Toulouse, le 24 avril de l'année susdite 1233. Du reste, il est parfaitement prouvé *que les premiers inquisiteurs, et saint Dominique surtout, n'opposèrent jamais à l'hérésie d'autres armes que la prière, la patience et l'instruction* (1).

Vous voudrez bien, monsieur, observer ici, en passant, qu'il ne faut jamais confondre le caractère, et, s'il est permis de s'exprimer ainsi, le génie primitif d'une institution quelconque, avec les variations que les besoins ou les passions des hommes la forcent à

---

(1) *No opusieron* (los inquisitores) *a los hereges otras armas que la oracion, la paciencia, y la instruction ; entre ellos, S. Domingo, como lo asseguran los Bolandos, y los padres Echard et Touron.* (Vie de saint Dominique, page 20.) Voyez l'Encyclopédie méthodique, article *Dominicains*, et article *Inquisiteurs*, traduits ici mot à mot par le rapporteur du comité, et le Dictionnaire historique de Feller, article *saint Dominique*, etc., etc. Il paraît que le rapporteur se trompe ici en plaçant saint Dominique au nombre des inquisiteurs. Mais suivant ses aveux mêmes, peu importe.

subir dans la suite des temps. L'Inquisition est, de sa nature, bonne, douce et conservatrice : c'est le caractère universel et ineffaçable de toute institution ecclésiastique : vous le voyez à Rome et vous le verrez partout où l'Église commandera. Mais si la puissance civile, adoptant cette institution, juge à propos, pour sa propre sûreté, de la rendre plus sévère, l'Église n'en répond plus.

Vers la fin du quinzième siècle, le Judaïsme avait jeté de si profondes racines en Espagne, qu'il menaçait de suffoquer entièrement la plante nationale. *Les richesses des judaïsants, leur influence, leurs alliances avec les familles les plus illustres de la monarchie, les rendaient infiniment redoutables : c'était véritablement une nation renfermée dans une autre* (1).

Le Mahométisme augmentait prodigieusement le danger ; l'arbre avait été renversé en Espagne, mais les racines vivaient. Il s'agissait de savoir s'il y aurait encore une nation espagnole ; si le Judaïsme et l'Islamisme se partageraient ces riches provinces ; si la

(1) *Por la riqueza y poder, que gozaban, y por sus enlaces con las familias mas ilustres y distinguidas dy la monarquia era verdaderamente un pueblo incluido en otro pueblo*, etc. Ibid. page 33.

superstition, le despotisme et la barbarie remporteraient encore cette épouvantable victoire sur le genre humain. Les Juifs étaient à peu près maîtres de l'Espagne ; la haine réciproque était portée à l'excès ; les Cortès demandèrent contre eux des mesures sévères. En 1391, ils se soulevèrent, et l'on en fit un grand carnage. Le danger croissant tous les jours, Ferdinand-le-Catholique n'imagina, pour sauver l'Espagne, rien de mieux que l'Inquisition. Isabelle y répugna d'abord, mais enfin son époux l'emporta, et Sixte IV expédia les bulles d'institution, en l'année 1478. (*Ibid.* page 27.)

Permettez, monsieur, qu'avant d'aller plus loin, je présente à vos réflexions une observation importante : *Jamais les grands maux politiques, jamais surtout les attaques violentes portées contre le corps de l'État, ne peuvent être prévenues ou repoussées que par des moyens pareillement violents.* Ceci est au rang des axiomes politiques les plus incontestables. Dans tous les dangers imaginables, tout se réduit à la formule romaine : *Videant consules, ne respublica detrimentum capiat* (1). Quant aux moyens, le meil-

---

(1) C'est-à-dire, *que les consuls veillent à la sûreté de l'État.* Cette formule terrible les investissait sur-le-champ d'un pouvoir sans bornes.

leur (tout crime excepté) est celui qui réussit. Si vous pensez aux sévérités de *Torquemada*, sans songer à tout ce qu'elles prévinrent, vous cessez de raisonner.

Rappelons-nous donc sans cesse cette vérité fondamentale : *Que l'Inquisition fut, dans son principe, une institution demandée et établie par les rois d'Espagne, dans des circonstances difficiles et extraordinaires* (1). Le comité des Cortès l'avoue expressément ; il se borne à dire que *les circonstances ayant changé*, l'Inquisition est devenue inutile (2).

On s'étonne de voir les inquisiteurs accabler de questions un accusé, pour savoir s'il y avait dans sa généalogie quelque goutte de sang juif ou mahométan. *Qu'importe ?* ne manquera pas de dire la légèreté, *qu'importe de savoir quel était l'aïeul ou le bisaïeul d'un accusé ?* — *Il importait* beaucoup alors, parce que ces deux races proscrites, ayant *encore une foule de liaisons* de parenté dans l'État, devaient nécessairement trembler ou faire trembler (3).

---

(1) *Hallandose en circunstancias tan difficiles y extraordinarias.* Rapport, page 37.

(2) *Mas no existiendo estas causas, en los tiempos presentes, etc.* Ibid. Donc ces causes existaient anciennement, et justifièrent l'institution.

(3) *Porque sus enlaces con familias judias o moriscas les hacen*

Il fallait donc effrayer l'imagination, en montrant sans cesse l'anathème attaché au seul soupçon de Judaïsme et de Mahométisme. C'est une grande erreur de croire que, pour se défaire d'un ennemi puissant, il suffit de l'arrêter : on n'a rien fait si on ne l'oblige de reculer.

Si l'on excepte un très-petit nombre d'hommes instruits, il ne vous arrivera guère de parler de l'Inquisition, sans rencontrer, dans chaque tête, trois erreurs capitales *plantées* et comme *rivées* dans les esprits, au point qu'elles cèdent à peine aux démonstrations les plus évidentes.

On croit que l'Inquisition est un tribunal purement ecclésiastique : cela est faux. On croit que les ecclésiastiques qui siégent dans ce tribunal condamnent certains accusés à la peine de mort : cela est faux. On croit qu'il les condamne pour de simples opinions : cela est faux.

Le tribunal de l'Inquisition est purement royal : c'est le roi qui désigne l'inquisiteur général, et celui-ci

---

sospechosas, habiendo sida instituida principalmente la Inquisicion contra la heregia llamada del Judaïsmo. Ibid. page 67. Il fallait ajouter, d'après le rapport même, *et contre le Mahométisme.* J'observe d'ailleurs, avec la permission du comité, que l'expression, *l'hérésie appelée du Judaïsme,* est fausse jusqu'au ridicule.

nomme à son tour les inquisiteurs particuliers, avec l'agrément du roi. Le réglement constitutif de ce tribunal fut publié, en l'année 1484, par le cardinal Torquemada, *de concert avec le roi* (1).

Les inquisiteurs inférieurs ne pouvaient rien faire sans l'approbation du grand inquisiteur, ni celui-ci sans le concours du conseil suprême. Ce conseil n'est point établi par une bulle du pape, de manière que la charge d'inquisiteur général venant à vaquer, les membres du tribunal procèdent seuls, non comme juges ecclésiastiques, mais comme juges royaux (2).

L'Inquisiteur, en vertu des bulles du souverain pontife, et le roi, en vertu de sa prérogative royale, constituent l'autorité qui règle et a constamment réglé les tribunaux de l'Inquisition : tribunaux qui sont tout à la fois ecclésiastiques et royaux, en sorte que si l'un ou l'autre des deux pouvoirs venait à se retirer, l'action du tribunal se trouverait nécessairement suspendue (3).

---

(1) *De amerdo con el rey.* Ibid. page 32.
(2) Ibid. pages 34, 35.
(3) *El inquisidor, en virtud de las bulas de S. S., y el rey en razon de las que le competen por el poder real, constituyen la autoridad que arregla y ha arreglado los tribunales de la Inquisicion ; tribunales, que a un mismo tiempo son ecclesiasticos y*

Il plaît au comité de nous présenter ces deux pouvoirs en équilibre dans les tribunaux de l'Inquisition; mais vous sentez bien, monsieur, que personne ne peut être la dupe de ce prétendu équilibre : l'Inquisition est un instrument purement royal; il est tout entier dans la main du roi, et jamais il ne peut nuire que par la faute des ministres du prince. Si la procédure n'est pas régulière, si les preuves ne sont pas claires, les conseillers du roi, toutes les fois qu'il s'agit de peines capitales, peuvent d'un seul mot anéantir la procédure. La religion et les prêtres cessent d'être pour quelque chose dans cette affaire. Si quelque accusé était malheureusement puni sans être coupable, ce serait la faute du roi d'Espagne, dont les lois auraient ordonné injustement la peine, ou celle de grands magistrats, qui l'auraient injustement infligée, comme vous le verrez tout à l'heure.

Observez, monsieur, que, parmi les innombrables déclamations publiées dans le dernier siècle contre l'Inquisition, vous ne trouverez pas un mot sur ce caractère distinctif du tribunal, qui valait bien cepen-

---

realos : qualquier poder de los dos que no concurra interrumpe necesariamente el curso de su expedicion. Ibid. page 96.

dant la peine d'être remarqué. Voltaire nous a peint en cent endroits de ses œuvres :

> .... *Ce sanglant tribunal,*
> *Ce monument affreux du pouvoir monacal,*
> *Que l'Espagne a reçu, mais qu'elle-même abhorre ;*
> *Qui venge les autels, mais qui les déshonore ;*
> *Qui, tout couvert de sang, de flammes entouré,*
> *Égorge les mortels avec un fer sacré* (1).

Le tribunal peint sous ces couleurs est cependant un tribunal appartenant à une nation pleine de sagesse et d'élévation ; un tribunal purement royal, composé de ce qu'il y a de plus savant et de plus distingué dans l'ordre du clergé ; jugeant des crimes réels en vertus des lois préexistantes et publiques ; jugeant avec une sagesse peut-être unique, et jamais à mort. Quel nom donner au poëte effronté qui s'est permis de le travestir d'une manière aussi infâme ? Mais l'auteur de *Jeanne d'Arc* avait ses raisons pour détester une autorité qui aurait bien su empêcher ce forcené de corrompre ou de perdre l'Espagne, s'il y était né.

Ces coupables inepties excitent, chez les sages,

---

(1) *Avec un fer sacré*, appartient à Molière, comme tout le monde sait. (*Tartuffe*, acte Ier, scène VI.) Entre comédiens tout est commun.

le rire inextinguible d'Homère, mais la foule s'y laisse prendre, et l'on en vient insensiblement à regarder l'Inquisition comme un club de moines stupides et féroces, qui font rôtir des hommes pour se divertir. L'erreur gagne même des gens sensés, et des ouvrages consacrés en général à la défense des bons principes, au point que, dans le journal de l'empire, nous avons pu lire, il n'y a pas longtemps, cet étrange passage : *Il est vrai, quoi qu'on en ait dit, que les inquisiteurs avaient conservé, jusqu'en 1783, l'habitude un peu sévère, de brûler solennellement les gens qui ne croyaient qu'en Dieu : c'était là leur tic, mais hormis ce point, ils étaient de fort bonne composition* (1).

Certes, l'auteur de cet article a fort peu songé à ce qu'il écrivait. Quel est donc le tribunal de l'univers qui n'ait jamais condamné à mort ? Et quel crime commet le tribunal civil qui envoie à la mort un accusé, en vertu d'une loi de l'État statuant cette peine pour un délit dont cet accusé est convaincu ? Et dans quelle loi espagnole a-t-on lu que les déistes seront punis de mort ? Il serait difficile d'en imposer davantage à la crédulité d'un lecteur inattentif.

1 Journal de l'Empire, 19 avril 1809.

Parmi les innombrables erreurs que le dix-huitième siècle a propagées et enracinées dans les esprits, avec un déplorable succès, aucune, je vous l'avoue, ne m'a jamais surpris autant que celle qui a supposé, soutenu, et fait croire enfin à 'ignorante multitude que des *prêtres* pouvaient condamner un homme à mort. Il est permis d'ignorer la religion de *Fo, de Bouddha,* de *Somonocondom* (1); mais quel européen a droit d'ignorer *le Christianisme universel ?* Quel œil n'a pas contemplé ce lustre immense, suspendu depuis plus de dix-huit siècles entre le ciel et la terre? A quelle oreille n'est jamais arrivé l'axiome éternel de cette religion, L'ÉGLISE ABHORRE LE SANG! Qui ne sait qu'il est défendu au prêtre d'être chirurgien, de peur que sa main consacrée ne verse le sang de l'homme, même pour le guérir ? Qui ne sait que, dans les pays d'*obédience*, le prêtre est dispensé de déposer comme témoin dans les procédures de mort et que, dans les pays où l'on a cru devoir lui refuser cette condescendance, on lui donne acte au moins de la protestation qu'il fait, *de ne déposer que pour obéir à justice et de ne demander que miséricorde.* Jamais

---

(1) Et même encore celui qui entreprendrait de les diffamer serait-il obligé de les connaître.

le *prêtre* n'éleva l'échafaud ; il y monte seulement comme martyr ou consolateur : il ne prêche que miséricorde et clémence ; et, sur tous les points du globe, il n'a versé d'autre sang que le sien.

« L'Église, cette chaste épouse du Fils de Dieu,
« qui, à l'imitation de son époux, sait bien répandre
« son sang pour les autres, mais non pas répandre
« pour elle celui des autres, a pour le meurtre une
« horreur toute particulière et proportionnée aux lu-
« mières particulières que Dieu lui a communiquées.
« Elle considère les hommes non-seulement comme
« hommes, mais comme images du Dieu qu'elle adore.
« Elle a pour chacun d'eux un saint respect qui les
« lui rend tous vénérables, comme rachetés d'un prix
« infini, pour être faits les temples du Dieu vivant ;
« et ainsi, elle croit que la mort d'un homme que l'on
« tue sans l'ordre de son Dieu n'est pas seulement un
« homicide, mais un sacrilége, qui la prive d'un de
« ses membres, puisque, soit qu'il soit fidèle, soit
« qu'il ne le soit pas, elle le considère toujours, ou
« comme étant l'un de ses enfants, ou comme étant
« capable de l'être.

« Tout le monde sait qu'il n'est jamais permis aux
« particuliers de demander la mort de personne, de

« sorte qu'il a fallu établir des personnes publiques
« qui la demandent de la part du roi, ou plutôt de
« la part de Dieu; et c'est pourquoi, afin d'y agir
« comme fidèles dispensateurs de cette puissance divine
« d'ôter la vie aux hommes, les magistrats n'ont la
« liberté de juger que selon les dépositions des té-
« moins... ensuite desquelles ils ne peuvent en cons-
« cience prononcer que selon les lois, ni juger dignes
« de mort que ceux que les lois y condamnent. Alors
« si l'ordre de Dieu les oblige d'abandonner au supplice
« les corps de ces misérables, le même ordre de
« Dieu les oblige de prendre soin de leurs âmes cri-
« minelles...... Tout cela est bien pur et bien innocent
« et néanmoins l'*Église abhorre tellement le sang,*
« *qu'elle juge encore incapables du ministère de ses*
« *autels ceux qui auraient assisté à un arrêt de mort,*
« *quoiqu'accompagné de toutes ces circonstances si*
« *religieuses* (1). »

Voilà, je crois, monsieur le Comte, une assez belle théorie; mais voulez-vous de plus connaître, par l'expérience, le véritable esprit sacerdotal sur ce point essentiel? Étudiez-le dans le pays où le *prêtre* a tenu le sceptre ou il le tient encore. Des circonstances extra-

(1) Pascal, XIVe Let. prov. — *Erat quod tolleres vellæ.*

ordinaires avaient établi en Allemagne une foule de souverainetés ecclésiastiques. Pour les juger sous le rapport de la justice et de la douceur, il suffirait de rappeler le vieux proverbe allemand : *Il est bon de vivre sous la crosse* (1). Les proverbes, qui sont le fruit de l'expérience des peuples, ne trompent jamais. J'en appelle donc à ce témoignage, soutenu d'ailleurs par celui de tous les hommes qui ont un jugement et une mémoire. Jamais, dans ces pacifiques gouvernements, il n'était question de persécutions, ni de jugements capitaux contre les ennemis spirituels de la puissance qui régnait.

Mais que dirons-nous de Rome, monsieur le Comte ? Assurément, c'est dans le gouvernement des pontifes que le véritable esprit du sacerdoce doit se montrer de la manière la moins équivoque. Or, c'est une vérité universellement connue, que jamais on n'a reproché à ce gouvernement que la douceur. Nulle part on ne trouvera un régime plus paternel, une justice plus également distribuée, un système d'impositions à la fois plus humain et plus savant, une tolérance plus parfaite. Rome est peut-être le seul lieu de l'Europe où le Juif ne soit ni maltraité, ni humilié. A coup

---

(1) Unterm Krummstabe ist gut wohnen.

sûr du moins c'est celui où il est le plus heureux, puisqu'une autre phrase proverbiale appela de tout temps Rome, *le paradis des Juifs.*

Ouvrez l'histoire : quelle souveraineté a moins sévi que celle de Rome moderne contre les délits anti-religieux de toute espèce ? Même dans les temps que nous appelons d'*ignorance* et de *fanatisme*, jamais cet esprit n'a varié. Permettez-moi de vous citer seulement Clément IV, *grondant,* au pied de la lettre, le roi de France (qui était cependant saint Louis) sur les lois trop sévères, au jugement du pontife, que ce grand prince avait portées contre les blasphémateurs (1), le priant instamment, dans sa bulle du 12 juillet 1268, de vouloir bien adoucir ces lois; et disant encore au roi de Navarre, dans une bulle du même jour : *Il n'est pas du tout convenable d'imiter, notre très-cher fils en Jésus-Christ, l'illustre roi*

---

(1) Voyez du Cange, dans ses notes sur Joinville. *Collection des Mémoires concernant l'Histoire de France*, tome II, page 258, note 3e.

— Saint Louis avait ordonné que les blasphémateurs auraient la langue percée, même, si je ne me trompe, avec un fer rouge. Certainement cette peine était terrible. Il est bon d'observer cependant que chez des nations modernes et très-sagement gouvernées, le blasphème bien caractérisé est puni de mort.

des Français, au sujet des lois trop rigoureuses qu'il a oubliées contre ces sortes de crimes (1).

Voltaire, dans ces moments où le sens exquis dont il était doué n'était pas offusqué par la fièvre anti-religieuse, a rendu plus d'un témoignage honorable au gouvernement des pontifes. Je veux vous en citer un très-remarquable. Il est tiré du poëme de *la loi naturelle*, où l'on n'irait point le chercher sans être averti.

> *Marc-Aurèle et Trajan mêlaient au champ de Mars*
> *Le bonnet du pontife au bandeau des Césars.*
> *L'univers reposant sous leur heureux génie,*
> *Des guerres de l'école ignorait la manie ;*
> *Ces grands législateurs, d'un saint zèle animés,*
> *Ne combattirent point pour leurs poulets sacrés.*
> *Rome encore aujourd'hui, conservant ces maximes,*
> *Joint le trône à l'autel par des nœuds légitimes.*
> *Ses citoyens en paix, sagement gouvernés,*
> *Ne sont plus conquérants et sont plus fortunés* (2).

---

(1) *Sed fatemur quod in pœnis hujusmodi tam acerbis.... charissimum in Christo filium nostrum regem Francorum illustrem non deceat imitari.* (Bulle du même jour. Ibid. page 259.)

(2) Voyez le poëme *de la Religion naturelle*, IV⁰ partie. — C'est, au reste un spectacle assez curieux que celui de Voltaire, si raisonnable et si juste dans tout ce qu'il dit ici sur le gouvernement de

Or, je vous le demande, monsieur, comment serait-il possible qu'un caractère général d'une telle évidence se démentît sur un seul point du globe? Doux, tolérant, charitable, consolateur dans tous les pays du monde, par quelle magie sévirait-il en Espagne, au milieu d'une nation éminemment noble et généreuse? Ceci est de la plus haute importance; dans l'examen

---

Rome moderne, perdre tout à fait la raison dans les vers qui précèdent. Comment et avec qui les Romains *se seraient-ils battus pour leurs poulets sacrés?* Quelque nation venait-elle à main armée prendre ou tuer ces *poulets?* Si quelque dieu nouveau se présentait à Rome, il entrait, avec la permission du sénat, comme un saint nouvellement canonisé (je demande pardon de la comparaison) entre dans nos églises. Cela ne peut s'appeler *tolérance;* mais pour peu qu'on se fût avisé de toucher aux bases de la religion nationale, Voltaire avait pu voir dans l'histoire des Bacchanales, si bien racontée dans Tite-Live (XXXIX, 9 seqq.), comment on aurait été traité. Dès que le Christianisme parut, *ces grands législateurs* le persécutèrent avec une férocité inouïe. On a même remarqué fort à propos *que des monstres tels que Tibère, Caligula, Commode, etc., laissèrent la nouvelle religion tranquille : tandis que le philosophe Trajan, le philosophe Antonin, le philosophe Marc-Aurèle, le philosophe Julien, furent tous persécuteurs.* (Feller, Dictionnaire historique, article *Marc-Aurèle.*) Il est donc très-vrai que les souverains pontifes chrétiens ne furent jamais persécuteurs; mais Voltaire a grand tort de les comparer aux souverains pontifes païens. Marc-Aurèle et Trajan (car ils le furent l'un et l'autre). Les éternels louangeurs de la tolérance romaine devraient bien se rappeler un seul passage au moins de ce même Tite-Live que je viens de citer. *Les édiles sont chargés de veiller à ce qu'aucun dieu ne soit reçu à Rome, s'il n'est romain et adoré à la romaine.* (IV. 30.)

de toutes les questions possibles, il n'y a rien de si essentiel que d'éviter la confusion des idées. Séparons donc et distinguons bien exactement, lorsque nous raisonnons sur l'Inquisition, la part du gouvernement de celle de l'Église. Tout ce que le tribunal montre de sévère et d'effrayant, et la peine de mort surtout, appartient au gouvernement ; c'est son affaire, c'est à lui, et c'est à lui seul qu'il faut en demander compte. Toute la clémence, au contraire, qui joue un si grand rôle dans le tribunal de l'Inquisition, est l'action de l'Église qui ne se mêle de supplices que pour les supprimer ou les adoucir. Ce caractère indélébile n'a jamais varié ; aujourd'hui ce n'est plus une erreur, c'est un crime de soutenir, d'imaginer seulement que des *prêtres* puissent prononcer des jugements de mort.

Il y a dans l'histoire de France un grand fait qui n'est pas assez observé ; c'est celui des Templiers. Ces infortunés, coupables ou non (ce n'est point de quoi il s'agit ici), demandèrent expressément d'être jugés par le tribunal de l'Inquisition ; car *ils savaient bien*, disent les historiens, *que s'ils obtenaient de tels juges, ils ne pouvaient plus être condamnés à mort.*

Mais le roi de France, qui avait pris son parti et qui sentit l'inévitable conséquence de ce recours des Templiers, s'enferma seul avec son conseil d'état, et les condamna brusquement à mort. C'est ce qui n'est pas connu, ce me semble, assez généralement.

Dans le principe même, et lorsqu'on avait besoin de la plus grande sévérité, les Inquisiteurs ne prononçaient pas en Espagne de peine plus sévère que celle de la confiscation des biens, et même elle était remise à tout coupable qui abjurait ses erreurs dans le terme appelé *de grâce*. (Rapport, page 33.)

On ne voit pas bien précisément, dans le rapport que je cite, à quelle époque le tribunal de l'Inquisition commença à prononcer la peine de mort; mais peu nous importe : il nous suffit de savoir, ce qui est incontestable, qu'il ne put acquérir ce droit qu'en devenant royal, et que tout jugement de mort demeure par sa nature étranger au sacerdoce.

De nos jours, il ne reste plus d'incertitude sur ce point. On sait que, pour toute sentence importante (1), et même pour la simple prise de corps, rien ne se fait sans l'avis du conseil suprême, ce qui suppose déjà toute la prudence et toute la circonspection ima-

(1) *De Entitad.* Ibid. pag. 64.

ginables; mais, enfin, si l'accusé est déclaré hérétique, le tribunal, après avoir prononcé la confiscation des biens, le remet, pour la peine légale, au bras séculier, c'est-à-dire au conseil de Castille, qu'il suffit de nommer, puisqu'il n'y a rien de plus sage, de plus savant, de plus impartial dans l'univers. Que si les preuves ne sont pas évidentes, ou si les coupables ne sont pas obstinés, on les oblige seulement à une abjuration, qui se fait dans l'église avec des cérémonies prescrites. Il en résulte à la vérité un certain déshonneur pour la famille et une incapacité à l'égard des coupables pour l'exercice des emplois (ib. p. 65), mais je suis parfaitement sûr que ces dernières dispositions ne sont qu'un détour dont la clémence se sert pour sauver les plus grands coupables. Certains faits qui sont parvenus à ma connaissance, et surtout le caractère du tribunal, ne me laissent aucun doute à cet égard.

Le tribunal de l'Inquisition est composé d'un chef suprême, nommé *grand inquisiteur*, qui est toujours archevêque ou évêque, de huit conseillers ecclésiastiques, dont six sont toujours séculiers, et de deux réguliers, dont l'un est toujours Dominicain, en vertu d'un privilége accordé par le roi Philippe III. Le second appartient, à tour de rôle, aux autres ordres réguliers, suivant une disposition de Charles III. Le plus jeune des conseillers-clercs remplit les fonctions du fisc, et, dans certains cas, dont je n'ai pas une connaissance exacte, on y appelle deux conseillers de Castille. Je présume cependant qu'ils sont convoqués toutes les fois qu'il s'agit de peines capitales (1). Ce simple exposé fait disparaître, comme vous voyez, les deux fantômes de Voltaire et tant d'autres imaginations, *pouvoir monacal* et le *sanglant tribunal*. Deux religieux sur onze ou treize juges ne signifient rien du tout ; et quant à ces pauvres Dominicains, sur qui nos préjugés versaient tout l'odieux de l'Inquisition, nous voilà encore forcés de leur faire grâce.

Que si l'on considère l'ensemble du tribunal, il serait difficile d'en imaginer un dont la composition se trouvât plus propre à effacer jusqu'au moindre soupçon de cruauté, et même, j'ose le dire, de simple vérité.

---

(1) *La Inquisicion sin mascara, o disertacion en que se prueba hasta la evidencia los vicios de este tribunal, y la necessidad de que se suprima. Por Matanaël Jomtob.* (Anagramme à ce qui paraît.) Cadiz. Niel. 1811. in-8°.

Je ne cite, autant que je le puis, que des ouvrages contraires à l'Inquisition, pour être sûr de ne pas me tromper dans tout ce qui leur échappe de favorable à ce tribunal.

Tout homme qui connaît l'esprit du sacerdoce catholique sera convaincu, avant tout examen, que la miséricorde doit nécessairement tenir le sceptre au sein d'un tel tribunal.

Ce que je dois vous faire observer surtout, monsieur le Comte, c'est qu'indépendamment de présomptions favorables qui naissent de la composition seule du tribunal, il suppose de plus une infinité de douceurs particulières que la pratique seule fait connaître et qui tournent toutes au profit de l'accusé.

Sans m'appesantir davantage sur ce sujet, je vais mettre sous vos yeux une sentence de l'Inquisition du genre le plus sévère, celle qui, sans *ordonner* (ce qui n'est pas possible), *entraîne* cependant la mort, lorsqu'il s'agit d'un crime que la loi frappe du dernier supplice.

« Nous avons déclaré et nous déclarons l'accusé N. N.
« convaincu d'être hérétique-apostat (1), fauteur et
« receleur d'hérétiques, faux et simulé *confessant* (2),

---

(1) Il ne s'agit donc point de l'hérétique pur et simple, mais de l'hérétique *apostat*, c'est-à-dire du sujet espagnol convaincu d'avoir apostasié et d'en avoir donné des preuves extérieures, sans lesquelles il n'y aurait pas de procès.

(2) Ceci est pour le *relaps*, et l'on y voit que le coupable qui confesse son crime, qui dit : *J'ai péché, je m'en repens,* est tou-

« et impénitent relaps ; par lesquels crimes il a en-
« couru les peines de l'excommunication majeure et
« de la confiscation de tous ses biens au profit de la
« chambre royale et du fisc de sa majesté (1). Décla-
« rons de plus que l'accusé doit être abandonné,
« ainsi que nous l'abandonnons a la justice et au bras
« séculier *que nous prions et chargeons très-affec-*
« *tueusement, de la meilleure et de la plus forte*
« *manière que nous le pouvons, d'en agir à l'égard*
« *du coupable avec bonté et commisération.* »

L'auteur espagnol *de l'Inquisition dévoilée*, qui me fournit ces détails, prétend à la vérité que cette clause de miséricorde est une pure formalité qui ne produit aucun effet, et il cite Van-Espen, suivant lequel la protestation faite par le tribunal n'est qu'une espèce de formule extérieure, *qui est cependant chère à l'Église* (2).

---

jours absous au tribunal de l'Inquisition (ce qui n'a pas d'exemple dans aucun autre tribunal de l'univers). S'il retourne aux mêmes erreurs après le pardon reçu, il est déclaré *faux et simulé confessant et impénitent relaps*.

(1) Ainsi le tribunal est purement royal, malgré la fiction ecclésiastique, et toutes les belles phrases sur l'*avidité sacerdotale* tombent à terre.

(2) Je crois devoir citer ici l'original de la formule espagnole, *Declaramos al dicho N. N. haber sido : y ser herege apostata,*

Cette objection n'ébranle point la thèse générale que l'Inquisition ne condamne jamais à mort, et que jamais le nom d'un prêtre catholique ne se lira au bas d'un jugement capital.

La loi espagnole portant la peine de mort contre tel ou tel crime, la justice séculière ne peut s'opposer à la loi ; et si l'Inquisition, comme il arrive toujours, ne condamne que sur des preuves évidentes, ses jugements, dans les cas de mort, seront toujours suivis de la mort, mais sans que ce tribunal y entre aucunement, et toujours il demeure vrai *qu'il ne condamne point à mort ; que l'autorité séculière est parfaitement la maîtresse d'agir comme elle l'entend, et que si, en vertu de cette clause* chère à l'Église, *les juges royaux laissaient marcher un*

---

fautor *y* encubridor *de* hereges (Quando es relapso) ficto *y* simulado confidente, impenitente relapso, *y por ello haber caído e* incurrido *en* sentençia *de* excommunion mayor...*y en* confiscacion *y* perdimiento *de todos sus bienes, los quales* mandamos applicar *y* applicamos *ala* camara *y* fisco *real de* S. M..... *y que* debemos *de* relaxar *y* relajamos *la persona del dicho* N. N. *a la* justicia *y* braço secular...... *a los quales* (les juges séculiers) rogamos *y* encargamos *muy* affectuosamente *como de derecho mejor podemos, se hayan* benigna *y* piedosamente *con el.* (Ibid. pag. 180, 181.)

Van-Espen, *Jus Ecclesiast. Univ. Part II., tit., X, Cap. IV,* nº 22.

innocent au supplice, ils seraient les premiers coupables.

Ainsi cette expression tant répétée de *tribunal de sang* n'a pas le sens commun. Il n'y a, il ne peut y avoir de tribunal dans le monde qui ne soit malheureusement dans le cas de condamner à mort ; qui ne soit irréprochable à cet égard, dès qu'il exécute la loi sur des preuves certaines, et qui ne fût même coupable, s'il ne l'exécutait pas (1).

Le tribunal de l'Inquisition, d'ailleurs, ne condamne pas même à la peine de mort portée par la loi ; c'est une affaire purement et essentiellement civile, malgré quelques apparences contraires.

(1) Il est bon de remarquer une expression favorite de tous les écrivains qui ont parlé contre l'Inquisition, et sur laquelle ils semblent s'être donné le mot. Cette expression consiste à nommer tous les coupables condamnés par ce tribunal, *des victimes de l'Inquisition*. Ils ne sont cependant *victimes* que comme le sont tous les coupables du monde, qui marchent au supplice en vertu d'un jugement légal. Il faut même ajouter que l'Inquisition ne *remet* au bras séculier, pour les jugements capitaux, qu'à la dernière extrémité ; car il n'y a rien de si vrai et de si connu de tous ceux qui veulent connaître, que ce qu'a dit un anonyme italien qui écrivait, il y a une vingtaine d'années, sur le même sujet. *Il tribunale del Santo-Officio non abbandona* (expression très-juste), *all' ultimo supplicio che gente di perduta coscienza e rei delle più orribili impietà.* (Della Punizion degli eretici, e del tribunale della santa Inquisizione. — Roma. 1795. in-4°, pag. 133.)

Qu'est-ce qu'on veut dire ?

Le comité des Cortès se trouve sur ce point parfaitement d'accord avec l'auteur de l'*Inquisition dévoilée*, que je viens de citer.

« Philippe II, dit-il, le plus absurde des princes,
« fut le véritable fondateur de l'Inquisition : ce fut sa
« politique raffinée qui la porta à ce point de hau-
« teur où elle était montée. Toujours les rois ont
« repoussé les conseils et les soupçons qui leur ont
« été adressés contre ce tribunal, *parce qu'ils sont*
« *dans tous les cas maîtres absolus de nommer,*
« *de suspendre, ou de renvoyer les inquisiteurs, et*
« *qu'ils n'ont d'ailleurs rien à craindre de l'Inqui-*
« *sition, qui n'est terrible que pour leurs sujets* (1).

Je prends acte de cet aveu formel du comité, pour rendre la question absolument étrangère au sacerdoce ; et si quelque chose manquait à l'aveu que je viens de rappeler, vous pourriez lire ailleurs, dans le même rapport, un passage remarquable, où le rapporteur du comité observe *qu'on ne trouvera dans aucune bulle des papes que le conseil suprême ait droit d'expédier les affaires en l'absence du grand inquisiteur;*

---

(1) *Porque son* (los reyes), *en todo caso, los arbitros de suspender, nombrar y revocar a los inquisidores,* etc., page 69.

ce qu'il fait cependant sans aucune difficulté, d'où le rapporteur conclut très-justement *que les conseillers agissent dans ce cas, non comme juges ecclésiastiques, mais comme juges royaux* (page 35).

D'ailleurs, qu'importe encore, dès que c'est un point convenu, qu'aujourd'hui, comme *autrefois, aucune ordonnance de l'Inquisition ne saurait être, je ne dis pas* exécutée, *mais seulement* publiée, *sans le consentement préalable du roi* (1).

De là vient que les rois ont tenu, dans tous les temps, très-fortement à l'Inquisition, et que Charles-Quint, entre autres, ayant été requis, par les états d'Aragon et de Castille, de rendre les procédures de l'Inquisition un peu moins sévères, ce prince, qui ne savait pas mal régner, répondit en termes ambigus, qui semblaient tout accorder, et dans le fait n'accordaient rien (Ibid., page 50). Le moins suspect des historiens, dans ces sortes de matières, a donc eu raison d'avouer de bonne grâce, *que l'Inquisition religieuse n'était dans le fond qu'une Inquisition politique* (2).

---

(1) *Hoy mismo..... los edictos de la Inquisicion no podian publicarse sin haber antes obtenido el consentimiento del rey*, page 89.

(2) Garnier, *Histoire de Charlemagne*, t. II, ch. III, page 481.

Il est bien remarquable qu'en l'année 1519 les Aragonais avaient obtenu du pape Léon X tout ce qu'ils désiraient sur ce point ; ce qui fait bein sentir l'esprit général de l'Église et le caractère des souverains pontifes ; mais Charles-Quint s'opposa à l'exécution de ces bulles, et le pape, qui ne voulait pas dégoûter le roi, donna celle de 1520, par laquelle il approuvait tout ce que Charles-Quint avait fait (Ibid., page 52).

Après cela, permis au rapporteur de nous dire que l'établissement de l'Inquisition en Espagne est nul, par défaut d'approbation de la part des Cortès (ibid., page 52), et surtout *que ce tribunal est incompatible avec la souveraineté de la nation.* (Ibid., page 65.) Je laisse aux bons Espagnols le soin de traiter à loisir la question de la souveraineté du peuple, avec leur roi, *par la grâce de Dieu*, Ferdinand VII ; qu'ils ne manquent pas surtout de lui dire avec le rapporteur du comité : *De quelle manière la nation exerce-t-elle sa souveraineté dans les jugements de l'Inquisition ? D'aucune absolument* (1). Cette pré-

---

(1) *De que modo exerce la nacion la soberania en los juicios de la Inquisicion. — De Ninguno*, page 66. — Ici le rapporteur est bien sûr d'avoir raison : il oublie seulement (mais c'est pure distraction) que le reproche s'adresse à tous les tribunaux.

cieuse naïveté ne manquera pas de faire une grande impression sur l'esprit du monarque.

Que dirai-je de ce magnifique morceau, tout à fait digne d'être écrit en vers, où l'éloquent rapporteur nous peint le tribunal terrible *arrachant au sein des ténèbres l'époux des bras de son épouse,* etc. Personne assurément n'est moins disposé que moi à faire peur aux femmes, la nuit surtout. Cependant, j'avoue que, dans les nombreux ouvrages de politique et de jurisprudence que j'ai feuilletés dans ma vie, je ne me souviens pas d'avoir lu qu'un scélérat ne doit être arrêté qu'en plein jour, de peur d'effrayer madame son épouse, et que la justice, avant de le saisir, doit s'informer scrupuleusement s'il est marié ou célibataire, époux distrait ou assidu.

Combien cette rhétorique est misérable devant la réalité des choses ! Après vous avoir fait entendre des imaginations révolutionnaires, permettez que je vous copie une gazette.

« Le 14 avril dernier, il plut au roi, notre sei-
« gneur (que Dieu conserve), d'honorer de son auguste
« présence, vers les 9 heures du matin, l'hôtel du

« saint office de l'Inquisition *de cour* (1). S. M. visita
« tous les bureaux et les prisons même, s'informant
« de tout dans le plus grand détail, et daignant
« rendre la justice la plus flatteuse au zèle éclairé
« avec lequel les ministres de ce tribunal servent LES
« DEUX MAJESTÉS (2). Durant cette visite, qui dura près de
« trois heures, le roi fut continuellement accompagné
« par *son excellence*, M. l'inquisiteur général (3),
« qui était accouru pour avoir l'honneur de suivre
« S. M., et de satisfaire à toutes ses questions; et
« lorsqu'elle fut sur le point de se retirer, ce magis-
« trat supérieur lui adressa le discours suivant: »

« *Sire, Dieu qui, par ses justes et incompréhen-*
« *sibles jugements, a voulu que le tribunal de la foi*
« *bût jusqu'à la lie le calice de l'amertume, tira V. M.*
« *de la captivité, et la rétablit sur le trône de ses*

(1) *El tribunal del santo officio de la Inquisicion de corte.* Gazetta de Madrid, abril 1815. Il ne faut pas laisser passer cette expression; on voit que tout se rapporte à la puissance royale.

(2) *En obsequio de ambas magestades.* Parfaitement bien dit! Quelle vérité et quel sens exquis dans cette expression! Monarchie, unité, indépendance de part et d'autre; et cependant union parfaite. Bossuet a dit dans le même sens : *Les deux souverainetés.*

(3) Ce titre, et celui qui distingue les trois inquisiteurs nommés d'abord après dans la même feuille, prouve qu'aucun des quatre n'était religieux.

« ancêtres, pour être le restaurateur, le consolateur
« et le protecteur de l'Inquisition. V. M., après avoir
« visité le conseil suprême, vient encore d'honorer de
« sa présence le tribunal de cour, et d'en examiner
« toutes les dépendances; eh bien! Sire, V. M. a-t-elle
« vu ces prisons souterraines, ces cachots affreux, ces
« instruments de supplice, que les ennemis du trône et
« de l'autel ont fait sonner si haut dans leur délire ?
« a-t-elle vu les ministres d'un Dieu de paix changés
« en Nérons et en Dioclétiens, allumant des bûchers, et
« se permettant tout ce que la cruauté et la barbarie
« peuvent inventer de plus atroce ? V. M. a vu que les
« prisons sont décentes, commodes mêmes, et que les
« ministres du Saint-Office savent allier à la justice
« la douceur et la miséricorde. Plaise Dieu que la
« visite de V. M. serve à détromper les hommes qui
« ont abandonné le chemin de la vérité!.... Le tribunal
« de cour, pénétré de reconnaissance envers elle, ne
« cessera de demander au père des lumières qu'il
« daigne lui accorder le discernement heureux de
« toutes les mesures convenables en des temps si
« difficiles, et la consolation de RÈGNER SEUL (1) sur
« des sujets catholiques et dignes du nom espagnol. »

(1) *Reynar solo*. Ce mot ne sera pas trouvé extrêmement sot.

Je doute qu'un président *de la chambre étoilée* ait jamais tenu à son auguste maître un discours de cette couleur; mais ce discours même et toutes les autres preuves ne sont nécessaires qu'à ceux qui n'ont pas assez réfléchi sur la nature même des choses qui se passe de preuves et les prévient toutes.

On ne saurait trop insister sur ces caractères de l'Inquisition, à raison des innombrables calomnies accumulées contre elle, sans aucune connaissance de cause; et si vous voulez savoir, monsieur, tout ce que peuvent le préjugé et l'esprit de parti sur les hommes, d'ailleurs les plus sages et les plus éclairés (car je ne prétends désobliger personne), écoutez, je vous en prie, cette nouvelle charge du comité :

« Philippe II, dit-il, défendit l'appel comme d'abus
« des sentences de ce tribunal, de manière qu'il est
« indépendant de toute autorité civile (page 61), et
« que le grand inquisiteur est un souverain au milieu
« d'une nation souveraine ou à côté d'un souverain.
« Il condamne les Espagnols civilement, sans que la
« puissance séculière y entre aucunement (page 66). »

Et tout à l'heure on vient de nous dire : « Que

« l'Inquisition est une autorité royale ; que l'Inquisi-
« teur est un instrument royal ; que toutes ses ordon-
« nances sont nulles, si le consentement royal ne les
« fait valoir ; que le pouvoir royal nomme, suspend,
« révoque à son gré tous les membres de ce même
« tribunal, et qu'au moment où l'autorité royale se
« retirerait, le tribunal disparaîtrait avec elle. »

Et que dirons-nous encore, monsieur, de ce Philippe II, bon homme, comme tout le monde sait, et sachant si peu commander, [qui place à la décharge de sa conscience, *un second souverain* à côté de lui ?

Vous serez peut-être tenté de dire qu'il faut être absolument brouillé avec la raison pour écrire ces belles choses ; hélas ! non, monsieur, il ne faut, même avec beaucoup d'esprit et de sens, que siéger au milieu d'une assemblée délibérante et dans un moment d'effervescence.

Soyons donc toujours disposés à pardonner ces sortes d'aberrations ; mais ne nous laissons pas séduire. L'indulgence n'est permise que jusqu'au moment où elle devient complicité.

J'ai l'honneur d'être.

Moscou 1/13 *juin* 1815.

LETTRE DEUXIÈME

Monsieur le Comte,

Après avoir supposé que l'Inquisition est un tribunal purement ecclésiastique, et que des *prêtres* peuvent condamner un homme à mort, il ne manquait plus que de supposer encore, pour compléter ce fantôme absurde d'une malveillante ignorance, que l'Inquisition condamnait à mort pour de simples opinions, et qu'un Juif, par exemple, était brûlé purement et simplement, sans autre délit que celui d'être Juif; et c'est ce qu'on n'a pas manqué de dire jusqu'à ce qu'enfin on l'ait fait croire.

Je suis fâché de surprendre dans les rangs des moins excusables calomniateurs Montesquieu lui-même, que nous voyons malheureusement affronter la plus dure épithète avec une rare intrépidité, dans la prétendue remontrance d'une prétendue Juive, dont il a fait un chapitre de son Esprit des Lois (1).

(1) Livre XXV, chap. xiii.

Une jeune fille innocente, brûlée dans une grande capitale de l'Europe, sans autre crime que celui de croire à sa religion, serait un forfait national si horrible, qu'il suffirait pour flétrir un peuple et peut-être un siècle entier. Heureusement cette supposition est une calomnie absurde, déshonorante seulement pour celui qui se l'est permise.

Depuis quand est-il donc permis de calomnier les nations? depuis quand est-il permis d'insulter les autorités qu'elles ont établies chez elles? de prêter à ces autorités des actes de la plus atroce tyrannie, et non-seulement sans être en état de les appuyer sur aucun témoignage, mais encore contre la plus évidente notoriété (1)? En Espagne et en Portugal, comme ailleurs, on laisse tranquille tout homme qui se tient tranquille; quand à l'imprudent qui dogmatise, ou qui trouble l'ordre public, il ne peut se plaindre que de lui-même; vous ne trouverez pas une seule nation,

---

(1) Ce qu'il y a de bien remarquable dans cette pièce si répréhensible, c'est l'aveu que la force de la vérité arrache à Montesquieu, et sans qu'il s'en aperçoive le moins du monde; il fait dire à sa petite juive: *Voulez-vous que nous vous disions naïvement notre pensée? Vous nous regardez plutôt comme vos ennemis que comme les ennemis de votre religion.* (Ibid. Liv. XXV, chap. XIII.) Voilà le mot: ne parlez donc plus de religion, et prenez-vous-en à l'autorité civile.

je ne dis pas *chrétienne*, je ne dis pas *catholique*, mais seulement *policée*, qui n'ait prononcé des peines capitales contre les atteintes graves portées à sa religion. Qu'importe le nom du tribunal qui doit punir les coupables ! partout ils sont punis, et partout ils doivent l'être (1). Personne n'a droit de demander aux rois d'Espagne pourquoi il leur a plu d'ordonner telle peine : pour tel crime ils savent ce qu'ils ont à faire chez eux ; ils connaissent leurs ennemis et les repoussent comme ils l'entendent ; le grand point, le point unique et incontestable, c'est que, pour les crimes dont je parle, personne n'est puni qu'en vertu d'une loi universelle et connue, suivant des formes invariables, et par des juges légitimes qui n'ont de force que par le roi, et ne peuvent rien contre le roi : cela posé, toutes les déclamations tombent, et personne n'a droit de se plaindre. L'homme a justement horreur d'être jugé par l'homme, car il se con-

(1) *On n'a jamais soupçonné en Europe que la Chine eût un tribunal d'Inquisition pour maintenir la pureté de la doctrine, de la croyance et de la morale de l'empire. Il est cependant très-ancien, très-rigoureux, et a fait couler plus de sang que tous ceux de l'Europe réunis. Bien des gens, qui citent notre Chine pour le tolérantisme, n'y auraient pas vécu longtemps, ou se seraient tus.* (*Mémoire sur les Chinois*, in-4°, tome I, page 476, note XXVII°.) Toutes les nations sont d'accord sur ce point.

naît, et il sait de quoi il est capable lorsque la passion l'aveugle ou l'entraîne ; mais, devant la loi, chacun doit être soumis et tranquille, car la nature humaine ne comporte rien de mieux que la volonté générale, éclairée et désintéressée du *législateur*, substituée partout à la volonté particulière, ignorante et passionnée de *l'homme*.

Si donc la loi espagnole, écrite pour tout le monde, porte la peine de l'exil, de la prison, de la mort même contre l'ennemi déclaré et public d'un dogme espagnol, personne ne doit plaindre le coupable qui aura mérité ces peines, et lui-même n'a pas droit de se plaindre, car il y avait pour lui un moyen bien simple de les éviter : celui de se taire.

A l'égard des Juifs en particulier, personne ne l'ignore ou ne doit l'ignorer, l'Inquisition ne poursuivait réellement que le Chrétien judaïsant, le Juif *relaps*, c'est-à-dire le Juif qui retournait au Judaïsme après avoir solennellement adopté la religion chrétienne, et le prédicateur du Judaïsme. Le Chrétien ou le Juif converti qui voulaient judaïser étaient bien les maîtres de sortir d'Espagne, et, en y demeurant, ils savaient à quoi ils s'exposaient, ainsi que le Juif qui osait entreprendre de séduire un Chrétien.

Nul n'a droit de se plaindre de la loi qui est faite pour tous.

On a fait grand bruit en Europe de la torture employée dans les tribunaux de l'Inquisition, et de la peine du feu infligée pour les crimes contre la religion; la voix sonore des écrivains français s'est exercée sans fin sur un sujet qui prête si fort au pathos philosophique; mais toutes ces déclamations disparaissent en un clin d'œil devant la froide logique. Les inquisiteurs ordonnaient la torture en vertu des lois espagnoles, et parce qu'elle était ordonnée par tous les tribunaux espagnols. Les lois grecques et romaines l'avaient adoptée; Athènes, qui s'entendait un peu en liberté, y soumettait même l'homme libre. Toutes les nations modernes avaient employé ce moyen terrible de découvrir la vérité; et ce n'est point ici le lieu d'examiner si tous ceux qui en parlent savent bien précisément de quoi il s'agit, et s'il n'y avait pas, dans les temps anciens, d'aussi bonnes raisons de l'employer, qu'il peut y en avoir pour la supprimer de nos jours. Quoiqu'il en soit, dès que la torture n'appartient pas plus au tribunal de l'Inquisition qu'à toutes les autres, personne n'a le droit de la lui reprocher. Que le burin protestant de *Bernard Picart* se fatigue tant qu'il voudra à nous tracer des tableaux hideux de tortures réelles ou imaginaires, infligées par les juges de l'Inquisition, tout cela ne signifie rien, on ne s'adresse qu'au roi d'Espagne.

Observez ici en passant, monsieur, que d'après le rapport du comité des Cortès, non-seulement les inquisiteurs devaient assister à la torture, mais que l'évêque même y était appelé, quoiqu'il s'y fît suppléer par un délégué (ibid. p. 63); ce qui suppose d'abord, dans cet acte rigoureux, beaucoup d'attention et toute la charité permise à des juges.

Et comme tout décret de quelque importance, et celui même de simple prise de corps, ne peut être exécuté sans l'aveu du conseil suprême (ibid. p. 64), il est bien certain que la sentence préliminaire qui ordonne la torture était soumise à la même formalité. Ainsi il faut convenir que la torture était environnée, dans les tribunaux de l'Inquisition, de toutes les précautions admises par la nature des choses.

Que si le roi d'Espagne juge à propos d'abolir la question dans ses états, comme elle a été abolie en Angleterre, en France, en Piémont, etc., il fera aussi bien que toutes ces puissances, et sûrement les inquisiteurs seront les premiers à lui applaudir; mais c'est le comble de l'injustice et de la déraison de leur reprocher une pratique admise jusqu'à nos jours, dans tous les temps et dans tous les lieux (1).

Quant à la peine du feu, c'est encore, ou c'était un usage universel. Sans remonter aux lois romaines qui sanctionnèrent cette peine, toutes les nations l'ont prononcée contre ces grands crimes qui violent les lois les plus sacrées. Dans toute l'Europe, on a brûlé le sacrilége, le parricide, surtout le criminel de lèse-majesté ; et comme ce dernier crime se divisait, dans les principes de jurisprudence criminelle, en lèse-majesté *divine* et *humaine*, on regardait tout crime, du moins tout crime énorme, commis contre la religion, comme un délit de lèse-majesté divine, qui ne pouvait conséquemment être puni moins sévèrement que l'autre. De là l'usage universel de brûler les hérésiarques et les hérétiques obstinés. Il y a dans tous

---

(1) Je dois ajouter qu'ayant eu occasion, au mois de janvier 1808, d'entretenir, sur le sujet de l'Inquisition, deux Espagnols d'un rang distingué, et placés tout exprès pour être parfaitement instruits ; lorsque je vins à parler de la torture, ils se regardèrent l'un et l'autre avec l'air de la surprise, et s'accordèrent pour m'assurer expressément *que jamais ils n'avaient entendu parler de torture dans les procédures faites par l'Inquisition.* Ce qui suppose, sans le moindre doute, ou que réellement il n'était plus question de torture dans ce tribunal, ou qu'elle y était devenue infiniment rare.

les siècles certaines idées générales qui entraînent les hommes et qui ne sont jamais mises en question. Il faut les reprocher au genre humain ou ne les reprocher à personne.

Je ne me jetterai point, de peur de sortir de mon sujet, dans la grande question des délits et des peines : je n'examinerai point si la peine de mort est utile et juste ; s'il convient d'exaspérer les supplices suivant l'atrocité des crimes, et quelles sont les bornes de ce droit terrible : toutes ces questions sont étrangères à celle que j'examine. Pour que l'Inquisition soit irréprochable, il suffit qu'elle juge comme les autres tribunaux, qu'elle n'envoie à la mort que les grands coupables, et ne soit jamais que l'instrument de la volonté législatrice et écrite du souverain.

Je crois cependant devoir ajouter que l'hérésiarque, l'hérétique obstiné et le propagateur de l'hérésie, doivent être rangés incontestablement au rang des plus grands criminels. Ce qui nous trompe sur ce point, c'est que nous ne pouvons nous empêcher de juger d'après l'indifférence de notre siècle en matière de religion, tandis que nous devrions prendre pour mesure le zèle antique, qu'on est bien le maître d'appeler *fanatisme*, le mot ne faisant rien du tout à la chose. Le sophiste moderne, qui disserte à l'aise dans son cabinet, ne s'embarrasse guère que les arguments de Luther aient produit la guerre de Trente ans; mais les anciens législateurs, sachant tout ce que ces funestes doctrines pouvaient coûter aux hommes, punissaient très-justement du dernier supplice un crime capable d'ébranler la société jusque dans ses bases, et de la baigner dans le sang.

Le moment est venu sans doute où ils peuvent être moins alarmés; cependant, lorsqu'on songe que le tribunal de l'Inquisition aurait très-certainement prévenu la révolution française, on ne sait pas trop si le souverain qui se priverait, sans restriction, de cet instrument, ne porterait pas un coup fatal à l'humanité.

L'abbé de Vayrac est, je crois, le premier Français qui ait parlé raison sur l'Inquisition, dans son voyage d'Espagne et d'Italie (1); mais déjà, en 1731, il désespérait de pouvoir se faire entendre au milieu des « clameurs du préjugé : « J'avoue, dit-il, que si ceux « qui se déchaînent contre le tribunal de l'Inquisition « avaient égard à ceux qui le composent, ils en

---

(1) Amsterdam, 1731, tome I, page 9; tome VI, page 50; tome VII, page 151, cité dans le *Journal historique et littéraire*, 1ᵉʳ février 1777, page 197.

« parleraient tout autrement.... Mais ce qu'il y a de
« plus déplorable, c'est que la prévention a tellement
« prévalu que je désespère, en quelque manière, de
« pouvoir faire convenir mes compatriotes que la cir-
« conspection, la sagesse, la justice, l'intégrité, sont
« les vertus qui caractérisent les inquisiteurs... Il faut
« être bien méchant, ou une bien mauvaise tête
« pour être repris par ce tribunal. »

Tout homme sage pourrait deviner de lui-même ce qu'on vient de lire, s'il veut réfléchir un instant sur la qualité des juges. En premier lieu, il n'y a rien de si juste, de si docte, de si incorruptible que les grands tribunaux espagnols, et si, à ce caractère général, on ajoute encore celui du sacerdoce catholique, on se convaincra, avant toute expérience, qu'il ne peut y avoir dans l'univers rien de plus calme, de plus circonspect, de plus humain par nature que le tribunal de l'Inquisition.

Dans ce tribunal établi pour effrayer l'imagination, et qui devait être nécessairement environné de formes mystérieuses et sévères pour produire l'effet qu'en attendait le législateur, le principe religieux conserve néanmoins toujours son caractère ineffaçable. Au milieu même de l'appareil des supplices, il est doux, miséricordieux, et parce que le sacerdoce entre dans ce tribunal, ce tribunal ne doit ressembler à aucun autre. En effet, il porte dans ses bannières la devise nécessairement inconnue à tous les tribunaux du monde, **MISERICORDIA ET JUSTITIA**. Partout ailleurs la *justice* seule appartient aux tribunaux, et la miséricorde n'appartient qu'aux souverains. Des juges seraient rebelles, s'ils se mêlaient de faire grâce; ils s'attribueraient les droits de la souveraineté; mais dès que le sacerdoce est appelé à siéger parmi les juges, il refusera d'y prendre place à moins que la souveraineté ne lui prête sa grande prérogative. La *miséricorde* siège donc avec la *justice* et la précède même : l'accusé traduit devant ce tribunal est libre de confesser sa faute, d'en demander pardon, et de se soumettre à des expiations religieuses. Dès ce moment le *délit* se change en *péché*, et le *supplice* en *pénitence*. Le coupable jeûne, prie, se mortifie. Au lieu de marcher au supplice, il récite des psaumes, il confesse ses péchés, il entend la messe, on l'exerce, on l'absout, on le rend à sa famille et à la société. Si le crime est énorme, si le coupable s'obstine, s'il faut verser du sang, le *prêtre* se retire, et ne reparaît que pour consoler la victime sur l'échafaud.

Il est singulier que ce caractère distinctif de l'Inquisition ait été reconnu de la manière la plus solennelle par un ministre de la république française (1), et il est curieux de voir de quelle manière on a rendu compte de cet ouvrage dans ce même journal, d'où j'ai tiré le singulier morceau cité à la page 15. Ici, comme vous allez voir, c'est un homme plus réfléchi qui tient la plume.

« Quel est cependant, s'écrie l'estimable journaliste,
« quel est le tribunal en Europe, autre que celui de
« l'Inquisition, qui absout le coupable lorsqu'il se
« repent et confesse le repentir ? Quel est l'individu
« tenant des propos, affectant une conduite irréli-
« gieuse, et professant des principes contraires à
« ceux que les lois ont établis pour le maintien de
« l'ordre social, quel est cet individu qui n'ait pas été
« averti deux fois par les membres de ce tribunal ? S'il
« récidive, si, malgré les avis qu'on lui donne, il
« persiste dans sa conduite, on l'arrête, et s'il se repent
« on le met en liberté. M. Bourgoing, dont les opinions
« religieuses ne pouvaient être suspectées lorsqu'il
« écrivait son Tableau de l'Espagne moderne, en par-

---

(1) *Nouveau voyage en Espagne*, par M. Bourgoing. (*Journal de l'Empire*, 17 septembre 1805.)

« lant du Saint-Office, dit : *J'avouerai, pour rendre
« hommage à la vérité, que l'Inquisition pourrait
« être citée de nos jours comme un modèle d'équité.*
« Quel aveu! et comment serait-il reçu si c'était nous
« qui le faisions? Mais M. Bourgoing n'a vu dans le
« tribunal de l'Inquisition que ce qu'il est réellement,
« un moyen de haute police. »

A l'égard des formes, ou dures ou effrayantes, tant reprochées au tribunal de l'Inquisition, j'ai le malheur de n'y pas trop croire, et tout au moins je voudrais être sur les lieux pour en juger sainement. Quoi qu'il en soit, si le changement qui s'est opéré dans les mœurs et dans les opinions permet quelques adoucissements sur ce point, le roi est le maître de les ordonner, et les inquisiteurs s'y prêteront avec plaisir. Rien d'humain ne saurait être parfait, et il n'y a pas d'institution qui n'entraîne quelques abus. Vous me rendrez la justice de croire qu'il n'est pas d'homme plus éloigné que moi de justifier des sévérités inutiles; je vous ferai seulement observer que l'Inquisition religieuse d'Espagne pourrait fort bien ressembler à l'Inquisition publique de Venise, qui régnait sur les imaginations par je ne sais quelle terreur adoucie, toute composée de souvenirs fantastiques qui n'avaient d'autre effet que de maintenir l'ordre en épargnant le sang.

Il est faux d'ailleurs, même en Portugal, que la moindre dénonciation parût suffisante pour faire emprisonner l'accusé, ni qu'on lui laissât ignorer les chefs d'accusation et les accusateurs, ni qu'on lui refusât des avocats pour défendre sa cause (1), ni que les délateurs restassent jamais impunis s'ils l'avaient calomnié. Le tribunal ne prononce jamais sur la peine temporelle : il déclare seulement le coupable atteint et convaincu ; c'est ensuite aux juges séculiers à prononcer sur la peine, précisément comme on l'a vu à l'égard de l'Espagne. Les confiscations ne sont qu'au profit du roi, et les évêques diocésains ont droit de connaître du délit conjointement avec les inquisiteurs (2).

Je dois vous faire observer encore, à l'égard des formes plus ou moins sévères, qu'il n'y a pas de

---

(1) Je suis particulièrement instruit, à l'égard de l'Espagne (et je ne puis douter qu'il n'en soit de même en Portugal), que les avocats des accusés emprisonnés ont l'accès le plus libre et le plus confidentiel auprès d'eux ; et que les juges même ont grand soin de s'informer si les avocats font leur devoir à cet égard.

(2) Voyez *les Anecdotes du ministère du marquis de Pombal.* Varsov., 1784, in-8°, Liv. VIII, n° LXXXVII.

puissance éclairée dans l'univers qui, pour de grands et justes motifs, n'ait établi de temps en temps certains tribunaux extraordinaires presque entièrement affranchis des formes usitées. Je vous citerai sur ce point l'ancienne justice prévôtale des Français. Les rois de France avaient la manie de vouloir que les grandes routes fussent parfaitement sûres chez eux. Tout voyageur était mis sous leur protection spéciale, et le moindre attentat contre sa sûreté était une espèce de crime de lèse-majesté que la loi punissait d'une manière terrible avec la promptitude de la foudre. Le malheureux qui vous avait extorqué un écu sur la grande route était saisi par la maréchaussée, livré au grand prévôt jugeant avec deux assesseurs et roué vif dans vingt-quatre heures, sous les yeux du parlement qui ne s'en mêlait pas.

Cette jurisprudence n'était pas tendre, sans doute : mais il était notoirement libre à tout Français de ne pas voler sur les grandes routes, et le roi voulait qu'on pût les parcourir en tout sens, et même s'y endormir impunément : chacun a ses idées.

Vous voyez, monsieur le comte, combien d'erreurs les sophistes modernes avaient accumulées sur le compte de l'Inquisition. Ils l'avaient présentée comme un tribunal purement ecclésiastique, et, d'après les autorités les plus incontestables, je vous ai montré ce qu'il en est. Ils nous avaient fait croire que des *prêtres* condamnaient à mort, et pour de simples opinions. Je vous ai montré ce qu'il en est. Ils nous présentaient l'Inquisition comme une invention des papes, et les papes ne l'ont accordée qu'aux instances des souverains, souvent même avec répugnance, du moins quant à certaines attributions qui leur paraissaient trop sévères. Ils ne manquait plus que de l'attaquer du côté de la discipline ecclésiastique, en soutenant qu'elle énervait la juridiction des évêques ; malheureusement pour les réformateurs modernes, ils avaient contre eux le corps épiscopal d'Espagne, un des plus respectables du monde catholique, qui venait de déclarer expressément qu'il n'avait jamais trouvé dans l'Inquisition qu'une alliée fidèle toujours prête à l'assister dans la conservation de la foi ; mais vous savez que l'esprit de parti n'est jamais embarrassé de rien et ne recule jamais. Le comité des Cortès a déterré *je ne sais quelle* anecdote vraie ou fausse de *je ne sais quel* grand inquisiteur, lequel ayant, en l'année 1622, persécuté, *on ne sait* ni comment ni pourquoi, *je ne sais quel* évêque de Carthagène, fut, pour ce grand *méfait*, désapprouvé par *je ne sais quelle* consultation de conseil de Castille, et sur cette autorité si lumineuse, si décisive, et de si fraîche date surtout, le comité s'écrie majestueusement : *Comment, après cela, les révérends évêques osent-ils, contre le témoignage de leurs confrères, et contre l'autorité du premier tribunal de la nation*, représenter à V. M. (c'est-à-dire aux Cortès), qu'ils sont aidés par les inquisiteurs dans les fonctions épiscopales relatives à la conservation de la foi (1) ?

Un fait unique, un fait plus que douteux et nullement détaillé, un fait de 1622, opposé à la déclaration solennelle du corps épiscopal, offre un de ces prodiges de déraison qui distinguent plus ou moins toutes les assemblées populaires.

C'est avec un bonheur égal que le comité reproche à l'Inquisition sa ténébreuse influence sur l'esprit humain. *Est-il possible*, dit-il, *qu'une nation devienne illustre quand les esprits y sont réduits à un aussi grossier esclavage ? Les écrivains disparurent au moment où parut l'Inquisition* (2).

(1) *Como pueden pues decir los R. R. obispos que han representado á V. M. que los ayudan* (los inquisidores) *en la conservacion de la fé contra los testimonios de sus cohermanos, y autoridad del primer tribunal de la nacion ?* Ibid., page 56.

(2) *Es possible que se ilustre una nacion en la cual se esclavizan*

Le comité plaisante, sans doute. Qui ne sait que le beau siècle de la littérature espagnole fut celui de Philippe II, et que tous les écrivains qui ont illustré l'Espagne n'ont fait imprimer leurs livres qu'avec la permission du Saint-Office? Les mathématiques, l'astronomie, la chimie, toutes les sciences naturelles, la philologie, l'histoire, les antiquités, etc., sont des champs assez vastes que l'esprit humain est bien le maître de parcourir dans tous les sens, sans que le très-révérend père inquisiteur s'en mêle le moins du monde. On aura beau répéter qu'on enchaîne le génie, en lui défendant d'attaquer les dogmes nationaux; jamais on n'autorisera une erreur à force de la répéter.

J'ai l'honneur d'être, etc.

Moscou, 20 juin (2 juillet) 1815.

---

tan groseramente los intendimientos? Cesó de escriberse desde que se estableció la Inquisicion. Ibid., p. 75.

LETTRE TROISIÈME

Monsieur le Comte,

Lorsque je vous ai parlé de l'origine de l'Inquisition, lorsque je vous en ai exposé les caractères distinctifs, je me suis appuyé presque exclusivement sur le rapport fait par le comité des Cortès pour la suppression de cette fameuse institution. Je ne pouvais vous donner de preuve plus évidente de ma sévère impartialité. Lorsque, pour défendre un coupable, le défenseur ne tire ses moyens que de l'acte d'accusation, j'espère que l'accusateur n'a point à se plaindre.

Maintenant, monsieur, pour vous faire connaître les procédés de l'Inquisition, je vais vous citer en premier lieu une autorité tout aussi peu suspecte; c'est celle d'un Protestant, d'un Anglais, d'un membre de l'Église anglicane, qui voyageait en Espagne pendant les années 1786 et 1787. On pense bien qu'en parlant de l'Inquisition, il ne lui fait pas grâce ; il est donc utile de l'entendre et de peser toutes ses paroles (1).

« A peu de distance de Séville est un édifice dont « la forme le frappa. Après plusieurs questions, un « homme de distinction, qui l'accompagnait, lui apprit « que cet édifice, d'une forme si étrange, s'appelait « *el Quemadero* (2), en le priant de vouloir bien ne « dire à personne de qui il tenait cette information. « Il se hâta de s'éloigner d'un édifice que son imagi- « nation lui représentait comme entouré de flammes « sanglantes. Un homme, revêtu de l'office de juge, « lui apprit le lendemain que cet édifice servait de « bûcher aux hérétiques, et qu'il n'y avait pas plus « de quatre ans qu'une femme y avait subi ce supplice. « C'était une religieuse coupables de diverses infamies « d'actions et de systèmes ».

Que d'absurdités dès le début! En premier lieu, qu'est-ce qu'*un édifice destiné à brûler des héréti- ques?* Un édifice qui aurait cette destination brûlerait

---

(1) *Voyage en Espagne, pendant les années* 1786 *et* 1787, *par* M. Joseph Townsend, *recteur de Pewsey*. Londres, 1792. 2ᵉ édition, 3 vol. in-8°.

(2) Lieu où l'on brûle les criminels condamnés au feu : c'est comme qui dirait *la brûlerie*. Si je ne me trompe, on donne aussi ce nom en Espagne, par extension, au lieu où se prononcent les condamnations au feu.

lui-même à la première expérience, et ne servirait qu'une fois. *Un édifice qui sert de bûcher* est quelque chose de si fou qu'on n'imagine rien au delà. Ce qui est encore éminemment plaisant, c'est *cette recommandation de garder le secret* faite au voyageur anglais. Le secret à propos d'une place publique destinée aux exécutions à mort *par le moyen du feu!* Mais voilà les sornettes dont se repaissait l'Europe. Au reste, je ne doute pas un moment que la gravité espagnole ne se soit moquée, dans cette occasion, de la crédulité protestante. *Voyez-vous cet édifice,* aura dit quelque bon plaisant de Séville, *c'est là où l'on brûle les hérétiques en grand secret; mais, pour l'amour de Dieu, n'en dites rien, vous me perdriez.*

Ce qu'il y a de bon encore, c'est que le voyageur parle du *Quemadero* comme d'un brûloir à café qui est chaque jour en exercice. *Son imagination* (ceci est exact) *lui représente ce lieu comme entouré de flammes sanglantes.* Vous diriez qu'il s'agit d'une boucherie établie au milieu d'un bûcher en permanence. Cependant, il y avait quatre ans que ce lieu n'avait vu d'exécution; et quelle était la victime encore! *Une religieuse coupable de diverses infâmies d'actions et de systèmes.*

Et quel est donc le pays où la justice ne frappe pas de tels coupables ? Le bon *Clergyman* n'a pas jugé à propos d'entrer dans aucun détail ; mais les expressions dont il se sert laissent une étrange latitude, et il est assez plaisant de l'entendre affirmer d'abord *que ce lieu était destiné à brûler les hérétiques*, et citer immédiatement en preuve l'exécution, non d'un hérétique mais d'un monstre.

Dans certaines contrées d'Europe très-sages, très-policées, très-bien administrées, l'incendiaire d'une maison habitée est lui-même brûlé vif, et chacun dit : « Il l'a bien mérité. » Croyez-vous, monsieur, qu'un homme coupable *de plusieurs infamies théoriques et pratiques*, telles que votre imagination peut se les représenter, soit moins coupable qu'un incendiaire ?

Je ne vois pas d'ailleurs pourquoi le nom du dernier supplice donné à une place d'exécution, a quelque chose de plus terrible que le nom ordinaire de cette place, ni pourquoi, par exemple, il eût été déshonorant pour l'ancienne France d'appeler la place de Grève, *la Rouerie*.

Écoutons maintenant l'histoire *d'un épouvantable auto-da-fé* qui avait précédé de peu le voyage que je cite :

« Un mendiant nommé *Ignacio Rodriguez* fut mis
« en jugement au tribunal de l'Inquisition, pour avoir
« distribué des filtres amoureux *dont les ingrédients*
« *étaient tels que l'honnêteté ne permet pas de les*
« *désigner*. En administrant ce *ridicule* remède (1),
« il prononçait quelques paroles de nécromancie (2)
« il fut bien constaté que la poudre avait été admi-
« nistrée à des personnes de tout rang. Rodriguez
« avait deux complices également mises en jugement
« (*Juliana Lopez* et *Angela Barrios*). L'une d'elles
« demandant grâce de la vie, on lui répondit *que le*
« *Saint-Office n'était pas dans l'usage de condam-*
« *ner à mort* (3). Rodriguez fut condamné à être con-
« duit dans les rues de Madrid monté sur un âne,
« et à être fouetté. On lui imposa de plus quelques
« pratiques de religion, et l'exil de la capitale pour
« cinq ans. La lecture de la sentence fut souvent

(1) Ridicule! Il paraît que le prédicateur anglais n'est pas sévère.

(2) On voit ici deux crimes bien distincts et d'une gravité remarquable. La magie en serait un, quoique parfaitement nulle en elle-même. L'autre est un peu plus que *ridicule*, et je doute que, dans aucun autre pays du monde, le *magicien* en eût été quitte à si bon marché.

(3) C'est ce tribunal qui avait l'habitude un peu sévère de brûler solennellement les gens qui ne croyaient qu'en Dieu. (Suprà, page 16.).

« interrompue par de grands éclats de rire aux-
« quels se joignait le mendiant lui-même.

« Le coupable fut en effet promené dans les rues,
« mais non fouetté (1); pendant la route on lui offrait
« du vin et des biscuits pour se rafraîchir (2). »

Je ne crois pas qu'il soit possible d'admirer rien de plus doux, rien de plus humain. Si l'on pouvait même reprocher quelque chose au tribunal, ce serait un excès d'indulgence; car si l'on pèse bien les paroles du voyageur, on trouvera que les *ingrédients* de *Rodriguez* auraient fort bien pu, dans tout autre pays, le conduire au pilori, aux galères et même au gibet.

Néanmoins, l'observateur anglais n'est pas content. « Ce délit, dit-il, était au-dessous de la dignité de « ce tribunal. *Il aurait mieux valu faire punir ce* « *misérable en secret*, par le dernier des valets « chargés d'exécuter les arrêts de la justice. »

Il peut se faire, sans doute, que M. Townsend *ait été* ou *soit* même encore un homme de beaucoup de

---

(1) On voudra bien remarquer cet adoucissement. C'est à peu près *la peine moins la peine*, et tout cela sans que le roi s'en mêle. Aucun autre tribunal dans le monde ne jouit ni ne saurait jouir d'un tel droit.

(2) Quel peuple abominable!

sens; mais contre le préjugé national et religieux surtout, le bon sens est inutile. C'est un étrange spectacle que celui d'un homme qui prend sur lui de censurer aigrement la jurisprudence criminelle d'une illustre nation, et qui conseille lui-même les *punitions secrètes*. Si l'Inquisition avait fait donner un seul coup de fouet en secret, le voyageur n'aurait pas manqué d'écrire une longue diatribe sur cette atrocité, et il aurait enrichi son voyage d'une belle estampe, où l'on aurait vu deux bourreaux robustes déchirer un malheureux à coups de fouet, dans le fond d'un cachot affreux, en présence de quelques religieux Dominicains.

Et comment appartient-il à un voyageur étranger de décider, sans aucune connaissance de cause, sur ce qu'un grand tribunal de l'Espagne doit cacher ou publier, suivant la nature des crimes, et le degré de publicité que la scélératesse humaine leur a donné? En Espagne, tout comme ailleurs, on sait apparemment ce qu'il faut cacher et ce qu'il faut montrer au public.

Les autres reproches que cet écrivain adresse au tribunal de l'Inquisition ont encore moins de fondement. « Il peut, dit-il, faire paraître devant lui tous

« ceux qu'il juge à propos d'y appeler, les surprendre
« dans leur lit au milieu de la nuit, etc. »

Si le voyageur entend parler des témoins, il s'accuse évidemment de n'avoir aucune idée de la justice criminelle; car si quelque chose peut honorer un gouvernement, en démontrer la force et l'impartialité, c'est l'autorité qu'il donne à ses tribunaux d'amener devant eux toute personne quelconque pour y rendre témoignage. Nous avons vu, il y a peu d'années, le chancelier de l'échiquier, obligé en Angleterre, de comparaître devant un tribunal criminel pour y donner sa déposition; nous l'avons vu attaqué de questions, poussé à bout par l'interrogatoire, et passablement embarrassé de sa figure (1). Alors, sans doute, notre critique n'aurait pas manqué de s'écrier : *Ici le tribunal peut à son gré faire comparaître devant lui tous ceux qu'il juge à propos d'y appeler. O merveilleuse Angleterre? O sainte liberté!*

Mais s'il s'agit de l'Espagne, les principes changent; le juste devient injuste, et ce même homme dira:

---

(1) Il s'agit ici d'une accusation fameuse, dans laquelle le célèbre Pitt se vit obligé de venir à la barre dire la vérité aux juges, aussi peu et aussi mal qu'il lui fut possible.

Le Saint-Office y peut à son gré faire comparaître devant son tribunal tous ceux qu'il iuge à propos d'y appeler. O vile et malheureuse Espagne! O comble du despotisme et de l'iniquité!

Que si l'auteur entend parler des accusés, il est encore plus ridicule. Pourquoi donc un accusé, *quel qu'il soit*, ne peut-il être mandé ou arrêté suivant les circonstances? Ce serait un singulier privilége que celui qui exempterait telle ou telle personne de l'action des tribunaux. Mais ce qui fâche par-dessus tout notre ecclésiastique, *c'est qu'un accusé puisse être saisi la nuit, et même dans son lit.* De toutes les atrocités de l'Inquisition, aucune ne l'indigne davantage. Il peut se faire qu'en Angleterre, un débiteur ou un homme coupable de quelque crime léger ne puisse être *arrêté au milieu de la nuit, et dans son lit;* mais qu'il en soit de même d'un homme accusé d'un crime capital, c'est ce que je ne crois pas du tout; en tout cas, il suffirait de répondre : *Tant pis pour l'Angleterre*, et je ne vois pas pourquoi l'Espagne serait tenue de respecter à ce point le sommeil des scélérats.

Nous venons de voir les préparatifs de l'épouvantable *auto-da-fé* du 9 mai 1764, en vertu duquel un criminel infâme fut condamné à manger des biscuits et à boire du vin dans les rues de Madrid. Il est bon maintenant d'entendre une bouche protestante nous raconter dans quels termes le grand inquisiteur prononça à l'accusé l'arrêt que le Saint-Office venait de rendre contre lui.

« Mon fils, lui dit *le bourreau sacré,* vous allez
« entendre le récit de vos crimes, et la sentence qui
« doit les expier. Nous usons toujours d'indulgence,
« et ce Saint-Office a bien plus en vue de corriger
« que de punir. Soyez affligé de sentir ce que votre
« conscience vous reproche, bien plus que de la peine
« que vous serez appelé à souffrir (1). »

Le voyageur ajoute « que la première noblesse et
« toutes les dames de la cour avaient été invitées à
« la cérémonie par la marquise de *Cogolludo,* qui
« donna après la séance une fête aux juges et aux
« officiers de l'Inquisition. »

Après ce détail, on serait surpris, s'il était permis

_____
(1) M. Townsend remarque ici *que cette exhortation aurait été faite avec la même douceur, quand même le coupable serait condamné du feu.* (Ibid.) Qu'y a-t-il donc là d'étonnant ? *La justice,* même isolée, ne se fâche jamais. Comment ne passerait-elle pas du calme simple à la tendresse, lorsqu'il lui est permis de se consulter avec la *miséricorde ?*

d'être surpris de quelque chose dans ce genre, d'entendre le ministre-voyageur du saint Évangile terminer son récit par cette réflexion :

« *Si le roi, voulant détruire ce tribunal, avait
« eu dessein de le rendre méprisable aux yeux de
« ses sujets, il n'aurait pu mieux s'y prendre.* »

Ainsi l'alliance admirable de la sévérité légale et de la charité chrétienne, la compassion du peuple répondant à celle des juges, le discours paternel de l'inquisiteur, ce jugement tourné tout entier à l'amendement du coupable, ce supplice qui s'avance, et qui tout à coup se change en une fête de la clémence que la haute noblesse vient célébrer avec les juges; une jurisprudence si douce, si remarquable, si particulière à l'Espagne, rien de tout cela, dis-je, ne saurait intéresser un spectateur dont l'œil est absolument vicié par les préjugés nationaux, et il ne voit plus qu'un objet et un motif de mépris dans ce même spectacle qui aurait excité l'admiration d'un Indou ou d'un Mahométan dès qu'on le leur aurait fait comprendre.

J'espère, monsieur le comte, qu'en voilà assez pour vous donner une idée juste de l'origine, de la nature, du véritable caractère, et des procédures de l'Inquisition ; mais ce qui mérite encore une grande attention, c'est que ce tribunal tant calomnié était devenu par le fait une véritable *Cour d'équité*, aussi nécessaire pour le moins dans l'ordre criminel que dans l'ordre civil.

Grotius a défini supérieurement l'équité. *C'est le remède inventé pour le cas où la loi est en défaut à cause de son universalité* (1). Un grand homme seul a pu donner cette définition. L'homme ne saurait faire que des lois générales ; et, par là même, elles sont de leur nature injustes en partie, parce qu'elles ne sauraient jamais saisir tous les cas. *L'exception à la règle* est donc précisément aussi juste que la règle même, et partout où il n'y aura point de dispense d'exception, de mitigation, il y aura nécessairement violation, parce que la conscience universelle laissant d'abord établir l'exception, les passions individuelles se hâtent de la généraliser pour étouffer la loi.

Dans l'ordre criminel, ce pouvoir d'équité est communément réservé au souverain. De là les grâces, les commutations de peines, les lettres de cachet à

---

(1) *Correctio ejus in quo lex propter universalitatem deficit.* (Grot., dans le livre de *Jure belli et pacis*.)

la place des condamnations légales, les jugements économiques, etc. Mais tous les observateurs savent que l'intervention de la puissance souveraine dans l'administration de la justice est la chose du monde la plus dangereuse. A Dieu ne plaise que je veuille disputer au pouvoir souverain le magnifique droit de faire grâce, mais il doit en user bien sobrement, sous peine d'amener de grands maux; et je crois que toutes les fois qu'il ne s'agira pas de *grâce*, proprement dite, mais d'un certain ménagement qu'il n'est pas trop aisé de définir, et dans les crimes surtout qui violent la religion ou les mœurs publiques, le pouvoir mitigateur sera confié avec beaucoup plus d'avantage au tact éclairé d'un tribunal, à la fois royal par essence, et sacerdotal par la qualité des juges. J'ose croire même qu'il est impossible d'imaginer rien de mieux que d'introduire ainsi l'*huile de la miséricorde* au milieu des ressorts criards et déchirants de la jurisprudence criminelle.

Sous ce point de vue, l'Inquisition peut rendre les plus grands services. Il ne faut pas être bien vieux à Madrid pour se rappeler l'histoire d'une femme abominable qui était parvenue à séduire tout le monde dans cette capitale, par l'extérieur d'une piété héroïque, cachant l'hypocrisie la plus raffinée. Elle avait pour directeur prétendu et pour complice réel un moine plus scélérat qu'elle. Un évêque même y fut pris, et la criminelle habileté de cette femme alla au point que, feignant une incommodité qui l'empêchait de quitter le lit, elle obtint, par l'entremise du prélat trompé, une bulle du pape qui l'autorisait à conserver le Saint-Sacrement dans sa chambre; et l'on acquit depuis la certitude que cette même chambre était le théâtre du commerce le plus criminel. L'Inquisition ayant été avertie, elle avait ici le sujet d'un bel *auto-da-fé* contre les deux coupables, et surtout contre le religieux sacrilége; cependant la justice ne put, même dans cette occasion, étouffer entièrement la clémence. L'Inquisition fit disparaître la femme sans éclat, châtia son complice sans le faire mourir, et sauva la réputation du prélat si honteusement trompé.

Tout le monde encore a connu en Espagne l'histoire de deux ecclésiastiques (MM. les frères Questas). Pour avoir eu le malheur de déplaire à un favori célèbre, ils furent livrés à l'Inquisition, et chargés d'une accusation soutenue par tout le poids d'une influence qui paraissait invincible. Rien ne fut oublié de tout ce qu'il était possible d'imaginer pour perdre deux hommes. Mais l'inquisiteur de Valladolid éventa la trame et fut inébranlable contre toutes les séductions et l'ascendant de l'autorité. Il soupçonna les témoignages, les démasqua, s'en procura de nouveaux, et déclara les deux frères absous. L'affaire ayant été portée en appel au tribunal suprême de l'Inquisition à Madrid, le grand inquisiteur lutta corps à corps avec l'enfant gigantesque de la faveur et le fit reculer. L'un des frères qui était emprisonné fut rendu à la liberté; et l'autre, qui avait pris la fuite, revint tranquillement dans ses foyers.

Précédemment, le grand inquisiteur *Avéda* étant venu faire la visite des prisons de l'Inquisition, y trouva quelques personnages à lui inconnus. *Qui sont ces hommes,* dit-il? — *Ce sont,* répondit-on, *des hommes arrêtés par ordre du gouvernement, et envoyés dans ces prisons pour telle et telle cause.* — *Tout cela,* reprit le grand inquisiteur, *n'a rien de commun avec la religion,* et il leur fit ouvrir les portes (1).

(1) Je tiens ces anecdotes d'un gentilhomme espagnol, infiniment distingué par son caractère élevé et par l'inflexible probité qui l'a constamment retenu dans le chemin de l'honneur et du danger, pen-

Le hasard m'a fait connaître ces anecdotes; mille autres, sans doute, si elles étaient connues, attesteraient de même l'heureuse influence de l'Inquisition, considérée tout à la fois comme cour d'équité, comme moyen de haute police et comme censure. C'est en effet sous ce triple point de vue qu'elle doit être considérée; car tantôt elle amortit les coups quelquefois trop rudes et pas assez gradués de la justice criminelle; tantôt elle met la souveraineté en état d'exercer, avec moins d'inconvénient que partout ailleurs, un certain genre de justice qui, sous une forme quelconque, se trouve dans tous les états; tantôt enfin, plus heureuse que les tribunaux des autres nations, elle réprime l'immoralité de la manière la plus salutaire pour l'état, en la menaçant, lorsqu'elle devient trop effrontée, d'effacer la ligne qui sépare le péché du délit.

Je ne doute nullement qu'un *tribunal de cette espèce*, modifié suivant les temps, les lieux et le caractère

---

lant les orages de sa patrie. Si cet écrit arrive, par hasard, jusqu'à lui, je le prie de se rappeler ces moments heureux, mais trop courts, où l'amitié instruisant l'amitié, au coin du feu, les heures s'écoulaient si doucement dans ce doux échange de pensées et de connaissances. Jetés un instant ensemble auprès d'une cour brillante, nous ne devons plus nous revoir, mais j'espère que nous ne pouvons nous oublier.

des nations, ne fût très-utile dans tous les pays; mais qu'il n'ait au moins rendu un service signalé aux Espagnols, et que ce peuple illustre ne lui doive d'immortelles actions de grâces, c'est un point sur lequel il ne vous restera, j'espère, aucun doute, après la lecture de ma prochaine lettre.

Je suis, etc.

Moscou, 15/27 juillet 1815.

LETTRE QUATRIÈME

Monsieur le Comte,

Dans les sciences naturelles, il est toujours question de quantités moyennes ; on ne parle que de *distance moyenne,* de *mouvement moyen*, de *temps moyen,* etc. Il serait bien temps enfin de transporter cette notion dans la politique, et de s'apercevoir que les meilleures institutions ne sont point celles qui donnent aux hommes le plus grand degré de bonheur possible à tel ou tel moment donné, mais bien celles qui donnent *la plus grande somme de bonheur possible au plus grand nombre de générations possibles. C'est le bonheur moyen,* et je ne crois pas qu'à cet égard il y ait aucune difficulté.

Sur ce principe, qui ne saurait être contesté, je

serais curieux de savoir ce que le plus ardent ennemi de l'Inquisition répondrait à un Espagnol qui, passant même sous silence tout ce que vous venez de lire, la justifierait en ces termes :

« Vous êtes myope ; vous ne voyez qu'un point.
« Nos législateurs regardaient d'en haut et voyaient
« l'ensemble. Au commencement du XIVe siècle, ils
« virent pour ainsi dire, *fumer* l'Europe ; pour se
« soustraire à l'incendie général, ils employèrent l'In-
« quisition, qui est le *moyen politique dont ils se*
« *servirent pour maintenir l'unité religieuse et pré-*
« *venir les guerres de religion.* Vous n'avez rien
« imaginé de pareil ; examinons les suites, je récuse
« tout autre juge que l'expérience.

« Voyez la guerre de trente ans allumée par les
« arguments de Luther ; les excès inouïs des Anabap-
« tistes et des paysans ; les guerres civiles de France,
« d'Angleterre et de Flandre ; le massacre de la Saint-
« Barthélemy, le massacre de Mérindol, le massacre des
« Cévennes ; l'assassinat de Marie-Stuart, de Henri IV,
« de Charles Ier, du prince d'Orange, etc., etc. Un vais-
« seau flotterait sur le sang que vos novateurs ont fait
« répandre ; l'Inquisition n'aurait versé que le leur.
« C'est bien à vous, ignorants présomptueux, qui

« n'avez rien prévu et qui avez baigné l'Europe dans
« le sang ; c'est bien à vous qu'il appartient de
« blâmer nos rois qui ont tout prévu. Ne venez donc
« point nous dire que l'Inquisition a produit tel ou
« tel abus dans tel ou tel moment ; car ce n'est
« point de quoi il s'agit, mais bien de savoir, *si
« pendant les trois derniers siècles, il y a eu, en
« vertu de l'Inquisition, plus de paix et de bonheur
« en Espagne que dans les autres contrées de l'Europe ?*
« Sacrifier les générations actuelles au bonheur pro-
« blématique des générations futures, ce peut être le
« calcul d'un philosophe, mais les législateurs en font
« d'autres.

« Et quand cette observation décisive ne suffirait
« pas, ce qui se passe aujourd'hui suffirait pour
« vous réduire au silence. C'est l'Inquisition qui a
« sauvé l'Espagne ; c'est l'Inquisition qui l'a immor-
« talisée. Elle a conservé cet esprit public, cette foi,
« ce patriotisme religieux qui ont produit les miracles
« que vous avez vus, et qui, suivant les apparences,
« en sauvant l'Espagne, ont sauvé l'Europe par la
« diversion la plus noble et la plus obstinée. Du
« haut des Pyrénées, l'Inquisition effrayait le philoso-
« phisme qui avait bien ses raisons pour la haïr. L'œil

« ouvert sans relâche sur les livres qui tombaient
« du haut de ces monts comme des lavanges mena-
« çantes, ceux qui trompèrent en assez grand nombre
« sa force et sa vigilance ont suffi pour donner à
« l'usurpateur quelques sujets dignes de lui; mais la
« masse est demeurée saine, et l'Inquisition seule a
« pu la rendre à son maître telle qu'il avait eu le
« malheur de la perdre. »

Je ne sais en vérité ce qu'on pourrait répondre de raisonnable à ces observations; mais ce qui est véritablement extraordinaire et peu connu, ce me semble, c'est l'apologie complète de l'Inquisition faite par Voltaire, et que je vais vous présenter comme un monument remarquable du bon sens qui aperçoit les faits, et de la passion qui s'aveugle sur les causes.

« Il n'y eut, dit-il, en Espagne, pendant le XVIe et
« le XVIIe siècle, aucune de ces révolutions sanglantes,
« de ces conspirations, de ces châtiments cruels, qu'on
« voyait dans les autres cours de l'Europe. Ni le duc
« de Lerme, ni le comte Olivarès ne répandirent le
« sang de leurs ennemis sur les échafauds. Les rois
« n'y furent point assassinés comme en France, et
« n'y périrent point par la main du bourreau comme

« en Angleterre (1). *Enfin, sans les horreurs de
« l'Inquisition, on n'aurait eu alors rien à reprocher
« à l'Espagne* (2). »

Je ne sais si l'on peut être plus aveugle. *Sans les horreurs de l'Inquisition, on n'aurait rien à reprocher à cette nation qui n'a échappé que par l'Inquisition aux horreurs qui ont déshonoré toutes les autres!* C'est une véritable jouissance pour moi de voir ainsi le génie châtié, condamné à descendre jusqu'à l'absurdité, jusqu'à la niaiserie, pour le punir de s'être prostitué à l'erreur. Je suis moins ravi de sa supériorité naturelle que de sa nullité dès qu'il oublie sa destination.

Après les horreurs que nous avons vues en Europe, de quel front ose-t-on reprocher à l'Espagne une institution qui les aurait toutes prévenues. *Le Saint-Office, avec une soixantaine de procès dans un siècle, nous aurait épargné le spectacle d'un monceau de cadavres qui surpasserait la hauteur des*

---

(1) Lisez aujourd'hui : *Les rois n'y furent point assassinés et n'y périrent point par la main du bourreau, comme en France et en Angleterre.*

(2) Voltaire, *Essai sur l'Histoire générale*, tome IV, chap. CLXVII, pag. 135, Œuvres complètes, in-8°, tome XIX.

Alpes, et arrêterait le cours du Rhin et du Pô (1). Mais de tous les Européens, le Français serait, sans contredit, le plus insupportable critique de l'Inquisition, après les maux qu'il a faits ou causés dans le monde, après les maux plus terribles encore qu'il s'est faits à lui-même. Il serait inexcusable, s'il s'avisait de plaisanter l'Espagne sur de sages institutions qui l'ont préservée. Rendons justice à cette illustre nation. Elle est du petit nombre de celles qui, sur le continent européen, n'ont point du tout été complices de la révolution française. A la fin, sans doute, elle en a été la victime, mais le sang de quatre cent mille étrangers l'a suffisamment vengée, et maintenant nous la voyons revenir à ses anciennes maximes avec une impétuosité digne des respects de l'univers, quand même il s'y trouverait quelque chose d'exagéré.

Le comité des Cortès, que je vous ai déjà beaucoup cité, a bien senti la force de l'argument qui résultait en faveur de l'Inquisition, de cette importante considération des maux qu'elle a prévenus.

---

(1) L'auteur anonyme de la brochure intitulée : *Qu'importe aux Prêtres? Christiapople*, 1797, in-8 page 192.

Pour se tirer de là, le rapporteur a trouvé un moyen expéditif et tout à fait commode, c'est de nier cette influence. *L'autorité des évêques, dit-il, si elle eût été conservée, aurait servi à l'Espagne pour se défendre contre les derniers hérésiarques. Ce n'est point à l'Inquisition que nous devons ce bonheur* (1).

Observez, monsieur, comment la passion ne fait jamais attention à ce qu'elle dit. Nous avons vu plus haut (2) que les évêques n'ont point à se plaindre des inquisiteurs, qu'ils regardent au contraire comme des *alliés fidèles* dans la conservation de la foi. Mais en accordant tout au comité pour le réfuter toujours par lui-même, si le pouvoir ordinaire des évêques devait suffire à l'Espagne pour repousser le *démon du septentrion*, comment ce même pouvoir, usurpé par l'Inquisition, *augmenté et corrigé* d'ailleurs d'une manière assez imposante, n'a-t-il été d'aucune utilité à l'Espagne? C'est un fait notoire que les derniers hérésiarques n'ont pu mettre le pied en Espagne, et quelque chose, sans doute, a donc suffi pour cela.

(1) *Porque no se debe atribuir á la Inquisicion la felicidad que ha gozado Espana de no ser allerada por los ultimos heresiarcas.* (Informe, etc., pag. 77.)

(2) Suprà, Lettre IIe, pag. 70.

Qu'est-ce donc qui a *suffi* ? Ce n'est pas le pouvoir des évêques, puisque l'Inquisition les en avait dépouillés : ce n'est pas non plus l'Inquisition elle-même ; le comité nous en donne sa parole d'honneur. Moins encore on peut en remercier les tribunaux civils, les gouverneurs des provinces, etc., puisque l'Inquisition était revêtue d'une juridiction exclusive dans toutes les affaires de religion. Encore une fois, *puisque quelque chose a suffi, qu'est-ce qui a suffi?* Si le comité ne l'a pas vu, c'est qu'il fermait les yeux ; mais pour tout homme qui les tiendra ouverts, il demeurera certain que toutes les nations européennes ayant été plus ou moins attaquées et bouleversées par les derniers hérésiarques, excepté l'Espagne et celles qui avaient le plus ou moins adopté la juridiction et les formes de l'Inquisition, l'équité et la raison défendent également d'attribuer la préservation de l'Espagne à toute autre cause qu'au tribunal de l'Inquisition, surtout lorsqu'on ne sait pas indiquer cette autre cause. Comme si, dans le xive siècle, une seule nation avait échappé à la peste noire qui désola l'Europe, lorsque cette nation viendrait ensuite à vanter un remède prophylactique qu'elle aurait annoncé ou préparé pour cet effet, un remède dont elle aurait usé sans interruption, et dont elle ferait connaître tous les ingrédients d'un genre notoirement préservatif. Il serait souverainement déraisonnable de lui dire qu'elle ne doit rien à ce remède, et que d'autres auraient suffi, tandis que nulle part, hors de chez elle, ces autres remèdes n'auraient point suffi.

Il manquerait quelque chose d'important à l'apologie de l'Inquisition, si je ne vous faisais remarquer l'influence de cette institution sur le caractère espagnol. Si la nation a conservé ses maximes, son unité et cet esprit public qui l'a sauvée, elle le doit uniquement à l'Inquisition. Voyez la tourbe des hommes formés à l'école de la philosophie moderne; qu'ont-ils fait en Espagne? Le mal, et rien que le mal. Eux seuls ont appelé la tyrannie ou transigé avec elle; eux seuls ont prêché les demi-mesures, l'obéissance à l'empire des circonstances, la timidité, la faiblesse, les lenteurs, les tempéraments, à la place de la résistance désespérée et de l'imperturbable fidélité. Si l'Espagne avait dû périr, c'est par eux qu'elle aurait péri. Une foule d'hommes superficiels croient qu'elle a été sauvée par les Cortès; elle l'a été, au contraire, *malgré* les Cortès, qui ont embarpassé les Anglais plus que la politique ne leur a permis de le dire. C'est le peuple qui a tout fait, et quand il y aurait eu, dans le parti philosophique et parmi les ennemis de l'Inquisition, de véritables Espagnols capables de se sacrifier pour leur patrie, qu'auraient-ils fait sans le peuple? Et qu'aurait fait le peuple à son tour, s'il n'avait été conduit par les idées nationales, et surtout par ce qu'on appelle la *superstition?* Voulez-vous éteindre cet enthousiasme qui inspire les grandes pensées et les grandes entreprises, glacer les cœurs, et mettre l'égoïsme à la place de l'ardent amour de la patrie, ôtez à un peuple sa croyance, et rendez-le philosophe.

Il n'y a pas, en Europe, de peuple moins connu et plus calomnié que le peuple espagnol. La *superstition espagnole,* par exemple, a passé en proverbe : cependant rien n'est plus faux. Les classes élevées de la nation en savent autant que nous. Quand au peuple, proprement dit, il peut se faire, par exemple, que, sur le culte des saints, ou, pour mieux dire, sur l'honneur rendu à leurs représentations, il excède de temps à autre la juste mesure ; mais le dogme étant mis sur ce point hors de toute attaque, et ne permettant plus même la moindre chicane plausible, les petits abus de la part du peuple ne signifient rien dans ce genre; et ne sont pas même sans avantage, comme je pourrais vous le démontrer, si c'était ici le lieu. Au reste, l'Espagnol a moins de préjugés, moins de superstitions que les autres peuples qui se moquent de lui sans savoir s'examiner eux-mêmes. Vous connaissez, j'espère, de fort honnêtes gens, et fort au-dessus du peuple, qui croient de la meilleure foi du monde aux amulettes, aux apparitions, aux remèdes sympathiques, aux devins et devineresses, aux songes, à la théurgie, à la communication des esprits, etc., etc., etc.; qui sortiront brusquement de table, si par le comble du malheur, ils s'y trouvent assis avec douze convives; qui changeront de couleur si un laquais sacrilège s'avise de renverser une salière : qui perdraient un héritage plutôt que de se mettre en route tel ou tel jour de la semaine, etc., etc., etc. Eh bien! monsieur le comte, allez en Espagne, vous serez étonné de n'y rencontrer aucune de ces humiliantes superstitions (1). C'est que le principe religieux étant essentiellement contraire à toutes ces vaines

---

(1) Je n'ai jamais voyagé en Espagne, mais je suis assuré de ce fait par l'autorité espagnole la plus estimable : j'espère qu'elle ne peut me tromper.

croyances, il ne manquera jamais de les étouffer partout où il pourra se déployer librement : ce que je dis néanmoins sans prétendre nier que ce principe n'ait été puissamment favorisé en Espagne par le bon sens national.

Cependant on ne veut point faire de grâce à l'Espagne, et, l'année dernière encore, il fut dit à Londres, en plein parlement, *que tout ce qu'il avait été possible de faire par la voie des remontrances et des représentations pour s'opposer aux mesures* HONTEUSES *des autorités espagnoles, et surtout au rétablissement de la* DÉTESTABLE *Inquisition, avait été tenté inutilement par l'ambassadeur anglais à Madrid* (1).

J'ai beau chercher, je 'avoue, avec toute a bonne foi possible, et en me rappelant tout ce que je viens d'écrire, ce qu'il y a de détestable dans ce fameux tribunal, je ne sais pas le voir : mais une accusation aussi solennelle, et portée sur un théâtre aussi respectable que celui du parlement d'Angleterre, m'inspire l'idée d'une discussion particulière. J'espère vous démontrer dans les lettres suivantes que les Anglais ont peut-être moins de droit que toutes les autres

---

(1) Séance chambre des Communes, du 22 novembre 1811.

nations européennes de reprocher à l'Espagne son Inquisition. Vous en jugerez incessamment : permettez-moi de prendre congé de vous.

J'ai l'honneur d'être, etc.

Moscou, 4/15 août 1815.

LETTRE CINQUIÈME

Monsieur le Comte,

Vous ne serez point étonné, sans doute, que l'attaque faite sur l'Espagne, au sein du parlement d'Angleterre, m'ait semblé exiger une discussion particulière. Les représentants de cette grande nation méritent bien d'être entendus lorsqu'ils émettent une opinion au milieu des comices nationaux. Le peuple anglais, le premier sans contredit entre tous les peuples protestants, est le seul d'ailleurs qui ait une voix nationale et le droit de parler comme peuple. Je crois donc utile de le prendre à partie, et de lui demander compte de sa foi, sans manquer aux égards qui lui sont justement dus. En voyant où il a été conduit par ce qu'il appelle sa *tolérance*, nous verrons peut-être que cette tolérance, telle qu'on l'entend en Angleterre, ne saurait s'allier avec une foi positive quelconque.

L'Angleterre tolère toutes les sectes et ne proscrit que la *religion* (dont toutes ses sectes se sont détachées). L'Espagne, au contraire, n'admet que la *religion* et proscrit toutes les sectes : comment deux lois fondamentales, diamétralement opposées, pourraient-elles êtres défendues par les mêmes moyens ? Il ne s'agit nullement de savoir s'il faut des lois coercitives pour laisser à chacun liberté de faire ce qu'il veut, car ce problème n'est pas difficile. Il s'agit de savoir *comment un état pourra, sans aucunes lois de ce genre, maintenir* chez lui l'unité de croyance et de culte, et cet autre problème n'est pas tout à fait si aisé.

Les Anglais font un singulier raisonnement : ils établissent, sous le nom spécieux de *tolérance*, une indifférence absolue en fait de religion : puis ils partent de là pour juger des nations aux yeux desquelles cette indifférence est le plus grand des malheur. et le plus grand des crimes. *Nous sommes heureux ainsi,* disent-ils : fort bien, si l'unité de religion et si le monde futur ne sont rien pour eux ; mais en partant des deux suppositions contraires, comment s'y prendraient leurs hommes d'état pour satisfaire cette première volonté de la législation ?

« Dieu a parlé ; c'est à nous de croire. La religion « qu'il a établie est *une* précisément comme lui. La « vérité étant intolérante de sa nature, professer la « tolérance religieuse, c'est professer le doute, c'est-« à-dire exclure la foi. Malheur et mille fois malheur « à la stupide imprudence qui nous accuse de *damner* « *les hommes !* C'est Dieu qui damne ; c'est lui qui « a dit à ses envoyés : *Allez, enseignez toutes les* « *nations ! Celui qui croira sera sauvé ; les autres* « *seront condamnés*. Pénétrés de sa bonté, nous ne pou-« vons cependant oublier aucun de ses oracles : mais « quoiqu'il ne puisse *tolérer* l'erreur, nous savons néan-« moins qu'il peut lui *pardonner*. Jamais nous ne « cesserons de la recommander à sa miséricorde : « jamais nous ne cesserons, ni de tout espérer pour « la bonne foi, ni de trembler en songeant que Dieu « seul la connaît. »

Telle est la profession de foi d'un Espagnol et de quelques autres hommes encore. Cette foi suppose nécessairement dans ses adeptes un prosélytisme ardent, une aversion insurmontable pour toute innovation, un œil toujours ouvert sur les projets et les manœuvres de l'impiété, un bras intrépide et infatigable toujours élevé contre elle. Chez les nations qui professent cette doctrine, la législation se tourne avant tout vers le monde futur ; *croyant que tout le reste leur sera ajouté.* D'autres nations au contraire disent négligemment : *Deorum injuriæ diis cura* (1). Pour elles l'avenir n'est rien. Cette vie commune de vingt-cinq ans environ, accordée à l'homme, attire tous les soins de leurs législateurs. Ils ne pensent qu'aux sciences, aux arts, à l'agriculture, au commerce, etc. Ils n'osent pas dire expressément : *Pour nous, la religion n'est rien;* mais tous leurs actes le supposent, et toute leur législation est tacitement matérialiste, puisqu'elle ne fait rien pour l'esprit et pour l'avenir.

Il n'y a donc rien de commun entre ces deux systèmes, et celui de l'indifférence n'a rien à reprocher à l'autre, jusqu'à ce qu'il lui ait indiqué un moyen sûr de se défendre sans vigilance et sans rigueur, ce qui, je pense, ne sera pas trouvé fort aisé.

L'Angleterre elle-même, qui prêche si fort la tolérance aux autres nations, comment a-t-elle pris pa-

---

(1) *Les injures faites aux dieux sont leur affaire.*
Tacit., Annal. liv. 73.

tience lorsqu'elle a cru sa religion attaquée ? Hume lui a reproché son Inquisition contre les Catholiques *plus terrible*, dit-il, *que celle d'Espagne*, puisqu'elle exerçait la *même tyrannie en se débarrassant des formes* (1).

Sous la féroce Elisabeth, l'Anglais qui retournait à l'Église romaine ; celui qui avait le bonheur de lui donner un partisan étaient déclarés coupables de lèse-majesté (2).

Tout homme âgé de plus de seize ans, qui refusait, pendant plus d'un mois, de fréquenter le service protestant, était emprisonné. S'il lui arrivait de récidiver, il était banni à perpétuité ; et s'il rentrait (pour voir sa femme, par exemple, ou pour assister son père), on l'exécutait comme traître. (3).

(1) *The whole tyranny of the Inquisition; though without its order, was introduced in the kingdom* (Hume's history of England. James the 1617, ch. LVII. in-4°, pag. 109.) Hume, sans s'en apercevoir, s'exprime ici d'une manière assez inexacte. Un tribunal qui marche environné de lois et de formes, appuyé sur la *miséricorde* autant que sur la *justice*, ne peut être que sévère. Celui qui condamne sans formalités est purement et simplement *assassin*, et, comme tel, exécrable.

(2) *Whoever in any way reconciled any one to the Church of Rome; or was himself reconciled, was declared to be guilty of treason.* (Idem, ibid., 1581, chap. 41, pag. 113.)

(3) Nat. Alex., hist. eccles. Sœculi XVI, cap., V, p. 169. Chaloner :

Campian, renommé pour sa science, son éloquence et la pureté de ses mœurs, fut exécuté sous ce règne, uniquement comme missionnaire et consolateur de ses frères. Accusé sans pudeur *d'être entré dans un complot qui avait existé contre la reine Elisabeth* (1), il fut torturé avec une telle inhumanité, que le geôlier, témoin de ces horreurs, dit *que ce pauvre homme serait bientôt allongé d'un demi-pied*. Trois de ses juges, effrayés d'une telle injustice, se retirèrent, refusant de prendre part à cet assassinat juridique (2).

Walpole fut jugé et exécuté de même. La reine lui fait offrir son pardon sur l'échafaud, s'il voulait reconnaître la nouvelle suprématie. Il refuse et meurt (3).

Qui ne connaît les horribles cruautés exercées, sous ce règne, contre les Catholiques d'Irlande, par le lord Fitz-William (4)? Élisabeth en avait une parfaite con-

---

Mémoires pour servir à l'histoire de ceux qui ont souffert en Angleterre pour la religion. Londres, 1741. — Der Triumph der Philosophie, etc., in-8°, tom. 1. pag. 448.

(1) *Formule de Robespierre*, que personne n'a pu oublier encore.

(2) Der triumph der Philosophie, etc.

(3) Der triumph der Philosophie, etc. Ibid.

(4) *Elles ne peuvent être excusées par aucun principe de justice ou de nécessité*. (Edimburg-Review Octobre 1804, n° 9, page 156.

naissance. On conserve encore aujourd'hui, dans les archives du collége de la Trinité, à Dublin, une lettre manuscrite dans laquelle un officier nommé *Lee* décrit ces cruautés sans détour : *Elles sont telles*, dit-il, *qu'on s'attendrait plutôt à les rencontrer dans l'histoire d'une province turque, que dans celle d'une province anglaise* (1). *Et cependant*, ajoute le docte Cambden, *Elisabeth ne croyait pas que la plupart de ces malheureux prêtres, ainsi égorgés par les tribunaux, fussent coupables d'aucun crime contre la patrie* (2). L'aimable femme !

Enfin, la réunion des lois (s'il est permis de profaner ainsi ce nom) portée contre les Catholiques, en Irlande surtout, *formerait un code d'oppression sans exemple dans l'univers* (3).

Bâcon, dans ce qu'il appelle son *Histoire naturelle*, parle, avec plus de sérieux peut-être qu'il ne l'aurait dû, de je ne sais quel onguent magique, où il en-

---

(1) Edimburg-Review, ibid., page 159.
(2) Cambden. Annales d'Angleterre, édition de 1615, tom. I, p. 827.
(3) *Unparalleled Code of opression.* (Burke's letter to sir Henri Lang, in-8°, page 44.) Dans la séance du 10 mai 1805, un lord irlandais s'écriait encore pathétiquement : *O mon infortunée patrie, ne connaîtras-tu jamais le repos ?* (Cobbet's parliamentary debates, etc., tom. IV. London. 1805. in-8°, col. 721.)

trait, entre autres belles choses, *la graisse d'un sanglier, et celle d'un ours, tués l'un et l'autre dans l'acte même de la reproduction*, et de plus *une certaine mousse qui se forme sur le crâne d'un cadavre humain laissé sans sépulture*. Il trouve qu'il serait assez difficile de se procurer le premier ingrédient dans toute sa légitimité constatée ; *mais, quant au second*, dit-il avec un sang-froid admirable, et sans la plus légère grimace de dégoût, *il est certain qu'on en trouverait à foison en Irlande sur les cadavres qu'on y jette à la voirie par monceaux* (1).

Et remarquez, monsieur, je vous en prie, que, dans le pays témoin de cette inexorable persécution, on tient encore pour certain, et il a été solennellement professé en plein parlement, par une suite du même esprit continué, *que si le roi d'Angleterre venait à embrasser une autre religion que l'anglicane, il serait par le fait même privé de la couronne* (2).

Je crois, en ma conscience, que les Anglais y penseraient à deux fois ; mais prenons cette déclaration au pied de la lettre. Je trouve étrange, en vérité, que le

---

(1) *Sylva Sylvarum*; or natural history. Cent. X, n° 899.

(2) *Parliamentary debates*, à l'endroit cité, col. 677, discours du lord H......

parlement d'Angleterre ait le droit incontestable de chasser le meilleur de ses rois, qui s'aviserait d'être catholique, et que *le roi catholique* n'ait pas le droit de chasser le dernier de ses sujets qui s'aviserait d'être protestant.

Voilà comment les nations tombent en contradiction avec elles-mêmes, et deviennent ridicules sans s'en apercevoir. Un Anglais vous prouvera doctement que son roi n'a pas le moindre droit sur les consciences anglaises, et que s'il osait entreprendre de les ramener au culte primitif, la nation serait en droit de se faire justice de sa personne sacrée ; mais si l'on dit à ce même Anglais : *Comment donc Henri VIII ou Elisabeth avaient-ils plus de droit sur les consciences d'alors, que le roi Georges II. n'en a sur celles d'aujourd'hui, et comment des Anglais de cette époque étaient-ils coupables de résister à ces deux souverains devenus tyrans par rapport à eux, suivant la théorie anglaise ?* Il ne manquera pas de s'écrier, avant d'y avoir réfléchi : *Oh ! c'est bien différent !* quoiqu'il n'y ait réellement qu'une seule et incontestable différence, c'est que les opposants d'alors combattaient pour une possession de seize siècles ; tandis que les possesseurs d'aujourd'hui sont nés d'hier.

A Dieu ne plaise que je veuille réveiller d'anciennes

querelles : je dis seulement, et j'espère que vous serez de mon avis, que les Anglais sont peut-être le peuple de la terre qui a le moins de droit de reprocher à l'Espagne sa législation religieuse. Lorsqu'avec plus de moyens de se défendre qu'il n'en fut donné aux autres nations, on s'est livré cependant aux mêmes fureurs ; lorsqu'on a chassé un roi légitime, qu'on en a égorgé un autre ; qu'on a passé enfin par toutes les convulsions du fanatisme et de la révolte pour arriver à la tranquillité, comment trouve-t-on le courage de reprocher à l'Espagne sa *détestable Inquisition*; comme si l'on pouvait ignorer que l'Espagne *seule,* au moyen de cette *seule* institution, a pu traverser deux siècles de délire et de forfaits avec une sagesse qui a forcé jusqu'à l'admiration de Voltaire.

Ce même Voltaire disait fort bien, quoiqu'il appliquât mal la maxime, que *lorsqu'on a une maison de verre, il ne faut pas jeter des pierres dans celle de son voisin.*

Vous direz peut-être : *Les convulsions de l'Angleterre ont cessé; son état actuel lui a coûté des flots de sang, mais enfin cet état l'élève à un point de grandeur fait pour exciter l'envie des autres nations.*

Je réponds d'abord que personne n'est obligé d'acheter un bonheur futur et incertain par de grands malheurs actuels; le souverain capable de faire ce calcul est également téméraire et coupable. Par conséquent, les rois d'Espagne qui arrêtèrent par quelques gouttes du sang le plus impur, des torrents du sang le plus précieux prêts à s'épancher, firent un excellent calcul, et demeurent irréprochables.

Je réponds, en second lieu, qu'il n'en a pas seulement coûté à l'Angleterre des *torrents de sang* pour arriver où elle est, mais qu'il lui en a coûté la foi, c'est-à-dire tout. Elle n'a cessé de persécuter qu'en cessant de croire; ce n'est pas une merveille dont il faille beaucoup se vanter. On part toujours, dans ce siècle, quoique d'une manière tacite, de l'hypothèse du matérialisme, et les hommes les plus raisonnables sont à la fin entraînés par le torrent, sans qu'ils s'en aperçoivent. Si ce monde est tout, et l'autre rien, on fait bien de faire tout pour le premier et rien pour l'autre; mais si c'est tout le contraire qui est vrai, c'est aussi la maxime contraire qu'il faut adopter.

L'Angleterre dira, sans doute, *c'est vous qui avez perdu la foi, et c'est nous qui avons raison*. Certes, il ne faut pas être extrêmement fin pour deviner cette objection, mais la réplique se présente encore plus vite et la voici.

Prouvez-nous donc que vous croyez votre religion, et montrez-nous comment vous la défendez.

Il n'y a pas d'homme instruit qui ne sache à quoi s'en tenir sur ces deux points; car, dans le fait, toute tolérance dont se vante l'Angleterre n'est, au fond, que l'indifférence parfaite. Celui qui croit doit être charitable, sans doute, mais il ne peut être tolérant sans restriction. Si l'Angleterre tolère tout, c'est qu'elle n'a plus de symbole que sur le papier des trente-neuf articles.

Si l'Angleterre avait un système de croyance fixe, elle aimerait les différents symboles chrétiens, à mesure qu'ils se rapprochent du sien; mais il n'en est rien, et mille fois plus volontiers elle consentirait à se voir représentée au parlement par un socinien que par un Catholique; preuve certaine que la croyance n'est rien pour elle.

Et puisque la foi échappe visiblement et totalement à l'Angleterre, cette nation, d'ailleurs infiniment respectable, a perdu le droit de critiquer celle qui, mettant la perte de la foi au premier rang des malheurs, prend ses mesures pour la conserver.

Plus vous examinerez la chose, et plus vous aurez lieu de vous convaincre que ce qu'on appelle *Religion,* dans plusieurs pays, n'est que la haine du système exclusif. Cette rage s'appelle piété, zèle, foi, etc. *Dant nomen quod libet illi* (1).

Nous avons entendu naguère un évêque anglais avancer, non dans un ouvrage d'érudition ou de théologie polémique, mais dans un mandement adressé à ses propres diocésains, l'étrange thèse : *Que l'église anglicane n'est pas protestante*; ceci est curieux : mais qu'est-elle donc, s'il vous plaît ? Le prélat anglais répond : SCRIPTURALE (2) ; ce qui signifie en d'autres

---

(1) Un des plus grands hommes d'état de notre siècle (quoiqu'il n'ait exercé ses talents que sur un théâtre rétréci), et protestant par sa naissance, me disait jadis : *Sans vous nous n'existerions pas.* C'était un mot bien vrai et bien profond ; il sentait que la religion de tous les *négatifs* quelconques n'est qu'une haine commune contre l'*affirmation*; or, si l'on vient à supprimer l'objet d'une haine, que reste-t-il ? Rien.

(2) *Our articles and liturgy de no exactly correspond with the sentiments of any of the eminent reformers upon the continent, or with the creeds o any of the protestant churches which are there established* (comme si l'on ne *protestait* pas, parce qu'on ne *proteste* pas avec d'autres !) *our church is not* Luteran ; *it is not* Calvinist ; *it is not* Arminian ; *it is* SCRIPTURAL, etc. (A charge delivered to the clergy of the diocese of Lincoln, etc. London. Cadell and Davis, 1803, in 4º.)

Un journal, consacré aux véritables maximes anglaises, approuve beaucoup cette assertion (*Anti-Jacobin*, janvier 1803, nº 67, p. 56.), et il cite ailleurs le livre d'un théologien anglais (M. Faber), qui en a fait l'épigraphe de ce livre.

Il va sans dire, au reste, que le Luthérien dira : *Notre Église n'est*

termes plus précis : *Que l'église anglicane n'est pas protestante ; mais qu'elle est protestante ;* car le Protestantisme consiste essentiellement à ne vouloir être que *scripturale ;* c'est-à-dire, à mettre l'écriture seule à la place de l'autorité.

Vous n'avez pu oublier, monsieur le comte, j'en suis bien sûr, qu'en l'année 1805 un évêque anglais fut consulté par une dame de ses amies sur l'importante et surtout difficile question de savoir *si elle pourait en conscience marier sa fille à un homme étranger à l'Église anglicane* (quoique non catholique ni protestant).

La réponse, que les principaux intéressés ne tinrent point secrète, et qui me fut communiquée dans votre société même, est une des choses les plus curieuses que j'aie lues de ma vie. Le savant évêque établit d'abord la grande distinction des articles fondamentaux et non fondamentaux. Il regarde comme *Chrétiens* tous ceux qui sont d'accord sur les premiers. « Du reste,

---

point calviniste, elle n'est point anglicane, etc. ; elle est SCRIPTURALE. Et le calviniste dira : *Notre Église n'est point luthérienne, elle n'est point anglicane ; elle est* SCRIPTURALE, et ainsi du reste.

Ce sophisme, risible en lui-même, fait beaucoup d'honneur à l'homme du premier mérite qui l'a employé. Il montre une conscience inquiète et par conséquent droite, qui tâtonne et cherche un appui vrai.

« dit-il, chacun a sa conscience, et Dieu nous jugera.
« Il a connu lui-même un gentilhomme, élève d'Eton
« et de Cambridge, qui, après avoir dûment examiné,
« suivant son pouvoir, le fondement des deux religions,
« se détermina pour celle de Rome. Il ne le blâme point,
« et par conséquent il croit que la tendre mère peut,
« en toute sûreté de conscience, marier sa fille hors de
« l'église anglicane, quoique les enfants qui pouvaient
« provenir de ce mariage dussent être élevés dans la reli-
« gion de l'époux; *d'autant plus*, ajoute le prélat, *que
« lorsque ces enfants seront arrivés à l'âge mûr, ils
« seront bien les maîtres d'examiner par eux-mêmes
« laquelle des différentes Églises chrétiennes s'accorde
« le mieux avec l'Évangile de Jésus-Christ* (1).

Cette décision dans la bouche d'un *évêque* ferait horreur. Elle honore au contraire infiniment un *évêque anglican*, et quand même celui qui l'a donnée n'aurait pas fait ses preuves d'ailleurs, et ne jouirait pas de

---

(1) Voici les propres paroles de l'excellent évêque.

If in every other respect the match meet with her approbation and that of her parents it must not be declined from any apprehension of her children's salvation being risqued by being educated in the R... church, especially as when they arrive at mature age the will by at liberty to examine and judge for themselves which of all the christian churches is most suitable to the gospel christ. C..... P...... 27 march 1805.

la réputation la plus étendue et la plus méritée; il n'en faudrait pas davantage pour lui concilier la profonde estime de tout homme estimable; il faut certainement être doué d'une raison bien indépendante, d'une conscience bien délicate et d'un courage bien rare pour exprimer, avec cette franchise, l'égalité présumée de tous les systèmes, c'est-à-dire, la nullité du sien.

Telle est la foi des évêques dans ce pays fameux, qui est à la tête du système protestant : l'un rougit publiquement de son origine, et voudrait effacer du front de son église l'ineffaçable nom qui est l'essence même de cette église, puisque son être n'étant qu'une *protestation* contre l'autorité, aucune diversité dans la *protestation* ne saurait en altérer l'essence, et puisqu'elle ne pourrait, en général, cesser de *protester* sans cesser d'*être*.

'autre, partant du jugement particulier, base du système protestant, en tire, avec une franchise admirable, les conséquences inévitables. *L'homme n'ayant sur l'esprit d'un autre que le seul pouvoir du syllogisme (que chacun s'arroge également), il s'ensuit que, hors des sciences exactes, il n'y a point de vérité universelle, et surtout point de vérité divine; l'appel à un livre serait, non pas* seulement une erreur, mais une bêtise, puisque c'est le livre même qui est en question. Si je croyais d'une foi divine les dogmes que j'enseigne uniquement de par le Roi, je serais éminemment coupable en conseillant de faire élever de malheureux enfants dans l'erreur, et leur réservant seulement la faculté de revenir à la vérité lorsqu'ils auront les connaissances nécessaires ; mais je ne crois point ces dogmes ; du moins je ne les crois que d'une croyance humaine, comme je croirais, par exemple, au système de Staahl, sans empêcher personne de croire à celui de Lavoisier, et sans voir de raison pour qu'un chimiste de l'une de ces deux écoles refuse sa fille à un partisan de l'autre

Tel est le sens exact de la réponse donnée par le savant évêque. Il faut avouer que la sagesse et la probité réunies ne sauraient mieux dire ; mais, je le demande de nouveau, qu'est-ce que la foi dans un pays où les premiers pasteurs pensent ainsi ? Et de quel ascendant peuvent-ils jouir sur la masse du peuple ?

J'ai connu beaucoup de Protestants, beaucoup d'Anglais surtout, en qui je suis habitué d'étudier le Protestantisme. Jamais je n'ai pu voir en eux que des théistes plus ou moins perfectionnés par l'Évangile, mais tout à fait étrangers à ce qu'on appelle *foi*, c'est-à-dire, *croyance divinisée.*

L'opinion seule qu'ils ont des ministres de leur religion est un signe infaillible de celle qu'ils ont de la doctrine enseignée par ces prédicateurs, car il y a entre ces deux choses une relation constante et invariable.

Un Anglais, également recommandable par son rang et par son caractère, me disait un jour dans l'intimité du tête-à-tête, *qu'il n'avait jamais pu regarder sans rire la femme d'un évêque.* Le même sentiment se trouve plus ou moins dans tous les cœurs. On sait que Locke appelait déjà le banc des évêques le « *caput mortuum* de la *Chambre des Pairs.* » Le nom primitif subsiste, mais ce n'est plus qu'un fantôme léger et *magni nominis umbra.*

Quant aux ministres du second ordre il est peu nécessaire d'en parler.

Le prédicateur de la foi est toujours considéré ; mais le prédicateur du doute est toujours ridicule. Partout donc où l'on doute, le ministre est ridicule, et réciproquement, partout où il est ridicule, on doute ; et, par conséquent, il n'y a point de foi.

Relisez les discussions qui eurent lieu au sujet du bill proposé pour l'émancipation des Catholiques (qui ne perdirent leur cause que par une seule voix), vous serez surpris de l'extrême défaveur qui se montra de mille manières dans le cours des débats contre l'ordre des ecclésiastiques. Un opinant alla même jusqu'à dire (il m'en souvient parfaitement), *qu'ils ne devaient pas se mêler de ces sortes de discussions*, ce qui est tout à fait plaisant dans une question de religion. Au fond, cependant, il avait raison; car du moment que la religion n'est plus qu'une affaire politique, ses ministres, *comme tels*, n'ont plus rien à dire. Or, c'est précisément le cas où se trouve l'Angleterre; la tolérance dont on s'y vante *n'est* et ne *peut être* que de l'indifférence.

Les papiers publics et les pamphlets du jour nous ont raconté la mort de quelques hommes célèbres de l'Angleterre.

L'un des plus distingués dans ce groupe brillant, Charles Fox, disait à ses amis en mourant: *Que pensez-vous de l'âme?* Il ajoutait: *Je crois qu'elle est immortelle... Je le croirais, quand même il n'y aurait jamais eu de Christianisme* (1); *de savoir*

(1) Vous le croyez?

ensuite quel sera son état après la mort, c'est ce qui passe les bornes de mon esprit (1).

Son illustre rival le suivit de près, et les détails de sa mort ont été de même connus du public. On voit un évêque qui fut son précepteur (2), priant à ses côtés ; mais de la part du mourant, rien qui puisse édifier la croyance chrétienne.

J'ai suivi toutes ces morts anglaises avec une extrême attention ; jamais je n'ai pu surprendre un seul acte décisif de foi ou d'espérance véritablement chrétienne.

Nous trouvons, parmi les lettres de madame du Deffant, la profession de foi de son illustre ami. « Je crois, disait-il l'impertinente incrédule, je « crois une vie future. Dieu a tant fait de bon et « de beau, qu'on devrait se fier à lui pour le reste.

---

(1) U. Circumstantial details of the long illness and last moments of the R. H. Charles-James Fox, etc. London, 1805, in-8°, page 60. L'historien de sa mort nous dit : *Il n'était point un impie, mais il avait sa religion à lui.* (Ibid., page 37.) Il n'y a rien là d'extraordinaire : c'est la confession de foi unique et nécessaire de tout homme qui n'est ni athée ni chrétien accompli.

(2) C'est ce même homme respectable que nous avons vu plus haut désavouer si noblement, quoique sans aucune espèce de raison, le titre de *protestant.* S rà, page 128

« Il ne faut pas avoir le dessein de l'offenser (1) :
« la vertu doit lui plaire, donc il faut être vertueux ;
« mais notre nature ne comporte pas la perfection.
« Dieu ne demande donc pas une perfection qui
« n'est pas naturelle ; voilà ma croyance, elle est
« fort simple et fort courte (2). Je crains peu, parce
« que je ne sers pas un tyran (3). »

Tout Anglais sensé peut s'examiner lui-même ; il ne trouvera rien de plus au fond de son cœur (4).

Une autre preuve de l'indifférence anglaise, en matière de religion, se tire de l'indifférence des tribunaux anglais pour tous les attentats commis contre la foi présumée du pays. Quelquefois ils ont paru ouvrir les yeux et faire justice. On vit anciennement Wallaston condamné à une amende qu'il ne pouvait payer, c'est-à-dire, à une prison perpétuelle, pour

---

(1) Il y aurait à cela un peu trop de malice, mais pourvu qu'on n'agisse point *précisément* pour l'offenser, il est raisonnable.

(2) En effet, ce n'est ni celle dite des *Apôtres*, ni celle dite de *saint Athanase*, ni celle de Nicée, ni celle de Constantinople, ni celle de Trente, ni la confession d'Augsbourg, ni les trente-neuf articles, etc., etc.

(3) Horace Walpole, dans les lettres de M™° du Deffant, in-8° tome I, lettre XXX, page 153 : note.

(4) A moins qu'il ne penche dans son cœur vers *un autre système* ; mais, dans ce cas, c'est une preuve de plus en faveur de la thèse générale.

ses discours sur Jésus-Christ. Nous avons vu, il n'y a que deux ans, un M. Eason, attaché au pilori, pour avoir tenté de renverser la religion du pays (1). Mais qu'on ne s'y trompe pas; ces hommes et quelques autres, peut-être, dont j'ignore le sort, étaient infailliblement ce qu'on appelle, en style vulgaire, de pauvres diables sans fortune et sans protection. Il se peut que les tribunaux prennent la fantaisie de faire sur de pareils hommes quelques expériences pour s'exercer; mais pour peu qu'on soit à la mode; pour peu qu'on s'appelle, je ne dis pas *Bolingbroke,* mais seulement *Hume* ou *Gibbon,* on pourra fort bien blasphémer toute sa vie, et n'en recueillir qu'honneur et profit.

Hume n'a-t-il pas employé toutes les forces de son

---

(1) Voyez le *Morning-Chronicle*, du 5 juin 1812, n° 13,441. On y lit une lettre dont l'auteur, qui blâme la sévérité des juges, et qui signe *un vrai chrétien*, prouve au moins qu'il n'est pas *un vrai logicien*, puisqu'il termine par cet inconcevable paradoxe : *Une religion peut bien être* détruite, mais jamais soutenue *par la persécution.* Comme s'il était possible de détruire un système ennemi sans soutenir la religion attaquée. C'est tout comme si l'on disait qu'un certain remède peut bien *détruire* une maladie, mais que jamais il n'a *conservé* la santé. Il est au reste superflu d'observer que, dans le dictionnaire moderne, l'action des tribunaux qui défendent la religion de l'État contre ses ennemis s'appelle *persécution.* C'est un point convenu.

esprit à renverser les premières vérités et toutes les bases de la morale ? N'a-t-il pas dit en propres termes, entr'autres élégances : *Qu'il est impossible à la raison humaine de justifier le caractère de Dieu* (1).

Et Gibbon n'a-t-il pas dit : *Que Jean-Jacques Rousseau, lorsqu'il lui arriva de comparer Socrate à Jésus-Christ, n'avait pas fait attention que le premier ne laissa pas échapper un mot d'impatience ni de désespoir* (2).

Ce trait détestable, et mille autres qu'on pourrait tirer d'un livre qui n'est en général qu'une conjuration contre le Christianisme, n'a-t-il pas valu à son auteur plus d'argent et plus d'honneur qu'il n'en aurait pu espérer, à volume égal, de quelque ouvrage religieux, où il eût éclipsé le talent des Ditton, des Sherlock et des Leland ?

Avouez, monsieur, que des tribunaux, impuissants contre de tels hommes, sont bien plaisants, pour ne

---

(1) Essay on liberty and necessity, sub fin. Beattie on Truth. Part. II., chap. II, sect. III°.

(2) *Histoire de la Décadence*, etc., tome XII. Paris, Maradan, 1794, chap. XLVII, page 9, 10. Je suis fort aise de savoir que les magistrats *défenseurs de la religion du pays*, qui pilorient les imperceptibles, aient trouvé cette phrase, et tant d'autres, *non coupables, sur leur honneur*.

rien dire de plus, lorsqu'ils s'avisent ensuite de frapper quelque misérable tête qui n'a pas la force de se moquer d'eux.

On peut voir, dans les mémoires de Gibbon, avec quelle coupable politesse le célèbre Robertson lui parlait de ce même livre, si peu apprécié dans notre siècle léger ; livre qui n'est au fond qu'une histoire ecclésiastique déguisée, écrite, je ne dis pas seulement par un incrédule, mais par un fort malhonnête homme.

Robertson (1) s'est rendu bien coupable encore par les indignes louanges qu'il a prostituées à Voltaire, en se permettant d'appeler, contre sa conscience, *savant*

---

(1) Il écrivait à Gibbon : *Je ne saurais terminer sans vous dire combien j'approuve la réserve avec laquelle sont écrits ces nouveaux volumes; j'espère qu'elle vous mettra à l'abri de la critique offensante et malhonnête qu'on a faite de la liberté du premier.* (Lettre du 12 mai 1781, mémoires de Gibbon, tome II, in-8°, page 339.) C'est un singulier style dans la bouche d'un ecclésiastique et dans la bouche d'un prédicateur. *Priestley* était un peu moins caressant : *Je ne fais point de scrupule*, dit-il à Gibbon, *de le dire hautement : votre conduite est basse et indigne. Vous insultez au sens commun du monde chrétien; défendez donc, je ne dis pas vos principes seulement, mais votre honneur. Peut-il y avoir rien de plus déshonorant*, etc., etc. (Lettre du 3 février 1783, ibid. tome II, page 343, seqq.) Le jugement est peut-être prononcé un peu durement, mais je ne vois pas qu'il soit possible d'en appeler.

et *profond* (1), un historien éminemment superficiel, sans foi d'ailleurs, sans conscience et sans pudeur.

Ce criminel éloge a fait un mal infini, en fournissant une autorité imposante à tous les ennemis du Christianisme, qui ne demandent pas mieux que de louer et de faire valoir leur coryphée, sans s'inquiéter le moins du monde de savoir si Robertson était de bonne foi ou non.

Ce qu'il y a de vrai, c'est que Robertson faisait bassement sa cour à Voltaire, dont il ambitionnait les louanges. Pour arriver jusqu'à lui, et pour obtenir ses bonnes grâces, il employait une femme célèbre, bien digne de servir d'intermédiaire à cette liaison intéressante : c'était la *pieuse* du Deffant, qui écrivait à Voltaire de la part de Robertson : *Il voudrait vous faire hommage de ses ouvrages; je me suis chargée de vous en demander la permission....* Son respect *et sa* vénération *pour vous sont extrêmes* (2).

Que dire d'un membre de la *Haute-Église* d'Écosse, d'un docteur en théologie, d'un prédicateur de la foi

---

(1) *Introduction à l'Histoire de Charles V*, in-12, tome II sect. IIIe, note XLIV, page 417.

(2) Mme du Deffant à Voltaire, in-8°, tome IV, des lettres de cette dame, 20 décembre 1769, page 320.

chrétienne, qui assure de son *respect* et de sa *vénération*, le plus ardent, le plus notoire, le plus indécent ennemi de notre religion !

La charité, sans doute, et même la politesse, sont parfaitement indépendantes des symboles de foi, et il faut bien se garder d'insulter; mais il y a cependant une mesure prescrite par la conscience. Bergier aurait sûrement rendu, dans l'occasion, à tous les mécréants qu'il a réfutés pendant sa longue et précieuse vie, tous les services qui auraient dépendu de lui ; et il est bien remarquable que les attaques les plus impatientes ne lui ont jamais arraché un seul mot amer; cependant il se fut bien gardé de parler à Fréret ou à Voltaire de son *respect* et de sa *vénération*. Ce compliment aurait déshonoré un *prêtre*. Mais Robertson pouvait caresser sans conséquence Gibbon et Voltaire ; le Christianisme qu'il prêchait par état n'étant pour lui qu'une mythologie édifiante, dont on pouvait se servir sans inconvénient. Il a dit lui-même son secret dans son dernier ouvrage, où, malgré toutes les précautions prises par l'auteur, tout lecteur intelligent ne verra qu'un déiste achevé (1).

(1) Voyez l'Esquisse de l'histoire et des progrès de la superstition

Mais en voilà assez sur Robertson, que j'ai voulu mettre en vue à cause de sa célébrité. En remontant plus haut, que direz-vous du fameux *Chillingworth*, jurant devant Dieu et sur les saintes Écritures les trente-neuf articles de l'Église anglicane (1), déclarant peu de temps après, dans une lettre confidentielle, *qu'il ne saurait souscrire aux trente-neuf articles, sans souscrire à sa propre damnation* (2), et finissant par découvrir *que la doctrine d'Arius est la vérité, ou n'est pas du moins une erreur digne de la damnation* (3) ? En effet, c'est une bagatelle.

Seriez-vous curieux, par hasard, de savoir comment un autre docteur anglais a parlé du péché originel et de la dégradation de l'homme, base du Christianisme ? Écoutez le docteur Beattie !

Le père Mallebranche, dit-il, *nous apprend que les sens étaient, dans l'origine, de fort honnêtes*

---

et de la religion, dans toutes les parties de la terre. (*Robertson's historical account*, etc. Bâle, 1792, in-8°, *appendix*.)

Fuit illa hominis DIVINI (je parle anglais) *tanquam cygnea vox.*
         CICER., De Orat. III. 2.

(2) Ego Guillelmus Chillingworth omnibus hisce articulis.... volens et ex animo suscribo. (Mémoires de Gibbon, tome II, lettre XXXIII, page 806.)

(1) Ibid.
(2) Ibid.

facultés, et telles qu'on pouvait les désirer, jusqu'au moment où elles furent débauchées par le péché originel; aventure qui leur donna une invincible disposition à nous tromper, de manière qu'elles sont aujourd'hui continuellement aux aguets pour nous jouer des tours (1).

Jusqu'ici je n'ai cité que l'Angleterre, parce qu'elle est à la tête du système protestant. Si je voulais sortir de ce pays, je sortirais en même temps des limites que je me suis prescrites. Je n'ai cependant pas la force de me défendre une petite excursion, pour vous faire connaître la profession de foi d'un *évêque évangélique;* je veux parler du fameux Herder, que j'ai entendu nommer très-sérieusement, dans je ne sais quel livre allemand, *le Bossuet de l'Allemagne;* écoutez donc encore, je vous en prie, ce père de l'Église (2).

(1) Beatie on Truth. Part. II, chap. II, sect. . Il accuse ici Mallebranche d'être en général *mystique,* c'est-à-dire chrétien); et sur ce que ce grand homme avait dit, après saint Augustin et mille autres : *Que les vertus païennes n'étaient que de l'orgueil,* il s'écrie : *Fi donc ! monsieur Mallebranche, le papisme avec toutes ses absurdités n'exige pas de ses partisans une assertion si étrangère à toute franchise et à toute générosité.* (Ibid.) Mallebranche, j'en suis sûr, rirait encore dans le ciel, s'il pouvait y lire *en Dieu* ces folles indécences.

(2) *Herders Ideen zur Philosophie der Geschichte der Menschheit.* Tome I, chap. IV, page 23.

Tout, sur notre globe, n'est que roue et changement. Quel homme, s'il prend en due considération la figure circulaire de la terre, pourra se laisser aller à l'idée de vouloir convertir le monde entier à la même croyance verbale (1), *en philosophie et en religion, ou à l'égorger* (2) *avec un zèle stupide, mais saint* (3)? *Les virevoltes d'une boule sont l'image de tout ce qui se passe sur notre terre.*

Il faut avouer que l'argument contre l'unité et l'universalité de la religion, et contre les entreprises des missionnaires, tiré de la figure de la terre, est d'un genre tout à fait nouveau, et bien digne du *Bossuet de l'Allemagne!* Un critique anglais demandait à ce sujet, *s'il serait également absurde de s'égorger pour des opinions philosophiques ou religieuses sur une terre conique ou cylindrique* (4)! J'avoue que je n'en sais rien.

(1) *Wortglauben.* — S'il ne s'agissait cependant que de *mots*, il n'y aurait ni beaucoup de témérité à tâcher d'y ramener les hommes, ni beaucoup de malheur à ne pas réussir. Mais Herder veut être impie, même aux dépens de la justesse.

(2) Égorger le monde entier, sans doute! Quelle propriété d'expression et quelle justesse de pensée!

(3) Un autre aurait dit : *Saint, mais stupide.* L'évêque de Weimar n'y regarde pas de si près.

(4) *Anti-Jacobin*, août 1804, n° LXXIV, page 408.

Maintenant, monsieur le comte, je vous le demande, lorsqu'un prédicateur de cette espèce monte en chaire, comment voulez-vous que chaque auditeur ne se dise point à lui-même : *Qui sait si ce* Fellow *croit à tout ce qu'il va me prêcher ?* Quelle confiance peuvent inspirer de tels maîtres, et comment l'auditeur qui a lu leurs livres, qui connaît leurs maximes (dont la première est le mépris de toute autorité), qui ne peut se cacher que cent et cent fois il leur sera arrivé de prêcher, non-seulement sans croire à la doctrine qu'ils annoncent, mais sans croire même à la légitimité de leur ministère ; comment, dis-je, cet auditeur pourrait-il ne pas mépriser ses maîtres, et passer bientôt du mépris du docteur à celui de la doctrine ? Celui-là n'aurait nulle idée de l'homme qui pourrait douter de cet inévitable enchaînement. Ainsi la théorie et l'observation se réunissent pour établir qu'il *n'y a* et qu'il *ne peut y avoir* de *foi* ni de *religion positive*, proprement dite, chez cette nation dont les envoyés viennent de se donner tant de peine pour abolir la *détestable Inquisition*.

Le Christianisme est effacé en Angleterre au point que, tout nouvellement, certains hommes, tenant encore par quelques fils à la foi antique, ont pu craindre que l'indifférence, sous le masque trompeur de la tolérance, n'en vînt enfin à donner à la nation anglaise des représentants étrangers au Christianisme. Voyant donc tous les dogmes chrétiens disparaître l'un après l'autre, et voulant au moins assurer le dogme capital, c'est-à-dire, celui de la Trinité, sans lequel il n'y a plus de Christianisme, ils proposèrent leur bill sur *la foi de la Trinité*, en vertu duquel tout Anglais qui refuserait son serment à cette doctrine fondamentale (1) serait déclaré inhabile à siéger au parlement. Assurément les promoteurs du bill ne semblaient pas indiscrets, et l'on ne pouvait, sans doute, exiger moins d'hommes qui auraient attaché la plus légère importance à se nommer chrétiens : néanmoins le parlement a trouvé que c'était trop : les élus actuels ont senti dans leurs consciences qu'ils n'avaient pas le droit de gêner celle des élus futurs. Ils se sont abstenus avec raison d'imposer aux autres la nécessité d'un serment qu'ils se garderaient bien

(2) Cette expérience est très-précieuse dans l'ordre général des choses. Elle prouve à tout homme de foi qu'il n'y a rien dans le Christianisme de plus ou de moins fondamental, et qu'il faut croire tout ou rien. La théorie l'avait souvent démontré, mais il est bon d'y joindre l'expérience. Toute nation, comme tout homme, qui voudra choisir les dogmes, les perdra tous.

de prêter eux-mêmes, et ils ont rejeté le bill. Ainsi l'Anglais arien et même mahométan devient éligible au parlement, puisqu'il n'y a pas d'islamite éclairé qui refuse de reconnaître le Christ pour un fort honnête homme, *voire* même pour un grand prophète; sur quoi un anonyme, égayé par ce grand acte de la législation anglaise, a décoché sur le parlement impérial l'épigramme suivante, qui n'est pas tout à fait dépourvue de sel.

> De par le roi, et l'une et l'autre chambre,
> Tout anglais peut, conformément aux lois,
> Croire, sans peur de se méprendre,
> Qu'ON EST UN ET QUE TROIS SONT TROIS (1).

Je n'oublierai point de vous faire observer que l'Angleterre n'est réellement tolérante que pour les sectes, mais nullement pour l'Église dont elle se sent détachée; car, pour celle-ci, les lois la repoussent avec une obstinaiton qui, peut-être, n'est pas abso-

---

(1) *On the late repeal of the Trinity Doctrine Bill.*
> King, Lords, and Commons do decree
> That henceorth every man is free.
> To think, or say, as it may be
> That one is one, and three are three.

(*Morning-Chronicle*, 11 novembre 1814, n° 14,203.)

lument sans danger pour l'état. L'Anglais ne veut point du système qui lui propose de croire *plus;* mais tout homme qui vient lui proposer de croire *moins* est sûr d'être bien reçu. L'Église anglicane fourmille de sectes non conformistes qui la dévorent, et ne lui laissent plus qu'une certaine forme extérieure qu'on prend encore pour une réalité. Le méthodisme seul envahit tous les états, toutes les conditions, et menace ouvertement d'étouffer la religion nationale. Un Anglais, qui vient d'écrire sur ce sujet, propose un singulier moyen pour s'opposer au torrent. « Si le mal fait de nouveaux progrès, dit-
« il, peut-être deviendrait-il nécessaire d'user de
« quelque indulgence à l'égard des articles de foi
« admis par l'Église anglicane, et de recevoir dans
« le giron une plus grande quantité de Chrétiens (1). »

Il est complaisant, comme on voit : *pour exterminer le Méthodisme, l'Anglicane n'a qu'à céder le mérite des bonnes œuvres aux Puritains, les sacrements aux Quakers, la trinité aux Ariens,* etc. Alors elle enrôlera tous ces messieurs, pour se trou-

---

(1) *Causes of the increase, etc.* Causes de l'accroissement du Méthodisme en Angleterre, par *M. Robert Ackem Ingram*, dans la Bibliothèque britannique, 1812, n° 391, 392, page 482.

ver assez forte contre les méthodistes (1). Il n'y a, comme vous voyez, rien de mieux imaginé. Celui qui propose ce moyen admirable de renforcer l'Église nationale est cependant un homme loyal et sincère, qui raisonne d'après sa conscience et d'après l'opinion universelle qui l'environne. Qu'importent les dogmes? Le symbole n'a plus qu'une ligne, et c'est la première. Tout le reste est renvoyé dans le cercle des opinions et des souvenirs. Comme établissement religieux, comme puissance spirituelle, l'Église anglicane n'existe déjà plus. Deux siècles ont suffi pour réduire en poussière le tronc de cet arbre vermoulu; l'écorce subsiste seule, parce que l'autorité civile trouve son compte à la conserver.

Vous avez pu justement vous étonner, monsieur, en voyant les représentants d'une grande nation chrétienne refuser de reconnaître, comme condition nécessaire, dans ces mêmes représentants, la qualité de Chrétiens! Cependant, je suis en état de vous montrer quelque chose de plus étrange encore. Si je vous disais que l'Angleterre a *solennellement*, j'ai

---

(1) Si l'Angleterre voulait m'en croire (le système de recrutement une fois admis), elle nous recevrait aussi, nous, avec notre chef et tout ce qui s'ensuit. C'est alors que le Méthodisme verrait beau jeu!

presque dit *officiellement*, renoncé au Christianisme, vous crieriez sans doute au paradoxe, et moi-même je suis tout prêt aussi à protester que je ne vous présente qu'un paradoxe; mais ce n'est pas une raison pour le supprimer. Cicéron nous en a bien débité six; pourquoi ne m'en passeriez-vous pas un: Lisez donc le mien, je vous en prie, tel que je vous l'exposerai dans ma prochaine lettre. Ensuite, comme je suis de bonne composition, nous en retrancherons tout ce qu'il vous plaira, pour en faire une vérité qui me suffira.

J'ai l'honneur d'être, etc.

Moscou, 19/31 *août* 1815.

LETTRE SIXIÈME

Monsieur,

Qui n'a pas entendu parler de David Hume, *cui non notus Hylas ?* Je crois qu'à tout prendre, le dix-huitième siècle, si fertile dans ce genre n'a produit aucun ennemi de la religion qu'on puisse lui comparer. Son venin glacé est bien plus dangereux que la rage écumante de Voltaire. Celui-ci d'ailleurs proteste quelquefois de respecter certaines vérités fondamentales, et il a su dire au moins:

Si Dieu n'existait pas, il faudrait l'inventer.

Je crois qu'il n'en est que plus coupable, et ce n'est pas ici le lieu de vous dire mes raisons; mais ces contradictions qui avertissent la conscience des lecteurs, le rendent bien moins dangereux que Hume, sapant toutes les vérités avec un sang-

froid tellement imperturbable qu'il ressemble à la logique. Nous l'avons entendu affirmer plus haut : *qu'il est impossible de justifier le caractère de Dieu;* il ajoute *que tout le pouvoir de la philosophie ne saurait excuser Dieu d'être l'auteur du péché* (1). Quel appareil dialectique n'a-t-il pas déployé pour renverser toute idée de liberté, c'est-à-dire pour anéantir la morale par sa base ? L'esprit le plus exercé à ces sortes de méditations chancelle plus d'une fois au milieu des sophismes accumulés par ce dangereux écrivain. On sent que Hume a tort avant de savoir dire pourquoi. Si jamais, parmi les hommes qui ont pu entendre la prédication évangélique, il a existé un véritable athée (ce que je ne m'avise point de décider), c'est lui. Jamais je n'ai lu ses ouvrages anti-religieux sans une sorte d'effroi, sans me demander à moi-même comment il était possible qu'un homme, à qui rien n'avait manqué pour connaître la vérité, avait pu

---

(1) *To free the deity from being the author of sin, has been found hitherto to exceed all the of philosophy.* (Essays, tome III, sect. VIIIe.) C'est la pure doctrine de Luther et de Calvin ; c'est la conséquence légitime de leurs principes. Ils disaient : *Donc il n'est pas ce que vous croyez.* Hume, meilleur logicien, dit : *Donc il n'est pas.*

néanmoins descendre jusqu'à ce point de dégradation? Toujours il m'a semblé que l'endurcissement de Hume, et son calme insolent, ne pouvaient être que la dernière peine d'une certaine révolte de l'intelligence, qui exclut la miséricorde, et que Dieu ne châtie plus qu'en se retirant.

Hume parlant des vérités premières de la manière qu'on vient de voir, on sent assez qu'il ne doit pas se gêner sur le Christianisme, et personne ne sera surpris de l'entendre dire avec une certaine ironie étouffée qui lui appartient particulièrement : « Con-« cluons après tout que, non-seulement le Christia-« nisme vit des miracles à son origine, mais que de nos « jours même aucun être raisonnable ne peut y croire « sans un miracle ; la raison seule est impuissante pour « nous en démontrer la vérité, et tout homme, que « la foi détermine à le croire vrai, a la conscience « d'un miracle continuel qui s'opère en lui, et qui « renverse dans son esprit tous les principes de la « droite raison, en le déterminant à croire ce qu'il « y a de plus contraire à la coutume et à l'expé-« rience (1). » Cependant cet homme a vécu tran-

---

(1) Hume's, Essays, tome III, an inquiry, etc., sect. X, of miracles.

quitte au sein de l'aisance et de toutes les distinctions accordées au talent; ce qui prouve déjà qu'en Angleterre comme ailleurs, les toiles d'araignées (dans ce genre du moins) n'arrêtent que les moucherons.

Mais il y a plus : les honneurs accordés à la mémoire de Hume ont surpassé tous ceux qu'il avait obtenus de son vivant, puisque la législature anglaise, c'est-à-dire, le roi et les deux chambres, ont accepté solennellement la dédicace de la magnifique édition de son histoire d'Angleterre, donnée il y a peu de temps.

Si la législature avait refusé cette offrande, sans autre motif que celui de châtier, s'il est permis de s'exprimer ainsi, la mémoire d'un si grand ennemi de la religion nationale, elle n'aurait fait que justice. On a blâmé plus d'une fois la puissance ecclésiastique d'avoir prononcé certaines proscriptions *in odium auctoris* (en haine de l'auteur); cependant, si vous y regardez de près, vous ne vous hâterez point de désapprouver ce jugement. Il n'y a pas de loi dont la parfaite équité soit plus universellement sentie que celle qui punit le coupable *par où il a péché*. Que *celui qui abuse des dons du génie soit privé de* ses *récompenses*. Cette loi, si elle était établie et exécutée à la rigueur, préviendrait les plus grands abus. C'est la honte d'un siècle et celle d'une nation, que l'auteur de *Jeanne d'Arc* n'ait pas fermé les portes de l'Académie française à celui de *Zaïre*, ou ne l'en ait pas chassé.

Imaginons que Hume eût été condamné à mort, ou seulement mis en justice pour l'un des délits qui sont punis de mort en Angleterre (1). Certainement plusieurs de ces délits, celui par exemple d'avoir volé une brebis, l'aurait rendu beaucoup moins coupable aux yeux de l'éternelle justice, que celui d'avoir attaqué dans ses écrits, avec tant d'obstination et de perversité, les dogmes les plus sacrés de la religion naturelle et révélée. Et néanmoins je ne doute nullement que, dans cette supposition, le roi et le parlement n'eussent rejeté l'hommage d'un livre parti d'une telle main.

Si donc ils ont accepté la dédicace dont je vous parle, c'est que Hume ne leur paraissait nullement flétri par tout ce qu'il a écrit contre la religion ;

(1) La loi qui punit de mort le voleur d'une brebis s'appelle le *statut noir* (*the black statue*) ; c'est fort bien dit.

c'est-à-dire encore, que, pour eux, cette religion n'est qu'une opinion sur laquelle on peut dire *oui* et *non* sans conséquence, comme sur une question de physique ou d'économie politique.

Mais nous n'en sommes pas réduits aux conséquences indirectes, et je vais mettre sous vos yeux une circonstance infiniment remarquable quoique nullement observée peut-être, et qui vous paraîtra sans doute bien extraordinaire.

A la tête de cette magnifique édition de l'Histoire d'Angleterre, dont je vous entretiens dans ce moment, on lit une biographie abrégée de Hume, par l'éditeur, qui se nomme en toutes lettres, et se donne pour un ami et pour un admirateur de ce philosophe. Il décrit surtout la mort de Hume avec une étrange complaisance. Il nous le montre sur son lit de mort, brutalement endurci et bravant Dieu en tombant dans sa main. « *Il passait très-bien son temps*, nous dit
« l'officieux ami, *avec le secours des livres amusants:*
« un des derniers qu'il lut furent les *Dialogues de*
« *Lucien* (ceux des courtisanes peut-être); il exami-
« nait en riant quelles excuses il pourrait donner à
« Caron pour se dispenser d'entrer dans la barque.

« *J'ai tenté,* disait-il, *d'ouvrir les yeux des hommes :*
« *si je vis encore quelques années, je puis avoir*
« *la satisfaction d'assister à la chute de quelqu'un*
« *des principaux systèmes de superstitions* (1) ; en-
« suite il citait Chaulieu, et il mourut ainsi, le
« 22 août 1776. »

Là-dessus l'éditeur s'écrie avec emphase : « *Ainsi*
« *mourut notre excellent ami !* »

Que dire d'un homme qui présente une telle mort à l'admiration publique ; qui s'investit des sentiments du philosophe athée, et qui se nomme hardiment ? Que dire d'une législature *chrétienne* qui reçoit cette dédicace, et à qui il ne vient pas même en tête d'exiger le plus léger changement dans cette coupable préface ? Que dire surtout du corps épiscopal qui siége dans le parlement, et qui accepte pour son compte ? On dira de ces évêques autant de bien qu'on voudra, on n'en dira jamais plus que je n'en pense ; mais tout en ne disputant à *ces gardiens muets* (2)

---

(1) *I have endeavoured to open the eyes of the public, if i live a few years longers I may have the satisfaction of seeing the down-fall of some of the prevailing system of superstition.* Ibid., page 11.

(2) *Canes muti non valentes latrare.* Is. LVI, 10.

aucune vertu morale, je m'écrierai cependant comme Zaïre :

> *Généreux, bienfaisants, justes, pleins de vertus,*
> *Dieu ! s'ils étaient chrétiens, que seraient-ils de plus !*

Je ne manquerai point, je pense, de respect à la législature française en croyant qu'après une révolution terrible et toute impie dans ses bases, elle renferme certainement dans son sein un assez grand nombre d'hommes ennemis du Christianisme, et un plus grand nombre encore d'hommes plus ou moins indifférents sur ce point. Je ne doute pas néanmoins que si on la priait d'accepter dans ce moment l'étrange hommage fait à celle d'Angleterre, les deux chambres (je ne parle pas du roi ni du clergé, s'il en était question) ne se hâtassent de le repousser comme une insulte, au moins jusqu'à ce qu'on eût fait disparaître l'insolent frontispice.

Voltaire disait en 1766, et il répétait dix ans après *Quelques cuistres de Genève croient encore à la consubstantialité; du reste, il n'y a pas, de Berne à Genève, un seul partisan réel du Christianisme* (1).

Il disait en particulier de l'Angleterre, et il a ré-

(1) Lettres à Damilaville, du 18 août 1766. — A d'Alembert, du 28 septembre 1763, 8 février 1776.

pété de même : *Le Christ sera hautement honni à Londres* (1).

Si quelque homme exagéré s'avisait de soutenir que la hideuse prophétie est accomplie, et que l'acceptation de la révoltante dédicace emporte de la part de la législature anglaise, et surtout de la part du corps épiscopal, une renonciation expresse et nationale à la foi chrétienne, il aurait tort sans doute ; cependant je serais curieux de savoir ce que lui répondrait un Anglais de bonne foi.

Cette digression m'a paru de la plus grande importance, pour vous montrer que la nation anglaise n'a pas plus de droit, et même en a moins qu'une autre, de reprocher aux Espagnols leur *détestable Inquisition*, puisque cette institution leur a servi à se garder des *détestables* crimes (2) commis en Angleterre pendant deux siècles, des calamités *détestables* qui en ont été la suite, et de l'anéantissement encore plus *détestable* du Christianisme, qui n'existe plus que de nom dans ce grand pays.

(1) A d'Alembert, 28 septembre 1776. — Au roi de Prusse, 15 novembre 1773. (Voyez le recueil des lettres de Voltaire.)

(2) Ces crimes sont au nombre de soixante-dix, autant qu'il m'en souvient, d'après l'ouvrage curieux de M. Colquom.

Si je l'ai choisi plutôt qu'un autre, c'est qu'il tient incontestablement le premier rang entre tous les pays protestants, et qu'ayant plus de moyens qu'eux pour retenir la foi, parce qu'il a retenu la hiérarchie et plusieurs formes utiles, il en est cependant venu à quelque chose de plus qu'un indifférentisme parfait qui n'a pas même besoin d'être prouvé.

Et si l'on compare même l'Espagne à d'autres pays catholiques, à la France, par exemple, ou à l'Allemagne orthodoxe, on trouvera qu'elle a parfaitement bien fait d'élever une forte barrière contre les novateurs de toute espèce.

Pour achever ma profession de foi, monsieur le Comte, je ne terminerai point ces lettres sans vous déclarer expressément, qu'ennemi mortel des exagérations dans tous les genres, je suis fort éloigné d'affaiblir ma cause en refusant de céder sur rien. J'ai voulu prouver *que l'Inquisition est en soi une institution salutaire, qui a rendu les services les plus importants à l'Espagne, et qui a été ridiculement et honteusement calomniée par le fanatisme sectaire et philosophique.* Ici je m'arrête, n'entendant excuser aucun abus. Si l'Inquisition a quelquefois trop comprimé les esprits ; si elle a commis quelques injustices ; si elle s'est montrée ou trop soupçonneuse ou trop sévère (ce que je déclare ignorer parfaitement), je me hâte de condamner tout ce qui est condamnable ; mais je ne conseillerais jamais à une nation de changer ses institutions antiques, qui sont toujours fondées sur de profondes raisons, et qui ne sont presque jamais remplacées par quelque chose d'aussi bon. Rien ne marche au hasard, rien n'existe sans raison. L'homme qui détruit n'est qu'un enfant vigoureux qui fait pitié. Toutes les fois que vous verrez une grande institution ou une grande entreprise approuvée par les nations, mais surtout par l'*Église*, comme la chevalerie, par exemple, les ordres religieux, mendiants, enseignants, contemplatifs, missionnaires, militaires, hospitaliers, etc. ; les indulgences générales, les croisades, les missions l'Inquisition, etc. ; approuvez tout sans balancer, et bientôt l'examen philosophique récompensera votre confiance, en vous présentant une démonstration complète du mérite de toutes ces choses. Je vous l'ai dit plus haut, monsieur, et rien n'est plus vrai : *la violence ne peut être repoussée que par la violence.*

Les nations (1), si elles étaient sages, cesseraient

(1) Je m'aperçois, dans ce moment, avec plaisir, que je me suis rencontré mot à mot avec un *homme de beaucoup d'esprit*, qui a

donc de se critiquer et de se reprocher mutuellement leurs institutions, comme si elles s'étaient trouvées toutes placées dans les mêmes circonstances, et comme si tel ou tel danger n'avait pu exiger de l'une d'elles certaines mesures dont les autres ont cru pouvoir se passer. Mais voyez ce que c'est que l'erreur ou la folie humaine! Dans le moment où le danger a passé et où les institutions se sont proportionnées d'elles-mêmes à l'état des choses, on cite les faits antiques pour renverser ces institutions; on fait des lois absurdes pour réprimer certaines autorités qu'il faudrait au contraire renforcer par tous les moyens possibles. On cite les *auto-da-fé* du seizième siècle, pour détruire l'Inquisition du dix-neuvième, qui est devenue le plus doux comme le plus sage des tribunaux. On écrit contre la puissance des papes; tous les législateurs, tous les tribunaux sont armés pour la restreindre dans un moment où notoirement, il ne reste plus au souverain pontife l'autorité nécessaire pour remplir ses immenses fonctions; mais les héros de collége, si hardis contre les autorités qui ne les menacent plus, auraient

péri malheureusement dans la révolution de son pays. *Quid est quod contra sincim v vi fieri possit.* (Cic., Epist. XII, 3.)

baisé la poussière devant elles, il y a quelques siècles. Ne craignez pas qu'aux époques où l'opinion générale faisait affluer les biens-fonds vers l'Église, on fasse des lois pour défendre ou gêner ces acquisitions. On y pensera au milieu du siècle le plus irréligieux (1) lorsque personne ne songe à faire des fondations, et que tous les souverains semblent se concerter pour spolier l'Église au lieu de l'enrichir. C'est ainsi que la souveraineté est la dupe éternelle des novateurs, et que les nations se jettent dans l'abîme, en croyant atteindre une amélioration imaginaire, tandis qu'elles ne font que satisfaire les vues intéressées et personnelles de ces hommes téméraires et pervers. La moitié de l'Europe changera de religion pour donner une femme à un prêtre libertin, ou de l'argent à des princes dissipateurs; et cependant le monde ne retentira que des *abus de l'Église*, de *la nécessité d'une réforme* et de *la pure parole de Dieu*. On fera de même des phrases magnifiques contre l'Inquisition, mais cependant les avocats de *l'humanité, de la liberté, de la science, de la perfectibilité*, etc., ne demandent dans le

(1) La loi française contre les acquisitions de main-morte, est de l'année 1745.

fond, pour eux et leurs amis, que la liberté de faire et d'écrire ce qui leur plaît. Des nobles, des riches, des hommes sages de toutes les classes, qui ont tout à perdre et rien à gagner au renversement de l'ordre, séduits par les *enchanteurs* modernes, s'allient avec ceux dont le plus grand intérêt est de le renverser. Inexplicables complices d'une conjuration dirigée contre eux-mêmes, ils demandent à grands cris pour les coupables la liberté dont ceux-ci ont besoin pour réussir. On les entendra hurler contre les lois pénales, eux en faveur de qui elles sont faites, et qui abhorrent jusqu'à l'ombre des crimes qu'elles menacent. C'est un délire dont il faut être témoin pour le croire, et qu'on voit encore sans le comprendre.

Si d'autres nations ne veulent pas de l'Inquisition, je n'ai rien à dire : il ne s'agit ici que de justifier les Espagnols. On pourrait cependant dire aux Français, en particulier, qu'ils ne sauraient, sans baisser les yeux, se vanter d'avoir repoussé cette institution, et à tous les peuples sans distinction, qu'un tribunal quelconque, établi pour veiller, d'une manière spéciale, sur les crimes dirigés principalement contre les mœurs et la religion nationale, sera pour tous les temps et pour tous les lieux une institution infiniment utile.

Il me reste à vous entretenir d'un objet qui nous a souvent occupés : je veux parler des actes du gouvernement actuel en Espagne. Vous savez combien nous avons balancé sur ce point. Tantôt nous ne concevions pas les mesures inflexibles de ce gouvernement, et nous étions tentés de les appeler *honteuses*, comme on les a nommées en Angleterre (1). Tantôt, en considérant la bonté naturelle et surtout la popularité du souverain actuel des Espagnes, nous inclinions à croire que la nation, proprement dite, est pour lui, et qu'il ne fait que ce qu'il doit faire.

Dans ce conflit de deux opinions qui se balancent, voyons d'abord ce qui est certain.

Dans le fameux manifeste du 14 mai 1814, le roi dit à son peuple : « Vrais et loyaux Espagnols, vous
« ne serez pas déçus de vos espérances. Votre sou-
« verain ne veut l'être que pour vous....... J'abhorre,
« je déteste le despotisme. Les lumières de l'Europe
« ne sauraient plus le souffrir, et jamais les rois
« d'Espagne ne furent despotes. Quoiqu'il y ait eu de

(1) Supra, page 10.

« temps en temps, dans ce pays, des abus de pouvoir
« qu'aucune institution imaginable ne saurait prévenir
« complétement, cependant, pour les prévenir autant
« qu'il est donné à la sagesse humaine, c'est-à-dire,
« en conservant la dignité et les droits de la royau-
« té, puisqu'elle les tient d'elle-même, et ceux du
« peuple, qui ne sont pas moins inviolables, je m'a-
« boucherai avec vos représentants des Espagnes et
« des Indes; et, dans les Cortès légitimement convo-
« quées, j'établirai les bases de la prospérité de nos
« sujets. La liberté individuelle reposera sur des lois
« qu'assureront l'ordre et la tranquillité publique. Les
« presses seront libres autant que la saine raison le
« permettra. Toute dissipation des biens de l'État
« cessera, et les dépenses de la maison royale seront
« séparées de celles de l'État : pour faire dorénavant
« de nouvelles lois, les souverains s'accorderont avec
« les Cortès. Ces bases vous feront connaître mes
« royales intentions, en vous apprenant à voir en
« moi, non un tyran ou un despote, mais un roi et
« un père, etc., etc. (1). »

(1) *Yo os juro y prometto avos otros verdaderos y leales Espanoles... Vuestro Soberano quiere serlo para vosotros.... Aborecco y detesto el despotismo: ni las luces y cultura de las*

LETTRE SIXIÈME.

Le 13 juin suivant, l'université de Salamanque ayant été admise à une audience solennelle du souverain, lui rappela toutes ses promesses sur la propriété personnelle et réelle, sur la liberté de la presse, sur les contributions publiques, sur le rétablissement de l'ordre et sur la convocation des Cortès ; puis elle ajouta par la bouche de ses députés :

Sire ! V. M. a promis, et même elle a juré librement, dans son premier décret, de terminer nos maux, et de mettre sa gloire à fonder sur ces bases le gouvernement d'une nation héroïque, qui, par des faits immortels, a conquis l'admiration de l'univers en conservant son honneur et sa liberté. L'Université, qui voit de plus loin les conséquences de ces principes, ne finirait jamais, si elle voulait exprimer toute la joie et la reconnaissance que lui ont fait concevoir ces royales intentions.........
V. M. rappelle la représentation oubliée des Cortès formés des états du clergé et de la noblesse, et peut-: *encore qu'elle médite de rétablir les an-*

---

naciones de Europa lo sufren ya ; ni en Espana fueron despotas jamas sus Reyes.... Conservando el decoro de la dignidad real y sus derechos, pues los tiene de suyo, y los que pertenecieren á los pueblos que son igualmente inviolables, yo trattare con sus procuradores, etc. (Valence, 4 mai 1814.)

ciens états, et de leur donner cette forme que les sages politiques ont proclamée comme la plus propre à former un gouvernement modéré et stable, autant qu'il est permis à l'homme de l'espérer, et à consolider, pour des siècles, les droits également inviolables du monarque et de ses peuples, etc., etc. (1).

Voilà, monsieur le comte, ce que le roi a dit, et voilà ce qu'il s'est laissé dire. Je doute que jamais la candeur et la bonne foi aient parlé ou agi d'une manière plus convaincante. Il me semble qu'il n'y a pas moyen de soupçonner les intentions du monarque. Je m'en tiens là; m'abstenant sévèrement de prononcer sur des actes douteux qu'un étranger, et surtout un étranger éloigné, n'a pas le droit de juger. Je remercie le roi de ce qu'il a promis, et je compte sur sa parole en fermant les yeux sur ce que je

---

(1) *V. M. ha prometido y aun ha jurado espontaneamente en su primer decreto poner fin a nuestros males; colocando sus glorias en fundar sobre estas bases el gobierno de una nacion heroyca...... Però la Universidad que ve mas de lejos las consecuencias de estos principios, no acabaria jamas si hubiesse de espresar toda su gratitud y su jubilo, etc., Recuerda (V. M.) la representacion olvidada en cortes de los estados del clero y nobleza; y acaso V. M. medita*, etc. 13 junio 1814. (Gazeta de Madrid del Martes 14 de junio de 1814, n° 85, page 650.)

ne comprends pas. Quoiqu'il en puisse arriver, l'abus des anciennes institutions ne prouverait rien contre leur mérite essentiel, et toujours je soutiendrai que les nations ont tout à perdre en renversant leurs institutions antiques au lieu de les perfectionner ou de les corriger. Je serai extrêmement satisfait, monsieur le comte, si j'ai pu arracher quelques préjugés de votre esprit; demain peut-être vous me rendrez le même service. Les hommes échangent trop souvent des erreurs. Je ne demande pas mieux que d'établir avec vous un commerce tout opposé. Ce noble échange ne mortifie personne; chacun se réservant, en demandant ou recevant ce qui lui manque, d'offrir à son tour quelque chose qui manque à l'autre; les têtes sont comme les terres : *non omnis fert omnia tellus.*

Je suis, etc.

Moscou, 15/27 septembre 1815.

PHILOMATHE DE CIVARRON.

FIN DES LETTRES SUR L'INQUISITION ESPAGNOLE.

TABLE DES MATIÈRES

Essai sur les Délais de la Justice divine.

	Pages
PRÉFACE	5
Essai sur les Délais de la Justice divine.	17
Notes.	103
Pourquoi la Justice divine diffère quelquefois la punition des maléfices. (Traité de Plutarque).	127
Extrait des Observations insérées dans les éditions d'Amyot, de 1785 et de 1802, et auxquelles M. de Maistre renvoie	207

Lettres à un gentilhomme russe sur l'Inquisition espagnole.

PRÉFACE	211
Lettre première.	213
Lettre deuxième.	249
Lettre troisième.	267
Lettre quatrième	285
Lettre cinquième	299
Lettre sixième	335

3210. — Tours, imp. Rouillé-Ladevèze, rue Chaude, 6.

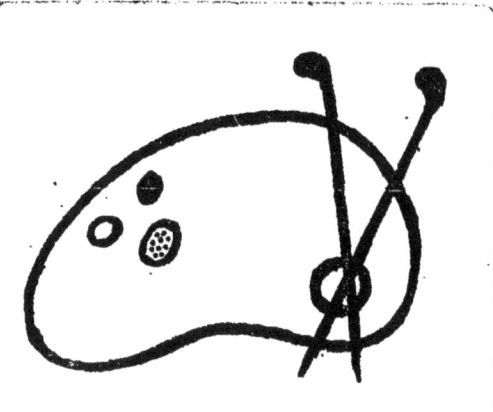

Original en couleur
NF Z 43-120-8

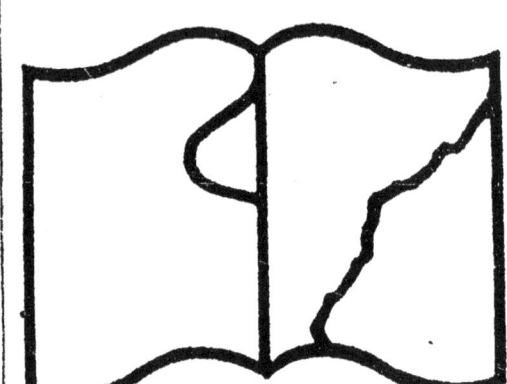

Texte détérioré
Marge(s) coupée(s)

A LA MÊME LIBRAIRIE

Précis de Droit civil, contenant : dans une première partie, l'exposé de principes, et, dans une deuxième, les questions de détail et les controver e suivi d'une table des textes expliqués et d'une table analytique développée, n G. BAUDRY-LACANTINERIE, professeur à la Faculté de droit de Bordeaux, offi i de l'Instruction publique, 1882-1884. 3 vol. grand in-8°........ **37 fr. 5**
Chaque volume séparément.................................. **12 fr. 5**

Cours de Procédure, organisation judiciaire, compétence et procédure e en matière civile et commerciale, par E. GARSONNET, professeur à la Faculté c droit de Paris, 1882-1884. 2 vol. in-8°.................. **20 fr.**

Précis du Cours d'économie politique professé à la Faculté de droi Paris, contenant, avec l'exposé des principes, l'analyse des questions de lé lation économique, par Paul CAUWÈS, professeur à la Faculté de droit de Pa 2ᵉ édition, revue et augmentée. 1881-1882. 2 vol. grand in-8°.... **20 fr.**

Cours élémentaire de Droit romain, contenant l'explication méthodi des Institutes de JUSTINIEN et des principaux textes classiques, pour la pré ration aux examens de baccalauréat, de licence et de doctorat en droit, E. DIDIER-PAILHÉ, professeur à la Faculté de droit de Grenoble, 2ᵉ édition. vue et corrigée par Ch. TARTARI, professeur de droit romain à la Faculté Grenoble, 1881. 1 vol. in-8°.............................. **12 fr.**

Cours élémentaire de Droit commercial, contenant toutes les mati du Code de commerce et des lois postérieures, exposées dans un ordre mé dique, par Auguste LAURIN, professeur de droit commercial à la Faculté droit d'Aix et à la Faculté des sciences de Marseille, 1884, 1 v. in-8. **10 f**

Précis de Droit criminel, comprenant l'explication élémentaire d partie générale du Code pénal, du Code d'instruction criminelle en entie des lois qui ont modifié ces deux Codes, par R. GARRAUD, professeur de c criminel à la Faculté de droit de Lyon, 1881. 1 vol. in-8°...... **10 fr**

Précis de l'histoire du Droit français. Cours d'introduction à l'é du droit, par Alfred GAUTIER, professeur à la Faculté de droit d'Aix, 2ᵉ tion, 1884. 1 vol. in-8°.................................... **10 fr.**

Précis de l'histoire du Droit français, accompagné de notions droit canonique et d'indications bibliographiques par Paul VIOLL bibliothécaire de la Faculté de droit de Paris, 1884, 1ᵉʳ fascicule, in 8°. **5 f**
(L'ouvrage sera complet en deux fascicules.)

Introduction à l'étude historique du Droit coutumier franç jusqu'à la rédaction officielle des coutumes, par Émile BEAUNE, ancien pr reur général à la Cour de Lyon, 1880. 1 vol. in-8°............ **8 fr**

La Condition des personnes. Droit coutumier français, par Henri BEA ancien procureur général à la Cour de Lyon, 1882. 1 vol. in-8°. **8 fr**

Principes d'économie politique, par Ch. GIDE, professeur d'éconc politique à la Faculté de droit de Montpellier, 1884, 1 vol. in-18. **5 f**

Manuel de droit international privé, par G. BOURDON-VIANE H. MACRON, répétiteurs de droit, 1883, 1 vol. in-18............ **6**

Institutes de Justinien, avec traduction française en regard, G. BOURDON-VIANE, 1884, 2 vol. in-32, cartonnés............... **7**
Chaque volume séparément................................ **3 f**

Résumé du cours de droit romain, professé à la Faculté de dro Lyon, 1ʳᵉ année, par C. APPLETON, 1884, 1 volume grand in-8°... **4**

Manuel du droit romain, ou questionnaire nouveau et complet su Institutes de Justinien et de Gaius, les règles, les sentences, les textes classi du Digeste et du Code, par J. RAMBAUD, professeur à la Faculté de droi Grenoble, 1881, 2 forts volumes in-32........................ **8**
Chaque volume séparément................................ **4**

Tours, imp. ROUILLÉ-LADEVÈZE, rue Chaude, 6

www.ingramcontent.com/pod-product-compliance
Lightning Source LLC
Chambersburg PA
CBHW050747170426
43202CB00013B/2332